중등교원 임용시험대비 정보컴퓨터 심화이론 완벽 가이드

# 알기 쉽게 풀어가는

# 심화과정 II

**기본개념 + 예제 + 기출문제 완벽정리**
- 정보컴퓨터 심화이론을 체계적으로 정리
- 기본개념 설명과 예제를 통한 확인학습
- 다양한 기출문제를 통한 실전 완벽 대비

# CHAPTER III 데이터베이스

**SECTION 01** 개체-관계 모델(ER 모델) · · · · · · 008
    1  데이터베이스 설계의 주요 단계 · · · · · · 008
    2  ER 모델 · · · · · · 010

**SECTION 02** 관계 데이터베이스 · · · · · · 022
    1  릴레이션의 개념 · · · · · · 022
    2  릴레이션의 키 · · · · · · 023
    3  무결성 제약조건 · · · · · · 027
    4  무결성 제약조건의 유지 · · · · · · 028

**SECTION 03** SQL과 SQL View · · · · · · 042
    1  SQL(Structured Query Language) · · · · · · 042
    2  SQL View · · · · · · 073

**SECTION 04** 릴레이션 정규화 　　　　　　　　　　　　　　081
　　　1　이상(anomaly)현상　　　　　　　　　　　　081
　　　2　정규화　　　　　　　　　　　　　　　　　082
　　　3　역정규화(반정규화)　　　　　　　　　　　090
　　　4　함수적 종속성　　　　　　　　　　　　　092

**SECTION 05** 트랜잭션과 병행수행 　　　　　　　　　　　095
　　　1　트랜잭션(Transaction)　　　　　　　　　095
　　　2　병행수행(Concurrency)　　　　　　　　101
　　　3　회복(Recovery)　　　　　　　　　　　　107
　　　4　보안과 권한　　　　　　　　　　　　　　115

# CONTENTS

## CHAPTER IV 자료구조

**SECTION 01 선형구조** … 118
    1 배열(Array) … 118
    2 스택(Stack) … 122
    3 큐(Queue) … 129
    4 연결 리스트(Linked list) … 134

**SECTION 02 비선형 구조** … 144
    1 트리(Tree) … 144
    2 그래프(Graph) … 159

**SECTION 03 탐색(Searching)** … 192
    1 이원 탐색 트리 … 192
    2 균형 탐색 트리 … 198
    3 해싱(Hashing) … 218

### SECTION 04 정렬(Sort) — 226

- 1 선택 정렬(selection sort) — 226
- 2 버블 정렬(bubble sort) — 227
- 3 삽입 정렬(insertion sort) — 228
- 4 병합 정렬(merge sort) — 229
- 5 히프 정렬(heap sort) — 231
- 6 쉘 정렬(shell sort) — 238
- 7 기수 정렬(radix sort) — 240
- 8 퀵 정렬(quick sort) — 243

# CHAPTER III

# 데이터베이스

# SECTION 1. 개체-관계 모델(ER 모델)

### 1 데이터베이스 설계의 주요 단계

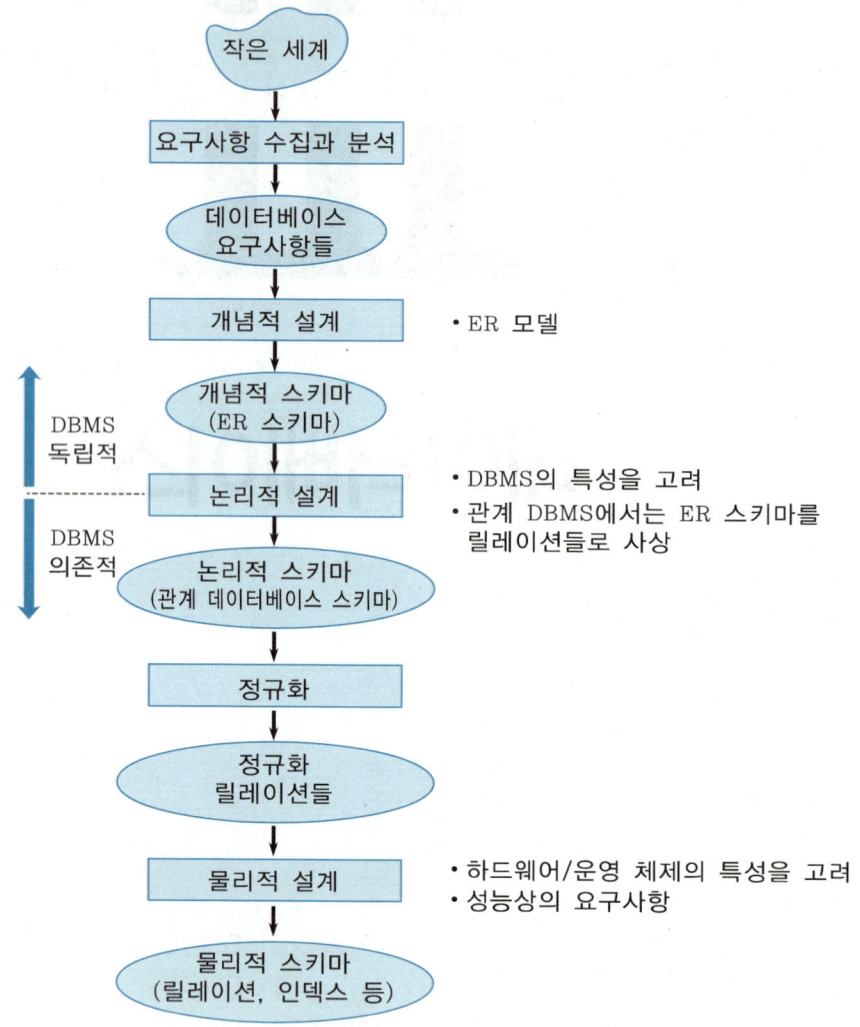

(1) **요구사항 수집과 분석**
  ① 요구사항을 수집하고, 의견들을 평가하고 조정한다.
  ② 요구사항을 수집하기 위해서 흔히 기존의 문서를 조사하고, 인터뷰나 설문 조사 등이 시행된다.
  ③ 요구사항에 관한 지식을 기반으로 관련 있는 엔티티들과 이들의 속성들이 무엇인가, 엔티티들 간의 관계가 무엇인가 등을 파악한다.
  ④ 데이터 처리에 관한 요구사항에 대하여 전형적인 연산들은 무엇인가, 연산들의 의미, 접근하는 데이터의 양 등을 분석한다.

(2) **개념적 설계**
  ① 모든 물리적인 사항과 독립적으로, 한 조직체에서 사용되는 정보의 모델을 구축하는 과정이다.
  ② 사용자들의 요구사항 명세로부터 개념적 스키마가 만들어진다.
  ③ 개념적 설계의 단계에서는 엔티티 타입, 관계 타입, 애트리뷰트들을 식별하고, 애트리뷰트들의 도메인을 결정하고, 후보 키와 기본 키 애트리뷰트들을 결정한다.
  ④ 완성된 개념적 스키마(ER 스키마)는 ER 다이어그램으로 표현된다.

(3) **논리적 설계**
  ① 데이터베이스 관리를 위해 선택한 DBMS의 데이터 모델을 사용하여 논리적 스키마를 생성한다.
  ② 개념적 스키마에 알고리즘을 적용하여 논리적 스키마를 생성한다.
  ③ 논리적 스키마를 나타내기 위해 관계 데이터 모델을 사용하는 경우에는, ER 모델로 표현된 개념적 스키마를 관계 데이터베이스 스키마로 사상한다.
  ④ 관계 데이터베이스 스키마를 더 좋은 관계 데이터베이스 스키마로 변환하기 위해서 정규화 과정을 적용한다.

(4) **정규화**
  관계 데이터베이스 스키마를 더 좋은 관계 데이터베이스 스키마로 변환하는 과정이다.

(5) **물리적 설계**
  ① 처리 요구사항들을 만족시키기 위해 저장 구조와 접근 경로 등을 결정한다.
  ② 성능상의 주요 기준은 몇 가지로 구분할 수 있다.
    ㉠ 응답시간
    ㉡ 저장 공간의 효율화
    ㉢ 트랜잭션 처리량(throughput)

개체-관계 모델(ER 모델)

## 2 ER 모델

### (1) ER 다이어그램의 기호

| 기호 | 의미 |
|---|---|
| □ | 개체 타입(entity type) |
| DEPENDENT (이중 사각형) | 약한 개체 타입(weak entity type) |
| ◇ | 관계 타입(relationship type) |
| POLICY (이중 마름모) | 약한 관계 타입(weak relationship type) |
| ○ | 속성(attribute) |
| (ID) | 키 속성(key attribute) |
| ◎ | 다치 속성(multi-value attribute) |
| (복합 타원) | 복합 속성(composite attribute) |
| (점선 타원) | 유도 속성(derived attribute) |
| E₁ ─ R ═ E₂ | E2가 R에 전체참여, E1가 R에 부분참여 |
| E₁ ─1 R N─ E₂ | R에서 E1 : E2의 카디널리티 비율 |
| E₁ (min₁, max₁) ─ R ─ (min₂, max₂) E₂ | R에서 E의 참여에 대한 구조적 제약조건 (최소값, 최대값) |

(2) 속성(attribute)
① 단순 속성(simple attribute)
더 이상 다른 속성으로 나눌 수 없는 속성

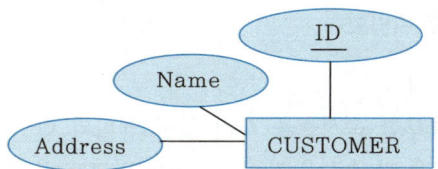

② 복합 속성(composite attribute)
두 개 이상의 속성으로 이루어진 속성

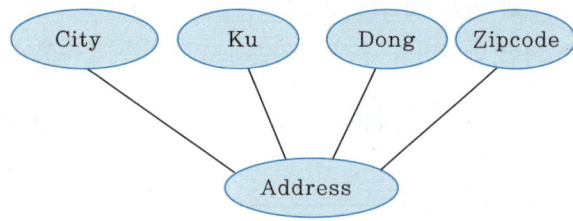

③ 다치 속성(multi-valued attribute)
각 엔티티마다 여러 개의 값을 가질 수 있는 속성

④ 유도 속성(derived attribute)
다른 속성의 값으로부터 얻어진 속성으로, 유도 속성는 관계 데이터베이스에서 릴레이션의 속성으로 포함시키지 않는 것이 좋다.

(3) 엔티티 타입(entity type)
  ① 강한 엔티티 타입
    독자적으로 존재하며 엔티티 타입 내에서 자신의 키 속성을 사용하여 고유하게 엔티티들을 식별할 수 있는 엔티티 타입을 의미한다.
  ② 약한 엔티티 타입(부분 키)
    ㉠ 키를 형성하기에 충분한 속성들을 갖지 못한 엔티티 타입이다.
    ㉡ 약한 엔티티 타입에게 키 속성을 제공하는 엔티티 타입을 소유 엔티티 타입(owner entity type) 또는 식별 엔티티 타입(identifying entity type)라고 부른다.
    ㉢ 약한 엔티티 타입의 부분 키는 점선 밑줄을 그어 표시한다.
    ㉣ 강한 엔티티 타입과 약한 엔티티 타입을 연결하는 관계를 약한 관계이다.
    ㉤ 약한 엔티티는 다른 엔티티의 존재에 의존하므로 의존 종속성이라 한다.

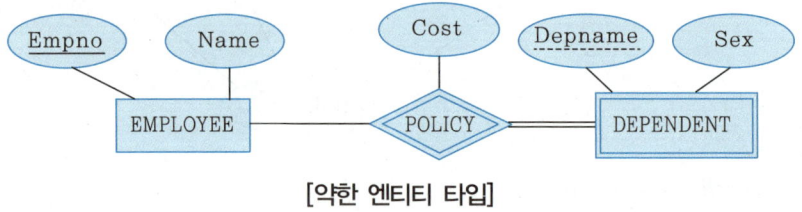

[약한 엔티티 타입]

(4) 관계와 관계타입
  ① 관계 속성
    ㉠ 관계 타입은 관계의 특징을 기술하는 속성들을 가질 수 있다.
    ㉡ 관계 타입은 키 속성을 갖지 않는다.

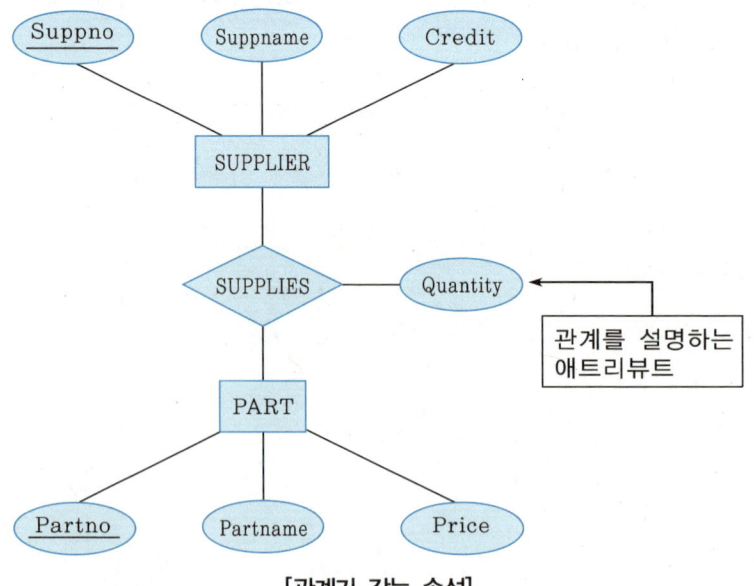

[관계가 갖는 속성]

② 관계의 차수(degree)
관계의 차수는 관계로 연결된 엔티티 타입들의 개수를 의미한다.

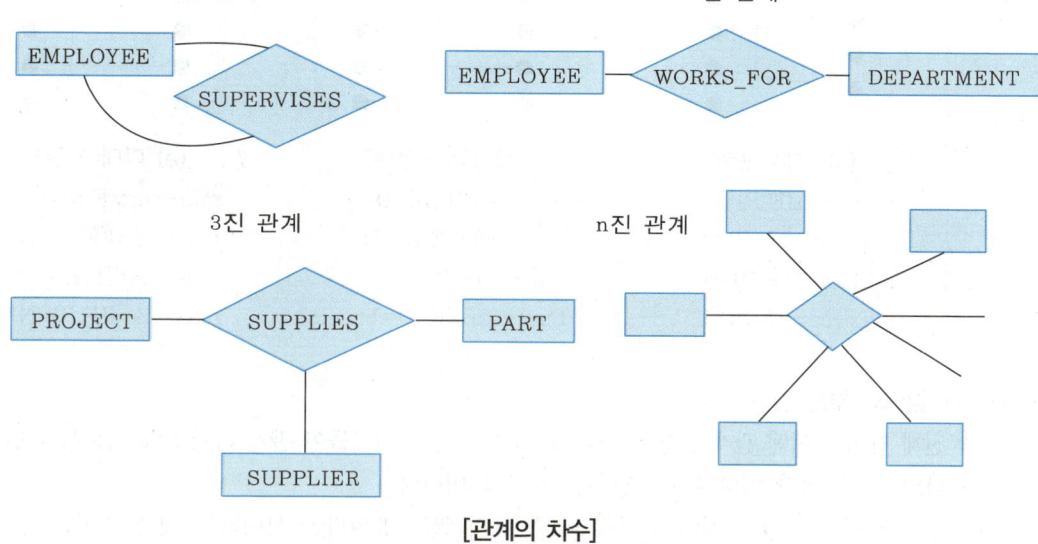

[관계의 차수]

③ 카디날리티 비율
  ㉠ 카디날리티 비율은 한 엔티티가 참여할 수 있는 관계의 수를 나타낸다.
  ㉡ 관계 타입에 참여하는 엔티티들의 가능한 조합을 제한다.
  ㉢ 관계를 흔히 1 : 1, 1 : N, M : N으로 구분한다.

④ 카디날리티 비율의 최소값과 최대값
  ㉠ ER 다이어그램에서 관계 타입과 엔티티 타입을 연결하는 실선 위에 (min, max) 형태로 표기한다.
  ㉡ 어떤 관계 타입에 참여하는 각 엔티티 타입에 대하여 min은 이 엔티티 타입 내의 각 엔티티는 적어도 min번 관계에 참여함을 의미한다.
  ㉢ max는 이 엔티티 타입 내의 각 엔티티는 최대한 max 번 관계에 참여함을 의미한다.
  ㉣ min=0은 어떤 엔티티가 반드시 관계에 참여해야 할 필요는 없음을 의미한다.
  ㉤ max=*는 어떤 엔티티가 관계에 임의의 수만큼 참여할 수 있음을 의미한다.

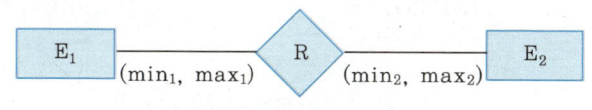

〈카디날리티들의 몇 가지 유형〉

| 관계 | (min1, max1) | (min2, max2) | 그래픽 표기 |
|---|---|---|---|
| 1 : 1 | (0, 1) | (0, 1) | 1 ◇ 1 |
| 1 : N | (0, *) | (0, 1) | 1 ◇ N |
| M : M | (0, *) | (0, *) | M ◇ N |

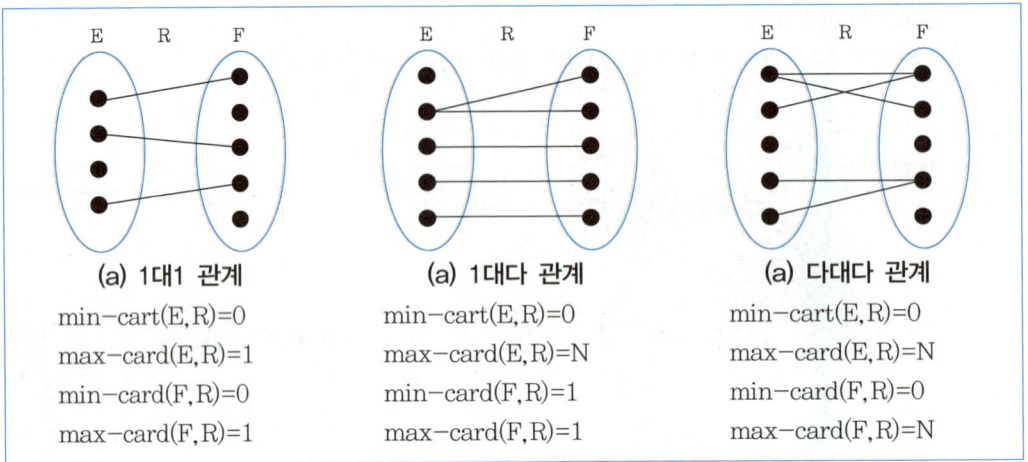

⑤ 전체 참여와 부분 참여
  ㉠ 전체 참여는 어떤 관계에 엔티티 타입 E1의 모든 엔티티들이 관계 타입 R에 의해서 어떤 엔티티 타입 E2의 어떤 엔티티와 연관되는 것을 의미한다.
  ㉡ 부분 참여는 어떤 관계에 엔티티 타입 E1의 일부 엔티티만 참여하는 것을 의미한다.
  ㉢ 약한 엔티티 타입은 항상 관계에 전체 참여한다.

[전체 참여와 부분 참여]

⑥ 역할(role)
  ㉠ 관계 타입의 의미를 명확하게 하기 위해 사용된다.
  ㉡ 특히 하나의 관계 타입에 하나의 엔티티 타입이 여러 번 나타나는 경우에는 반드시 역할을 표기해야 한다.

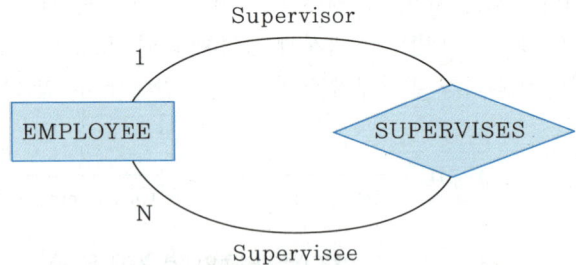

(5) **새발(crow-feet) 표기법**

| | |
|---|---|
| A ⊸○─ B | 1 : 1 관계. 엔티티 A의 각 인스턴스는 엔티티 B의 0 또는 1개의 인스턴스와 연관됨. 엔티티 B의 각 인스턴스는 엔티티 A의 0 또는 1개의 인스턴스와 연관됨 |
| A ⊸○─< B | 1 : N 관계. 엔티티 A의 각 인스턴스는 엔티티 B의 0개 이상의 인스턴스와 연관됨. 엔티티 B의 각 인스턴스는 엔티티 A의 0 또는 1개의 인스턴스와 연관됨 |
| A >○─○< B | M : N 관계. 엔티티 A의 각 인스턴스는 엔티티 B의 0개 이상의 인스턴스와 연관됨. 엔티티 B의 각 인스턴스는 엔티티 A의 0개 이상의 인스턴스와 연관됨 |
| A ⊸○─╫ B | 1 : 1 관계. 엔티티 A의 각 인스턴스는 엔티티 B의 1개의 인스턴스와 연관됨. 엔티티 B의 각 인스턴스는 엔티티 A의 0 또는 1개의 인스턴스와 연관됨 |
| A ⊸○─<╂ B | 1 : N 관계. 엔티티 A의 각 인스턴스는 엔티티 B의 1개 이상의 인스턴스와 연관됨. 엔티티 B의 각 인스턴스는 엔티티 A의 0 또는 1개의 인스턴스와 연관됨 |
| A >○─<╂ B | M : N 관계. 엔티티 A의 각 인스턴스는 엔티티 B의 1개 이상의 인스턴스와 연관됨. 엔티티 B의 각 인스턴스는 엔티티 A의 0개 이상의 1개의 인스턴스와 연관됨 |

- ○ : 0을 의미
- | : 1을 의미
- < : 이상을 의미

[새발 표기법의 예]

(6) ER 스키마의 관계 스키마로 사상
  ① 단계 1 : 정규 엔티티 타입과 단일 속성

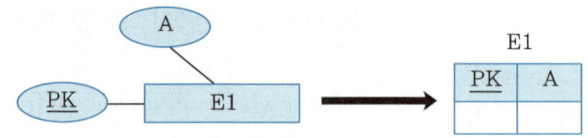

[정규 엔티티 타입을 릴레이션으로 사상]

  ② 단계 2 : 약한 엔티티 타입과 단일 속성

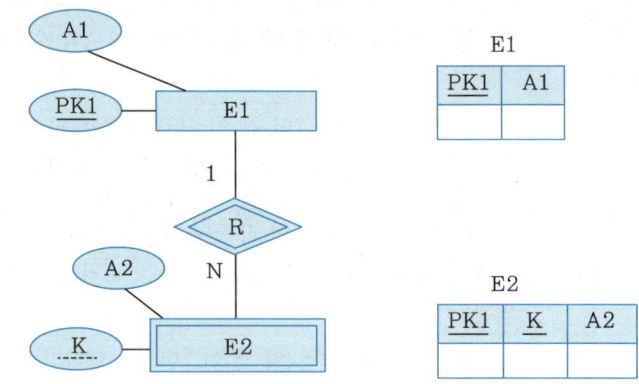

[약한 엔티티 타입을 릴레이션으로 사상]

  ③ 단계 3 : 2진 1 : 1 관계 타입

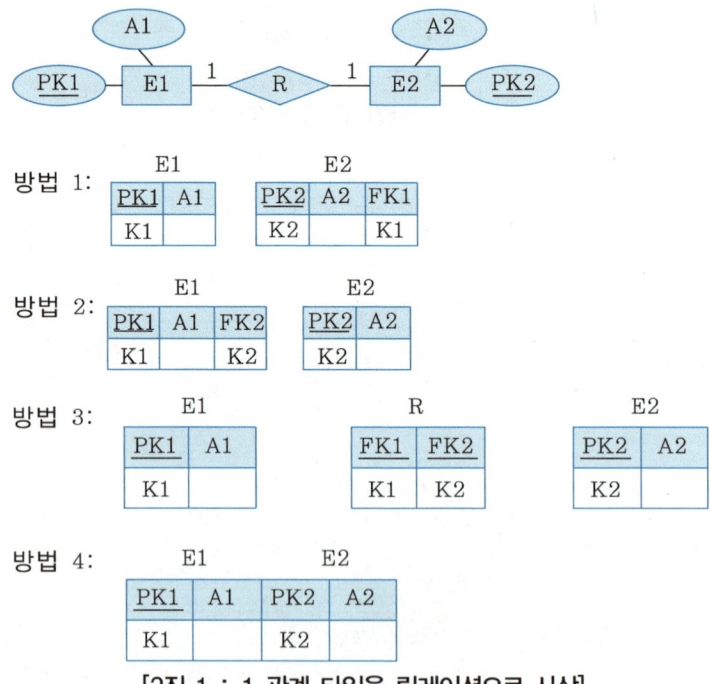

[2진 1 : 1 관계 타입을 릴레이션으로 사상]

④ 단계 4 : 2진 1 : N 관계 타입

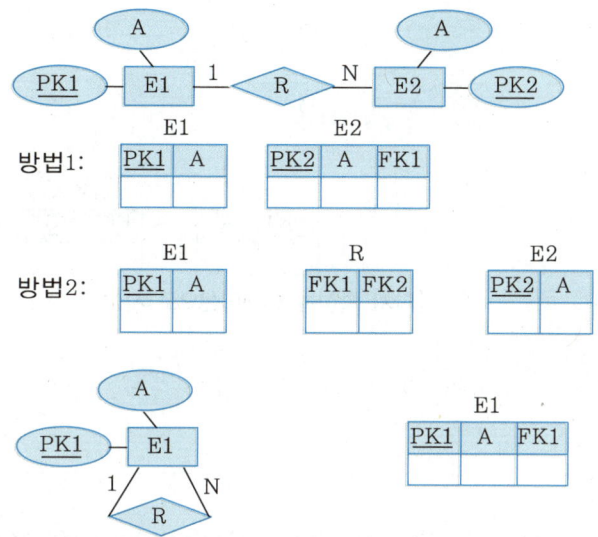

[정규 2진 1 : N 관계 타입을 릴레이션으로 사상]

⑤ 단계 5 : 2진 M : N 관계 타입

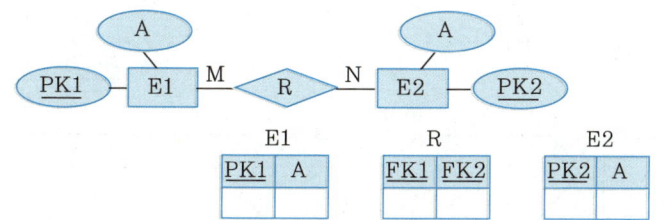

[2진 M : N 관계 타입을 릴레이션으로 사상]

⑥ 단계 6 : 3진 이상의 관계 타입

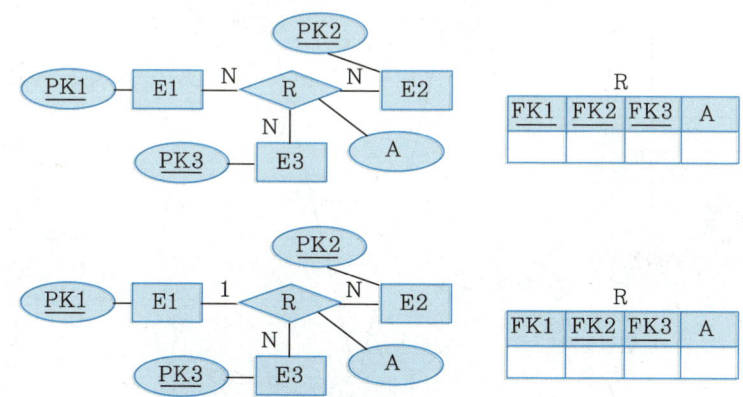

[3진 이상의 관계 타입을 릴레이션으로 사상]

⑦ 단계 7 : 다치 속성

E1

| PK1 | A |
|---|---|
| | |

MVA

| FK1 | B |
|---|---|
| | |

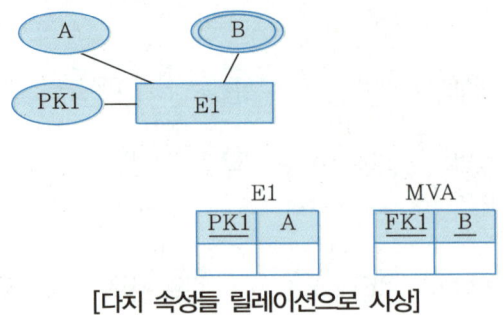

[다치 속성들 릴레이션으로 사상]

**문제 01**

**대학교 업무의 ER 스키마에 대한 관계 스키마로 사상(Mapping)해 보시오.**

ER 스키마

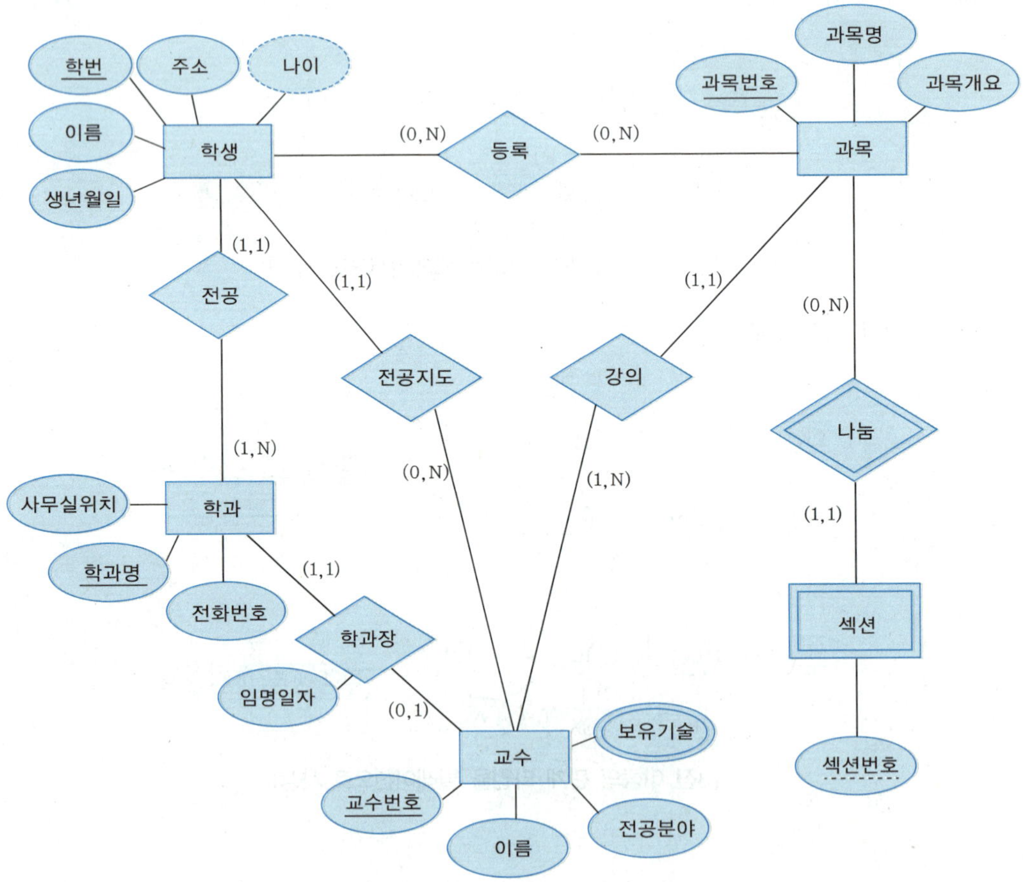

기출 2016   ○○대학의 수강 관리를 위한 데이터베이스 스키마를 설계하고자 한다. 〈문제 진술서〉를 만족하는 개체–관계(entity–relationship) 다이어그램을 설계할 때, 〈관계 차수〉의 ㉠~㉢에 해당하는 개체와 개체 간의 관계 차수(cardinality ratio of relationship)를 순서대로 쓰시오. (단, 관계 차수는 1 : 1, 1 : N, N : 1, N : M으로 표현한다.) [4점]

〈문제 진술서〉
- 대학에는 여러 개의 학과가 있다.
- 한 학과에는 여러 명의 교수가 있고, 한 교수는 한 학과에 소속된다.
- 한 학과에는 여러 학생들이 있으며, 한 학생은 한 학과에 소속된다.
- 한 학과에는 여러 개의 교과목이 있으며, 한 교과목은 한 학과에 의해 운영된다.
- 한 교과목은 매년 개설할 수 있으며, 여러 강좌로 개설될 수 있고, 한 강좌는 한 교과목으로만 개설된다.
- 한 강좌는 한 교수에 의해 진행되며, 한 교수는 한 학기에 하나 이상의 강좌를 강의할 수 있다.
- 학생들은 한 학기에 여러 강좌를 수강 신청할 수 있고, 한 강좌는 여러 학생이 수강할 수 있다.

〈관계 차수〉

| 개체 – 개체 간의 관계 | 관계 차수 |
|---|---|
| 교수 – 강좌 간의 관계 | ㉠ |
| 교과목 – 강좌 간의 관계 | ㉡ |
| 교과목 – 학과 간의 관계 | ㉢ |
| 학생 – 강좌 간의 관계 | ㉣ |

# 개체-관계 모델(ER 모델)

### 문제 02

다음 그림은 ER 모델을 이용해서 데이터베이스를 설계한 것이다. 이 ER 다이어그램을 관계형 데이터베이스 스키마로 변환하시오. (단, 릴레이션의 표현은 relation1( A, B, C* )와 같이 한다. relation1은 릴레이션의 이름이고, A, B, C는 애트리뷰트들이다. 밑줄이 그어진 A는 이 릴레이션의 기본키(Primary Key)를 의미하며 C* 는 외래키를 의미한다. 즉, 외래키인 경우에는 애트리뷰트 이름에 별표(*)를 붙여 표시한다.)

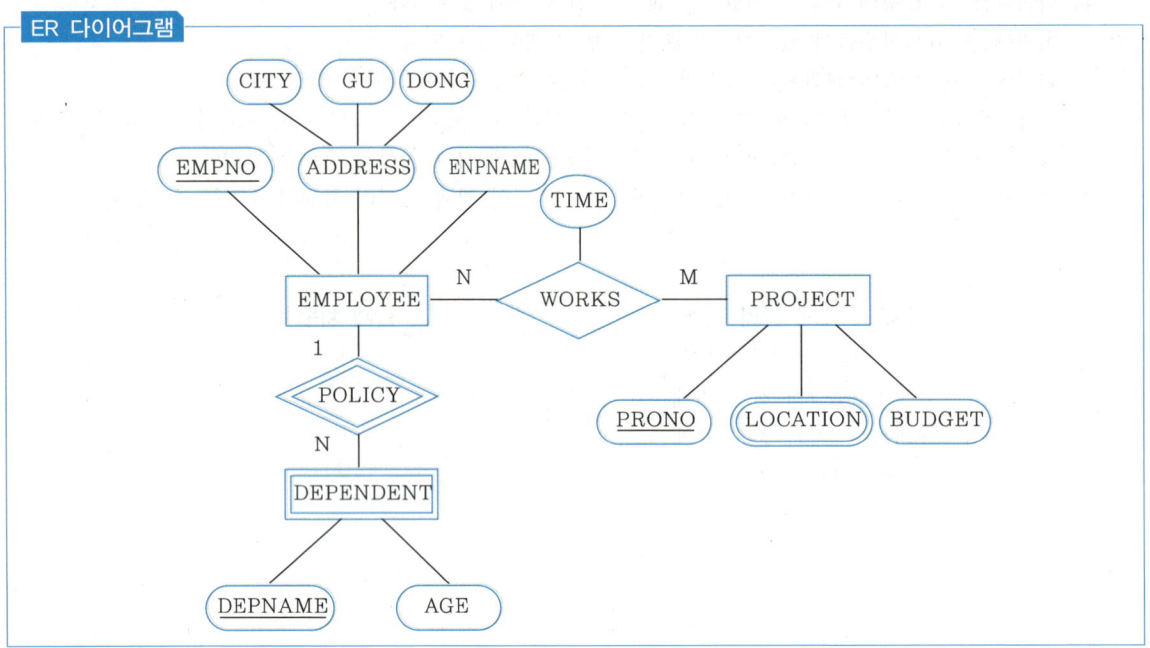

〈릴레이션 스키마〉

문제 03

다음의 일반화를 표현한 EE-R 다이어그램의 모든 의미를 하나의 테이블로 표현한다면 관계 스키마가 어떻게 표현되어야 하는지를 쓰시오. 그리고 두 개의 테이블로 표현한다면 어떻게 표현될 수 있는지를 쓰시오. (단, EE-R 다이어그램에서 밑줄은 기본 키를, d는 'disjoint'를, 이중선은 'total'을 의미한다.)

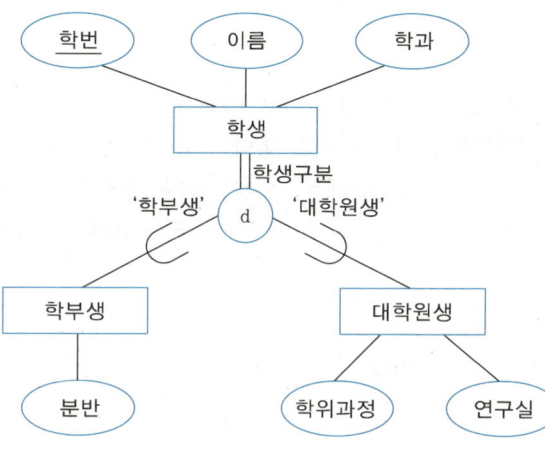

문제 04

아래 EER(Extended ER)-다이어그램 〈그림〉에서 슈퍼클래스 S와 서브클래스 X, Y 사이의 일반화 관계가 total, disjoint관계이다. EER-다이어그램 〈그림〉를 관계스키마로 변환할 때 〈그림〉에 표현된 모든 의미를 하나의 테이블로 표현한다면 관계 스키마가 어떻게 표현되어야 하는지 쓰고, 또 두 개의 테이블로 표현한다면 어떻게 표현될 수 있는지를 쓰시오. (단, 관계 스키마는 R(A , B , C) 형태로 보이고, 기본 키에는 밑줄을 친다. R은 테이블 명, A, B, C는 애트리뷰트 명이다.)

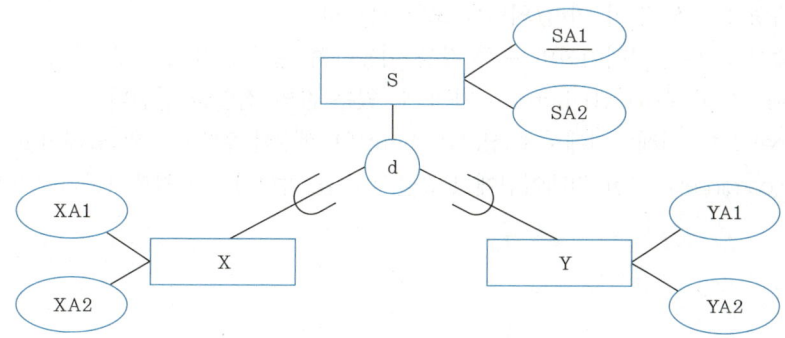

# 관계 데이터베이스

### 1  릴레이션의 개념

(1) 릴레이션의 특성
   ① 한 릴레이션에 포함된 투플들은 모두 상이하다. (투플의 유일성)
   ② 한 릴레이션에 저장된 투플들 간에는 순서가 없다. (투플의 무순서성)
   ③ 한 릴레이션을 구성하는 애트리뷰트 간에는 순서가 없다. (애트리뷰트의 무순서성)
   ④ 모든 애트리뷰트 값은 원자 값(atomic value)이다. (애트리뷰트의 원자성)

(2) 릴레이션(relation)의 용어

| 주민등록번호 | 학번 | 이름 | 전공 | 성별 | 나이 |
|---|---|---|---|---|---|
| 750118 | 1011 | 송 | 전산 | 남 | 26 |
| 781023 | 1012 | 홍 | 수학 | 여 | 19 |
| 800721 | 1013 | 문 | 전산 | 남 | 20 |
| 810930 | 2013 | 박 | 통계 | 여 | 21 |
| 791215 | 2014 | 이 | 물리 | 남 | 20 |
| 770505 | 3011 | 박 | 수학 | 여 | 24 |
| 801104 | 4015 | 최 | 화학 | 여 | 29 |

   ① 튜플(Tuple) : 릴레이션에서 한 행(ROW)을 말한다.
   ② 속성(Attribute) : 릴레이션에서 열(COLUMN)의 이름을 말한다.
      ㉠ 단일 속성 : 속성 값이 원자 값인 것으로, 하나의 값만 존재하는 것
      ㉡ 다중 속성 : 속성 값이 여러 존재할 수 있는 것
      ㉢ 복합 속성 : 속성 값이 여러 의미를 포함하는 것
      ㉣ 유도 속성 : 기존 릴레이션의 속성 값을 이용하여 새롭게 유도해 낸 속성
   ③ 영역(Domain) : 한 속성(attribute)이 가질 수 있는 값의 집합을 말한다.
   ④ 차수(Degree) : 한 릴레이션에서 속성(Attribute)의 갯수를 말한다. 위 릴레이션의 차수는 6이다.
   ⑤ 카디날리티(cardinality) : 한 릴레이션에서 튜플의 수를 말한다. 위 릴레이션의 카디날리티는 7이다.

## 2 릴레이션의 키

### (1) 키의 특성
① 유일성(uniqueness) : 속성의 집합인 키의 내용이 릴레이션 내에서 유일하다.
② 최소성(minimality) : 속성의 집합인 키가 릴레이션의 모든 투플을 유일하게 식별하기 위해 꼭 필요한 속성들로 구성되는 것을 의미한다.

### (2) 키의 종류
① 수퍼 키 : 한 릴레이션 내의 특정 투플로 고유하게 식별하는 하나의 속성 또는 속성의 집합이다.
② 후보 키 : 각 투플을 고유하게 식별하는 최소한의 속성들의 모임이다.
③ 기본 키 : 후보 키가 두 개 이상 있으면 데이터 베이스 관리자가 이들 중에서 하나를 기본 키로 선정한다.
④ 대체 키 : 기본 키가 아닌 후보 키를 말한다.
⑤ 외래 키 : 어떤 릴레이션의 기본 키를 참조하는 속성이다.

### (3) 외래키의 유형
① 다른 릴레이션의 기본 키를 참조하는 외래 키

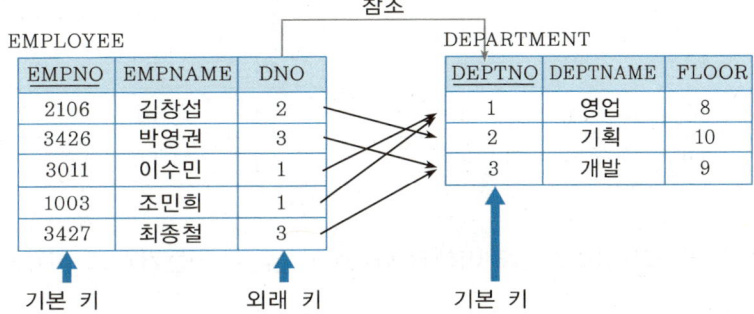

② 자체 릴레이션의 기본 키를 참조하는 외래 키

| EMPNO | EMPNAME | MANAGER | DNO |
|---|---|---|---|
| 2106 | 김창섭 | 3426 | 2 |
| 3426 | 박영권 | 3011 | 3 |
| 3011 | 이수민 | ^ | 1 |
| 1003 | 조민희 | 3011 | 1 |
| 3427 | 최종철 | 2106 | 3 |

③ 기본 키의 구성요소가 되는 외래 키

## 문제 05

아래의 두 테이블(Table)을 보고 물음에 답하시오. (단, —은 NULL)

R1

| A | B | C | D |
|---|---|---|---|
| a1 | b1 | c1 | d1 |
| a2 | b1 | c2 | — |
| a3 | b2 | c1 | d2 |
| a4 | b2 | c2 | d3 |

R2

| A | B | C | D |
|---|---|---|---|
| a1 | b1 | c1 | d1 |
| a1 | b2 | c2 | {d2,d3} |
| a1 | b1 | c1 | d4 |
| a1 | b2 | c2 | d5 |

(1) R1, R2는 관계 데이터 모델의 릴레이션(Relation)이 될 수 있는가? 그 이유를 기술하시오.
- R1 : _____
- R2 : _____

(2) R1의 (B, C)와 R2의 (B, C) 중에서 어떤 것이 후보 키가 될 수 있는지 쓰시오.
_____

## 문제 06

R(A, B, C, D)에서 기본 키는 A이며, 각 속성에 대한 도메인은 다음과 같다. 물음에 답하시오.

> domain(A) = { a1, a2, a3, a4 }
> domain(B) = { b1, b2 }
> domain(C) = { c1, c2, c3 }
> domain(D) = { d1, d2, d3}

(1) R에서 기본 키가 없을 때 가능한 최대의 카디널리티(cardinality)를 쓰시오.

(2) R에서 기본 키(A)가 있을 때 가능한 최대의 카디널리티(cardinality)를 쓰시오.

(3) 속성의 순서를 R(B, A, D, C)로 변경하면 원래 릴레이션과 어떤 차이가 있는지를 기술하시오.

(4) ( a3, b3, c3, d3 ) 튜플이 R의 튜플이 될 수 없는 이유를 쓰시오.

(5) ( − , b1, c2, d3 ) 튜플은 어떤 제약조건을 위반하는지를 쓰시오. (단, −은 NULL)

(6) ( a4, b2, c3, {d1, d2} ) 튜플이 R의 튜플이 될 수 없는 이유를 기술하시오.

## 문제 07

릴레이션 스키마 사원(주민등록번호, 사원번호, 사원이름, 주소, 생년월일)이 있다. 기본키가 (사원이름, 생년월일)이고, 그 밖의 대체키 1은 주민등록번호, 대체키 2는 사원번호라고 가정할 때, 다음 물음에 답하시오.

(1) (주민등록번호, 주소)는 어떤 키인지 쓰시오. 그리고 그 이유를 기술하시오.
- _____
- 이유 : _____

(2) 사원번호는 수퍼키인가? 그리고 그 이유를 기술하시오.
- _____
- 이유 : _____

(3) 생년월일은 널 값을 가질 수 있는가? 아니면 그 이유를 기술하시오.
- _____
- 이유 : _____

### 3  무결성 제약조건

(1) 도메인 무결성 제약조건(domain integrity constraint)
   ① 각 속성(attribute) 값이 반드시 원자값이어야 한다는 것(NOT NULL)
   ② 가능한 값들의 범위(CHECK)들의 범위를 지정
   ③ 데이터 형식을 통해 값들의 유형(type) 지정

(2) 개체 무결성 제약조건(entity integrity constraint)
   ① 요구사항 : 모든 개체는 유일하며, 기본키에 속하는 속성은 널 값을 가져서는 안 된다.
   ② 목적 : 모든 개체는 단일 식별자를 가져야 하며, 외래키 값은 기본키 값을 적절히 참조 할 수 있어야 한다.

(3) 참조 무결성 제약조건(referential integrity constraint)
   ① 요구사항
      ㉠ 외래키 값이 반드시 다른 릴레이션의 기본키 값으로 나타나 있는 값이거나
      ㉡ 외래 키가 자신을 포함하고 있는 릴레이션의 기본 키를 구성하고 있지 않으면 널값을 가진다.
   ② 목적 : 속성이 비적절한 값을 갖지 않도록 하기 위한 것으로서, 참조 무결성은 한 행의 삭제시 다른 릴레이션에 외래키 값이 있을 경우에는 삭제하는 것이 불가능하도록 한다.

(4) 키 제약조건(key constraint)
   ① 키 속성에 중복된 값이 존재해서는 안된다는 것이다.
   ② 릴레이션을 정의할 때 기본키로 정의하거나 UNIQUE를 명시한 속성에는 중복된 값이 허용되지 않는다.

## 4  무결성 제약조건의 유지

⟨EMPLOYEE : 참조하는 릴레이션⟩

| EMPNO | EMPNAME | DNO |
|---|---|---|
| 2106 | 김창섭 | 2 |
| 3426 | 박영권 | 3 |
| 3011 | 이수민 | 1 |
| 1003 | 조민희 | 1 |
| 3427 | 최종철 | 3 |

```
CREATE TABLE EMPLOYEE (
    EMPNO      CHAR(4) NOT NULL,
    EMPNAME    CHAR(8) NOT NULL,
    DNO        INTEGER,
    PRIMARY KEY(EMPNO),
    FOREIGN KEY(DNO) REFERENCES DEPARTMENT
      ON DELETE NO ACTION
      ON UPDATE CASCADE,
    CHECK(DNO>0 AND DNO<7) );
```

⟨DEPARTMENT : 참조되는 릴레이션⟩

| DEPTNO | DEPTNAME | FLOOR |
|---|---|---|
| 1 | 영업 | 8 |
| 2 | 기획 | 10 |
| 3 | 개발 | 9 |
| 4 | 홍보 | 8 |

```
CREATE TABLE DEPARTMENT (
    DEPTNO     INTEGER NOT NULL,
    DEPTNAME   CHAR(8) NOT NULL,
    FLOOR      INTEGER,
    PRIMARY KEY(DEPTNO),
    CHECK(DEPTNO>0 AND DEPTNO<7) );
```

(1) 삽입

① 참조되는 릴레이션에 새로운 튜플 삽입 : 참조 무결성 제약조건은 위배되지 않지만 도메인 제약조건, 키 제약조건, 개체 무결성 제약조건은 위배할 수 있다.

예제 - 1  DEPARTMENT 릴레이션에 (5, 총무, 9)라는 튜플 삽입 :

예제 - 2  DEPARTMENT 릴레이션에 (3, 총무, 9)라는 튜플 삽입 :

예제 - 3  DEPARTMENT 릴레이션에 (6, ∧, 11)라는 튜플 삽입 :

예제 - 4  DEPARTMENT 릴레이션에 (∧, 생산, 11)라는 튜플 삽입 :

② 참조하는 릴레이션에 새로운 투플 삽입 : 참조 무결성 제약조건, 도메인 제약조건, 키 제약조건, 개체 무결성 제약조건은 위배할 수 있다.

**예제 - 1** EMPLOYEE 릴레이션에 (4325, 오혜원, 6)라는 투플 삽입 :

**예제 - 2** EMPLOYEE 릴레이션에 (3011, 김영식, 4)라는 투플 삽입 :

**예제 - 3** EMPLOYEE 릴레이션에 (6789, 홍길동, 7)라는 투플 삽입 :

**예제 - 4** EMPLOYEE 릴레이션에 (∧, 김영식, 5)라는 투플 삽입 :

(2) 삭제
① 참조되는 릴레이션에서 투플 삭제 : 참조 무결성 제약조건을 위배하는 경우가 발생 할 수 있다.

**예제 - 1** DEPARTMENT 릴레이션에서 (4, 홍보, 8)라는 투플 삭제 :

**예제 - 2** DEPARTMENT 릴레이션에서 (3, 개발, 9)라는 투플 삭제 :

② 참조하는 릴레이션에서 투플 삭제 : 참조 무결성 제약조건, 도메인 제약 조건, 키 제약조건, 개체 무결성 제약조건을 위배하지 않는다.

(3) 수정
① 수정하려는 속성이 기본 키도 아니고 외래 키도 아니면 참조 무결성 제약조건을 위배 하지 않는다.
② 기본 키나 외래 키를 수정하는 것은 하나의 투플을 삭제하고 새로운 투플을 그 자리에 삽입하는 것과 유사하므로 위의 삽입과 삭제 규칙이 수정 연산에도 똑같이 적용된다.

**예제 - 1** DEPARTMENT 릴레이션의 (1, 영업, 8)을 (5, 영업, 8)로 수정 :

**예제 - 2** DEPARTMENT 릴레이션의 (4, 홍보, 8)을 (3, 홍보, 8)로 수정 :

**예제 - 3** DEPARTMENT 릴레이션의 (4, 홍보, 8)을 (8, 홍보, 8)로 수정 :

**예제 - 4** DEPARTMENT 릴레이션의 (4, 홍보, 8)을 (∧, 홍보, 8)로 수정 :

## 관계 데이터베이스

[무결성 제약조건 만족/위배]

| 구분 | | 참조 무결성 | 개체 무결성 | 키 제약조건 | 도메인 제약조건 |
|---|---|---|---|---|---|
| 삽입 | 참조하는 릴레이션 | 위배 | 위배 | 위배 | 위배 |
| | 참조되는 릴레이션 | 만족 | 위배 | 위배 | 위배 |
| 삭제 | 참조하는 릴레이션 | 만족 | 만족 | 만족 | 만족 |
| | 참조되는 릴레이션 | 위배 | 만족 | 만족 | 만족 |
| 수정 | 참조하는 릴레이션 | 위배 | 위배 | 위배 | 위배 |
| | 참조되는 릴레이션 | 위배 | 위배 | 위배 | 위배 |

| 참조 무결성 제약조건을 만족시키기 위한 몇 가지 옵션 | |
|---|---|
| 제한(restricted) | • 명령 : NO ACTION<br>• 위배를 야기한 연산을 단순히 거절한다. |
| 연쇄(cascade) | • 명령 : CASCADE<br>• 참조되는 릴레이션에서 투플을 삭제하고, 참조하는 릴레이션에서 이 투플을 참조하는 투플들도 함께 삭제한다. |
| 널값(nullify) | • 명령 : SET NULL<br>• 참조되는 릴레이션에서 투플을 삭제하고, 참조하는 릴레이션에서 이 투플을 참조하는 투플들의 외래 키에 널값을 넣는다. 만약 외래키에 대해 NOT NULL이라 명시 했다면 삭제 연산은 거절한다. |
| 디폴트값(default) | • 명령 : SET DEFAULT<br>• 널값을 넣는 대신에 디폴트값을 넣는다는 것을 제외하고는 같다. 만약 외래 키에 대해 디폴트 값을 명시하지 않았다면 삭제 연산은 거절한다. |

## 문제 08

다음의 사원, 고객, 연결 테이블과 SQL문을 보고 아래 물음에 답하시오.

⟨사원 테이블⟩

| 사원번호 | 사원명 | 급여 | 주소 |
|---|---|---|---|
| C00 | 이일구 | 2000 | 서울 |
| C01 | 전정일 | 2500 | 인천 |
| C02 | 구일서 | 3000 | 수원 |
| C03 | 김기일 | 2000 | 성남 |

```
CREATE TABLE 사원 (
    사원번호   CHAR(8) NOT NULL,
    사원명     CHAR(8),
    급여       INTEGER,
    주소       CHAR(15),
    PRIMARY KEY(사원번호),
    CHECK(급여>1000 AND 급여<10000) );
```

⟨고객 테이블⟩

| 고객번호 | 회사명 | 주소 | 매출액 |
|---|---|---|---|
| 980101 | 동일 | 서울 | 1000 |
| 980102 | 대일 | 인천 | 2000 |
| 980103 | 돌 | 부산 | 1500 |
| 980104 | 상신 | 목포 | 2500 |
| 980105 | 현대 | 광주 | 1200 |

```
CREATE TABLE 고객 (
    고객번호   CHAR(10) NOT NULL,
    회사명     CHAR(8),
    주소       CHAR(15),
    매출액     INTEGER,
    PRIMARY KEY(고객번호) );
```

⟨연결 테이블⟩

| 사원번호 | 고객번호 |
|---|---|
| C00 | 980101 |
| C01 | 980103 |
| C02 | 980102 |
| C03 | 980104 |

```
CREATE TABLE 연결 (
    사원번호   CHAR(8) NOT NULL,
    고객번호   CHAR(10) NOT NULL
                       DEFAULT '980105',
    PRIMARY KEY(사원번호, 고객번호)
    FOREIGN KEY(사원번호) REFERENCES 사원,
      ON DELETE SET NULL
      ON UPDATE CASCADE,
    FOREIGN KEY(고객번호) REFERENCES 고객
      ON DELETE NO ACTION
      ON UPDATE SET DEFAULT ) ;
```

(1) 다음의 SQL문은 어떤 제약조건을 만족하지 못하는지를 쓰시오.

```
UPDATE    사원
SET       급여 = 15000
WHERE     급여 = 3000 ;
```

_____

(2) 다음의 SQL문은 어떤 제약조건을 만족하지 못하는지를 쓰시오.

```
DELETE FROM    고객
WHERE          회사명 = '돌' ;
```

_____

(3) 다음의 SQL문은 삽입 연산이 가능한가?

```
① INSERT INTO 사원
       VALUES('C04', '홍길동', 4000, '광주') ;
② INSERT INTO 연결
       VALUES('C04', 980105) ;
```

① _____    ② _____

(4) 다음의 SQL문의 수행결과를 기술하시오.

```
UPDATE    사원
SET       사원번호 = 'C06'
WHERE     사원번호 = 'C01' ;
```

_____

(5) 다음의 SQL문의 수행결과를 기술하시오.

```
DELETE FROM    사원
WHERE    사원번호 = 'C00' ;
```

_____

(6) 다음의 SQL문의 수행결과를 기술하시오.

```
UPDATE    고객
SET       고객번호 = 980107
WHERE     고객번호 = 980101 ;
```

_____

(1) 관계대수(relational algebra)
① 특징
  ㉠ 릴레이션을 처리하기 위한 연산(operation)의 집합이다.
  ㉡ Codd가 최초로 연산의 집합을 정의하였으며, 절차식 언어의 특성을 지닌다.
  ㉢ 일반 집합 연산자와 순수 관계 연산자의 두 그룹으로 구성되어 있다.

② 일반 집합 연산자
  ㉠ 합집합(union) : 결합 가능한 두 릴레이션 R과 S의 합집합, R UNION S는 R 또는 S(혹은 양쪽 모두)에 속하는 모든 튜플 t의 집합이다.

  $$R \cup S = \{ t \mid t \in R \lor t \in S \}$$

  ㉡ 교집합(intersection): 결합 가능한 두 릴레이션 R과 S의 교집합, R INTERSECT S는 R과 S 양쪽 모두에 속하는 튜플 t의 집합이다.

  $$R \cap S = \{ t \mid t \in R \land t \in S \}$$

  ㉢ 차집합(set difference) : 결합 가능한 두 릴레이션 R과 S의 차집합, R MINUS S는 R에는 속하고 S에는 속하고 있지 않은 모든 튜플 t의 집합이다.

  $$R - S = \{ t \mid t \in R \land t \notin S \}$$

  ㉣ 카티션 프로덕트(times) : 두 릴레이션 R과 S의 카티션 프로덕트, R TIMES S는 r이 R에 속하고, s가 S에 속하는 튜플일 때, r과 s의 접속(concatenation)인 모든 튜플 t(=r·s)의 집합이다.

  $$R \times S = \{ r \cdot s \mid r \in R \land s \in S \}$$

  〈일반 집합 연산자의 카디널리티, 결합법칙과 교환법칙의 성립여부〉

  | 연산자 | 카디널리티 | 결합법칙 | 교환법칙 |
  | --- | --- | --- | --- |
  | 합집합 | $\lvert R \cup S \rvert \leq \lvert R \rvert + \lvert S \rvert$ | O | O |
  | 교집합 | $\lvert R \cap S \rvert \leq \text{MIN}\{\lvert R \rvert, \lvert S \rvert\}$ | O | O |
  | 차집합 | $\lvert R - S \rvert \leq \lvert R \rvert$ | × | × |
  | 카티션 프로덕트 | $\lvert R \times S \rvert \leq \lvert R \rvert \times \lvert S \rvert$ | O | O |

③ 순수 관계 연산자
  ㉠ 프로젝션(Projection) : 릴레이션의 특정 속성만으로 구성된 새로운 릴레이션을 구하기 위한 연산으로 수직적 부분 집합을 말한다. (기호 : π)
  ㉡ 실렉션(Selection) : 한 릴레이션으로부터 조건에 만족된 튜플을 선택하는 연산으로 수평적 부분 집합을 말한다. (기호 : σ)
  ㉢ 조인(Join)
    ⓐ 동일조인(equi join) : 카티션 프로덕트와 셀렉션을 결합한 연산이다. (기호 : ⋈)
    ⓑ 자연조인(natural join) : 동일조인에서 중복되는 속성을 제거한 연산이다. (기호 : ⋈$_N$)
    ⓒ 세미조인(semi join) : R ⋉ S = π$_X$ (R ⋈$_N$ S)

ⓓ 외부조인(outer join) : 조인하는 과정에서 한 릴레이션에 있는 튜플이 조인할 상대 릴레이션에 대응되는 튜플이 없을 경우에 이를 배제하지 않고 상대를 널(null)튜플로 만들어 결과 릴레이션에 모두 포함시키는 연산이다. (기호 : ⋈⁺)

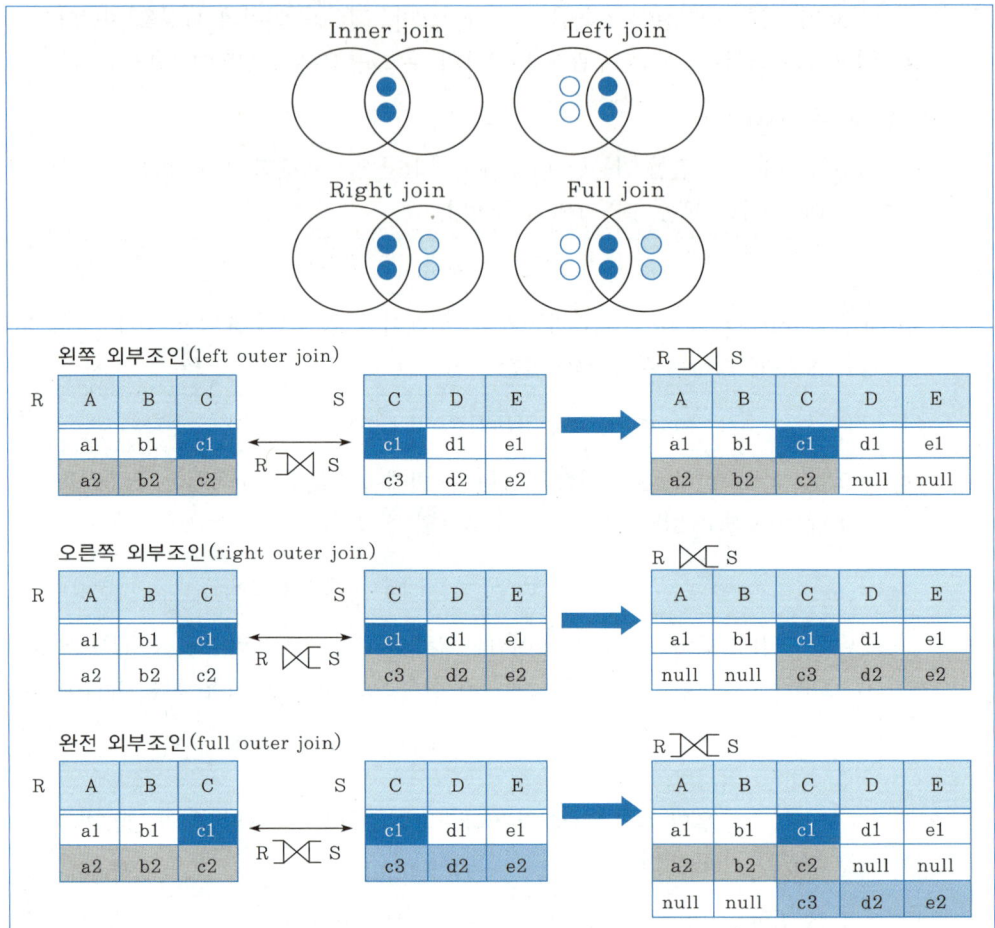

ⓔ 디비젼(Division) : 이항 릴레이션과 단항 릴레이션의 두 릴레이션이 존재하는 경우, 단항 릴레이션에 있는 모든 값과 부합되는 이항 릴레이션의 속성의 모든 값으로 구성된 릴레이션을 구하기 위한 연산이다.

$$R \div S = \{\ r[X]\ |\ r \in R \land \langle r[X].s \rangle \in R \text{ for all } s \in S\ \}$$

ⓕ 외부 합집합(outer-union) : 부분 합병 가능한 두 릴레이션의 튜플들을 합집합하는 것이다. (기호 : $U^+$)

문제 09

다음과 같은 R과 S의 릴레이션에서 자연조인, 세미조인을 수행 후의 차수(Degree)와 카디널리티(Cardinality)를 쓰시오.

릴레이션

R 릴레이션

| A | B | C |
|---|---|---|
| a1 | b1 | c1 |
| a2 | b1 | c1 |
| a3 | b1 | c2 |
| a4 | b2 | c3 |

S 릴레이션

| B | C | D |
|---|---|---|
| b1 | c1 | d1 |
| b1 | c1 | d2 |
| b2 | c3 | d3 |
| b3 | c3 | d3 |

문제 10

다음 두 릴레이션 R과 S에 대해 R을 왼쪽, S를 오른쪽 릴레이션으로 하고 속성 B를 조인 속성으로 하여 자연 조인(natural join), 왼쪽 외부 조인(left outer join), 오른쪽 외부 조인(right outer join), 전체 외부 조인(full outer join)을 수행하였을 때 결과 릴레이션의 카디널리티(cardinality)를 각각 쓰시오.

릴레이션

R

| A | B |
|---|---|
| a | 2 |
| b | 3 |
| c | 3 |
| d | 5 |

S

| B | C |
|---|---|
| 1 | x |
| 2 | y |
| 3 | z |

## 문제 11

다음의 릴레이션 R1과 R2에 대한 관계대수 R1÷R2의 결과 릴레이션을 쓰시오. (단, 릴레이션 R1.C2와 R2.C2는 동일한 도메인에서 정의되었다)

**릴레이션**

⟨R1⟩

| C1 | C2 |
|---|---|
| 1 | A |
| 2 | C |
| 1 | E |
| 1 | B |
| 3 | J |
| 4 | R |
| 3 | B |
| 2 | B |
| 5 | R |
| 3 | A |
| 4 | A |

⟨R2⟩

| C2 |
|---|
| A |
| B |

## 문제 12

다음의 릴레이션 R과 S을 보고 R U⁺ S 관계대수 연산 결과를 구하시오.

R

| A | B | C |
|---|---|---|
| a1 | b1 | c1 |
| a2 | b1 | c2 |
| a3 | b1 | c3 |
| a4 | b2 | c4 |

S

| B | C | D |
|---|---|---|
| b1 | c1 | d1 |
| b2 | c1 | d2 |
| b2 | c2 | d3 |

④ 관계 대수 연산자의 특성
  ㉠ 합병(결합) 가능이어야 하는 연산자 : 두 릴레이션의 차수가 같고 대응 속성별로 도메인이 같은 것을 말한다. (합집합, 교집합, 차집합)
  ㉡ 단항 연산자 : SELECT, PROJECT
  ㉢ 기본(근원) 연산자 : 합집합, 차집합, 카티션 프로덕트, SELECT, PROJECT
  ㉣ 복합 연산자 : 교집합, JOIN, DIVISION

- $R \bowtie_{A\theta B} S = \sigma_{A\theta B}(R \times S)$
- $R \cap S = (R \cup S) - ((R-S) \cup (S-R)) = R - (R-S) = S - (S-R)$
- $R \div S = \pi_{A,B}(R) - \pi_{A,B}((\pi_{A,B}(R) \times S) - R)$

### 문제 13

다음은 어느 기관의 데이터베이스이다.

⟨직원⟩

| 직원번호 | 이름 | 부서 |
|---|---|---|
| 100 | 박영수 | B20 |
| 200 | 이철희 | A10 |
| 300 | 임꺽정 | A10 |
| 400 | 홍길동 | C30 |

⟨정책⟩

| 정책번호 | 정책명 | 제안자 |
|---|---|---|
| 10 | 신규고용 | 400 |
| 20 | 친절교육 | 200 |
| 30 | 성과급 | 100 |
| 40 | 주택자금지원 | 100 |
| 50 | 인력양성지원 | 200 |

⟨부서⟩

| 부서번호 | 부서명 |
|---|---|
| A10 | 기획과 |
| B20 | 총무과 |
| C30 | 인사과 |

(1) 다음 관계대수식의 의미를 기술하고, 이를 적용한 결과를 쓰시오.

$\pi_{직원번호, 이름, 부서명}(부서 \bowtie_{부서번호=부서}(직원 - \pi_{직원번호, 이름, 부서}(직원 \bowtie_{직원번호=제안자} 정책)))$

(2) 아래의 관계대수를 적용한 결과 테이블의 내용을 기술하시오.

$\pi_{이름, 부서명, 정책명}(부서 \bowtie_{부서번호=부서}(\pi_{정책명, 이름, 부서}(정책 \bowtie_{제안자=직원번호} 직원)))$

**기출 2018-14** (가)는 병원 관계형 데이터베이스의 릴레이션이고, (나)는 SQL의 TREAT 릴레이션 생성문이다. 〈조건〉을 고려하여 〈작성 방법〉에 따라 쓰시오. [4점]

(가)

PATIENT
(기본 키 : P_id)

| P_id | P_name | age | gender |
|------|--------|-----|--------|
| 1353 | 김순미 | 56 | F |
| 4351 | 황철수 | 38 | M |
| 3357 | 한경미 | 71 | F |
| 4123 | 오수지 | 28 | F |

DOCTOR
(기본 키 : D_id)

| D_id | D_name | dept |
|------|--------|------|
| 1 | 김진환 | 내과 |
| 2 | 신진철 | 안과 |
| 3 | 박규성 | 외과 |
| 4 | 성채연 | 피부과 |

TREAT
(기본 키 : (P_id, D_id, date))

| P_id | D_id | date |
|------|------|------|
| 3357 | 1 | 171015 |
| 3357 | 2 | 171015 |
| 3357 | 2 | 171018 |
| 1353 | 1 | 171016 |
| 1353 | 4 | 171020 |
| 4123 | 4 | 171016 |
| 4351 | 3 | 171019 |

- 릴레이션 PATIENT는 환자, DOCTOR는 의사, TREAT는 진료를 의미한다.
- P_id는 환자 번호, P_name은 환자 이름, age는 환자 나이, gender는 환자 성별, D_id는 의사 번호, D_name은 의사 이름, dept는 진료과, date는 진료 날짜를 의미한다.

(나)

```
CREATE TABLE TREAT
    ( P_id INT    ㉠    ,
      D_id INT    ㉠    ,
      date CHAR(6)    ㉠    ,
      PRIMARY KEY(P_id, D_id, date),
          ㉡    (P_id) REFERENCES PATIENT(P_id)
          ON DELETE CASCADE
          ON UPDATE CASCADE,
          ㉡    (D_id) REFERENCES DOCTOR(D_id)
          ON DELETE CASCADE
          ON UPDATE CASCADE
    );
```

**조건**
- 프로젝션(projection)은 $\Pi$, 실렉트(select)는 $\sigma$, 자연 조인(natural join)은 $\bowtie_N$으로 표기한다.
- 최적화된 관계 대수식이란 질의어를 처리하는 과정에서 만들어지는 연산의 중간 결과 크기를 최소화한 관계 대수식이다.

[관계 대수식 예]
- 질의어 : 진료 날짜 '171016'에 진료 받은 환자의 환자 이름을 검색하시오.
  - 최적화되지 않은 관계 대수식 : $\Pi_{P\_name}(\sigma_{date='171016'}(TREAT \bowtie_N PATIENT))$
  - 부분 최적화된 관계 대수식 : $\Pi_{P\_name}((\sigma_{date='171016'}(TREAT)) \bowtie_N PATIENT)$
  - 최적화된 관계 대수식 : $\Pi_{P\_name}(\Pi_{P\_id}(\sigma_{date='171016'}(TREAT)) \bowtie_N \Pi_{P\_id,\,P\_name}(PATIENT))$

**작성 방법**
(1) (나)의 ㉠, ㉡에 해당하는 내용을 순서대로 쓸 것.
(2) 〈조건〉을 고려하여 질의어 "김진환 의사가 진료한 환자의 환자 번호를 검색하시오."를 최적화된 관계 대수식으로 쓸 것.

| 정답 | (1) NOT NULL, FOREIGN KEY | 2점 |
| | (2) $\Pi_{P\_id}(\Pi_{D\_id}(\sigma_{P\_name='김진환'}(DOCTOR)) \bowtie_N \Pi_{P\_id,\,D\_id}(TREAT))$ | 2점 |

## 관계 데이터베이스

**기출 2007 - 08** 질의문을 관계 대수식으로 표현하기 위하여 실렉트(select) 연산은 $\sigma$, 프로젝트(project) 연산은 $\pi$, 세미조인(semijoin) 연산은 $\ltimes$으로 표현하기로 한다. 아래에 제시된 테이블 R과 S에 대해 R⋈S연산의 결과를 먼저 구한 후, 관계 대수식 $\pi_A(\sigma_{B='b1'}(R \bowtie S))$의 결과를 구하시오. 이러한 관계 대수식은 내부 표현이 동등하면서도 내부 처리에 더 효율적인 관계 대수식으로 변환된다. 관계 대수식 $\sigma_{B='b1'}(R \bowtie S)$에 대한 최적화된 관계 대수식을 구하시오. [3점]

R

| A | B | C |
|---|---|---|
| a1 | b1 | c1 |
| a2 | b1 | c1 |
| a3 | b1 | c2 |
| a4 | b2 | c2 |
| a5 | b2 | c3 |

S

| B | C | D |
|---|---|---|
| b1 | c1 | d1 |
| b1 | c1 | d2 |
| b2 | c2 | d3 |
| b2 | c3 | d4 |

| R⋈S연산의 결과 | $\pi_A(\sigma_{B='b1'}(R \bowtie S))$의 결과 | $\sigma_{B='b1'}(R \bowtie S)$에 대한 최적화된 관계 대수식 |
|---|---|---|
| A B C<br>a1 b1 c1<br>a2 b1 c1<br>a4 b2 c2<br>a5 b2 c3 | A<br>a1<br>a2 | $(\sigma_{B='b1'} R) \bowtie (\sigma_{B='b1'} S)$ |

(2) 투플 관계 해석
  ① 원자의 형태
    ㉠ R(t) : t는 투플 변수이고 R은 t의 범위 릴레이션이다.
    ㉡ t.A θ u.B : t와 u는 투플변수이고 A와 B는 각각 t와 u에 대한 한정 속성이다. θ 는 비교 연산자를 말한다.
    ㉢ t.A θ c : 여기서 A는 투플변수 t에 대한 한정 속성이고, c는 상수이다.
  ② 정량자
    ㉠ 존재 정량자(∃) : ∃t(F)에서 만일 F를 참(true)으로 만드는 어떤 투플 t가 있을 때 이 ∃t(F)는 참으로 된다.
    ㉡ 전칭 정량자(∀) : 정형식 ∀t(F)에서 모든 가능한 투플 t에 대해 F가 참(true)이 될 때 이 ∀t(F)는 참이 된다.

## 문제 14

릴레이션 STUDENT, COURSE, ENROL에 대한 튜플 변수를 각각 s, c, e라 할 때, 다음을 튜플 관계해석으로 표현해 보시오.

- STUDENT(Sno, Sname, Year, Dept)
- COURSE(Cno, Cname, Credit, Dept, PRname)
- ENROL(Sno, Cno, Grade, Midterm, Final)

(1) 과목 'C413'에서 성적이 'A'인 학생의 학번을 모두 검색하시오.

{e.Sno | ENROL(e) ∧ e.Cno='C413' ∧ e.Grade='A'}

(2) 과목 'C413'을 등록한 학생의 이름과 학과를 모두 검색하시오.

{s.Sname, s.Dept | STUDENT(s) ∧ (∃e)(ENROL(e) ∧ s.Sno=e.Sno ∧ e.Cno='C413')}

(3) 컴퓨터과 과목을 적어도 한 과목 등록한 학생의 이름을 모두 검색하시오.

{s.Sname | STUDENT(s) ∧ (∃e)(ENROL(e) ∧ s.Sno=e.Sno ∧ (∃c)(COURSE(c) ∧ e.Cno=c.Cno ∧ c.Dept='컴퓨터'))}

(4) 모든 과목에 등록한 학생의 이름을 모두 검색하시오.

{s.Sname | STUDENT(s) ∧ (∀c)(∃e)(COURSE(c) ∧ ENROL(e) ∧ e.Sno=s.Sno ∧ e.Cno=c.Cno)}

# SQL과 SQL View

## 1 SQL(Structured Query Language)

- 뱃사람( 뱃사람번호 , 뱃사람이름 , 등급 , 나이)
- 배( 배번호 , 배이름 , 색상)
- 예약( 뱃사람번호* , 배번호* , 일자)

〈뱃사람〉

| 뱃사람번호 | 뱃사람이름 | 등급 | 나이 |
|---|---|---|---|
| 22 | Dustin | 7 | 45.0 |
| 29 | Brutus | 1 | 33.0 |
| 31 | Lubber | 8 | 55.5 |
| 32 | Andy | 8 | 25.5 |
| 58 | Rusty | 10 | 35.0 |
| 64 | Horatio | 7 | 35.0 |
| 71 | Zorba | 10 | 16.0 |
| 74 | James | 9 | 35.0 |
| 85 | Art | 3 | 25.5 |
| 95 | Bob | 3 | 63.5 |

〈예약〉

| 뱃사람번호 | 배번호 | 일자 |
|---|---|---|
| 22 | 101 | 10/10/2017 |
| 22 | 102 | 10/10/2017 |
| 22 | 103 | 10/08/2017 |
| 22 | 104 | 10/07/2017 |
| 31 | 102 | 11/10/2017 |
| 31 | 103 | 11/06/2017 |
| 31 | 104 | 11/12/2017 |
| 64 | 101 | 09/05/2017 |
| 64 | 102 | 09/08/2017 |
| 74 | 103 | 09/08/2017 |

〈배〉

| 배번호 | 배이름 | 색상 |
|---|---|---|
| 101 | Interlake | blue |
| 102 | Interlake | red |
| 103 | Clipper | green |
| 104 | Marine | red |

(1) 집합 연산자(Set Operator)

| 집합 연산자 | 의미 |
|---|---|
| UNION | 여러 개의 SQL문의 결과에 대한 합집합으로 결과에서 모든 중복된 행은 하나의 행으로 만든다. |
| UNION ALL | 여러 개의 SQL문의 결과에 대한 합집합으로 중복된 행도 그대로 결과로 표시된다. 즉, 단순히 결과만 합쳐놓은 것이다. |
| INTERSECT | 여러 개의 SQL문의 결과에 대한 교집합이다. 중복된 행은 하나의 행으로 만든다. |
| EXCEPT(MINUS) | 앞의 SQL문의 결과에서 뒤의 SQL문의 결과에 대한 차집합이다. |

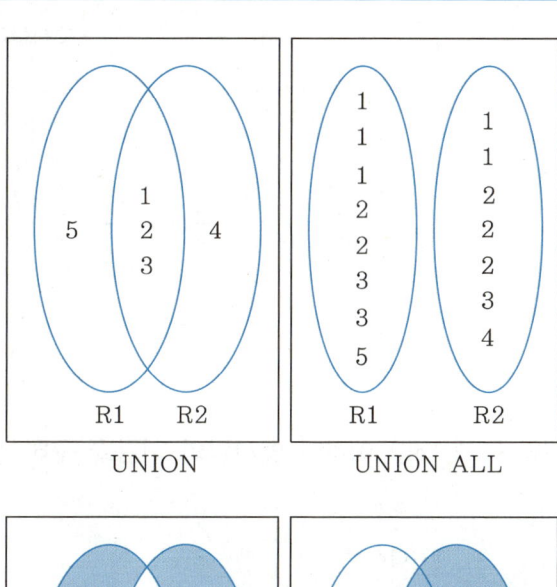

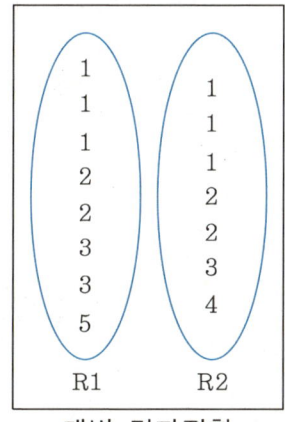

개별 결과집합

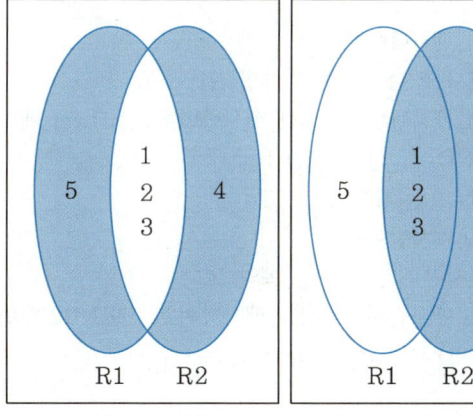

## 문제 15

적색 배나 녹색 배를 예약한 뱃사람의 이름을 구하시오.

**SQL문**
```
SELECT   DISTINCT S.뱃사람이름
FROM     뱃사람 S, 배 B, 예약 R
WHERE    S.뱃사람번호=R.뱃사람번호 AND R.배번호 = B.배번호
         AND ( B.색상 = 'red' OR B.색상 = 'green') ;
```

결과 :

| 뱃사람이름 |
|---|
| Dustin |
| Lubber |
| Horatio |
| James |

## 문제 16

적색 배와 녹색 배를 예약한 뱃사람의 이름을 구하시오.

**SQL문**
```
SELECT   S1.뱃사람이름
FROM     뱃사람 S1, 배 B1, 예약 R1
WHERE    S1.뱃사람번호 = R1.뱃사람번호 AND R1.배번호 = B1.배번호
         AND B1.색상 = 'red'
      UNION 또는 INTERSECT
SELECT   S2.뱃사람이름
FROM     뱃사람 S2, 배 B2, 예약 R2
WHERE    S2.뱃사람번호 = R2.뱃사람번호 AND R2.배번호 = B2.배번호
         AND B2.색상 = 'green' ;
```

| UNION | INTERSECT |
|---|---|
| 뱃사람이름 | 뱃사람이름 |
| Dustin | Dustin |
| Lubber | Lubber |
| Horatio |  |
| James |  |

문제 17

적색 배를 예약했지만 녹색 배를 예약하지 않은 모든 뱃사람들의 뱃사람번호를 구하시오.

SQL문

```
SELECT   S1.뱃사람번호
FROM     뱃사람 S1, 배 B1, 예약 R1
WHERE    S1.뱃사람번호 = R1.뱃사람번호 AND R1.배번호 = B1.배번호
         AND B1.색상 = 'red'
    EXCEPT
SELECT   S2.뱃사람번호
FROM     뱃사람 S2, 배 B2, 예약 R2
WHERE    S2.뱃사람번호 = R2.뱃사람번호 AND R2.배번호 = B2.배번호
         AND B2.색상 = 'green' ;
```

결과 :

| 뱃사람번호 |
|---|
| 64 |

문제 18

등급이 7이거나 배 104를 예약한 뱃사람들의 번호를 모두 구하시오.

SQL문

```
SELECT   S.뱃사람번호
FROM     뱃사람 S
WHERE    S.등급 = 7
   UNION ALL
SELECT   R.뱃사람번호
FROM     예약 R
WHERE    R.배번호 = 104 ;
```

결과 :

| 뱃사람번호 |
|---|
| 22 |
| 64 |
| 22 |
| 31 |

(2) **그룹화** : GROUP BY절와 HAVING절, 널(NULL)값
  ① 집단 함수 : COUNT, SUM, AVG, MAX, MIN
    ㉠ 각 집단 함수는 한 릴레이션의 한 개의 애트리뷰트에 적용되어 단일 값을 반환한다.
    ㉡ SELECT절과 HAVING절에만 나타날 수 있다.
    ㉢ COUNT(*)를 제외하고는 모든 집단 함수들이 널값을 제거한 후 남아 있는 값들에 대해서 집단 함수의 값을 구한다.
    ㉣ COUNT(*)는 결과 릴레이션의 모든 행들의 총 개수를 구하는 반면에 COUNT(속성)는 해당 애트리뷰트에서 널값이 아닌 값들의 개수를 구한다.
    ㉤ 키워드 DISTINCT가 집단 함수 안에 사용되면 집단 함수가 적용되기 전에 먼저 중복을 제거한다.
  ② GROUP BY절
    ㉠ GROUP BY절에 사용된 속성에 동일한 값을 갖는 투플들이 각각 하나의 그룹으로 묶인다.
    ㉡ GROUP BY절에 사용되는 속성은 집단함수에 사용되지 않는 속성이어야 한다.
    ㉢ SELECT절에는 각 그룹마다 하나의 값을 갖는 속성, 집단 함수, 그룹화에 사용된 속성들만 나타날 수 있다.
  ③ HAVING절
    ㉠ 각 그룹마다 하나의 값을 갖는 속성를 사용하여 각 그룹이 만족해야 하는 조건을 명시한다.
    ㉡ HAVING절은 그룹화 속성에 같은 값을 갖는 투플들의 그룹에 대한 조건을 나타내고, 이 조건을 만족하는 그룹들만 질의 결과에 나타난다.
    ㉢ HAVING절에 나타나는 속성은 반드시 GROUP BY절에 나타나거나 집단 함수에 포함되어야 한다.
    ㉣ HAVING절은 사용하지만 GROUP BY절을 생략하면 WHERE절을 만족하는 투플들의 집합을 하나의 그룹으로 취급한다.
  ④ SELECT 문장 실행 순서

    ```
    5. SELECT 속성명
    1. FROM 테이블명
    2. WHERE 조건식
    3  GROUP BY 속성명 또는 표현식
    4. HAVING 그룹조건식
    6. ORDER BY 속성명 또는 표현식
    ```

  ⑤ 널(Null)값
    ㉠ 널값을 포함한 다른 값과 널값을 +, - 등을 사용하여 연산하면 결과는 널이다.
    ㉡ COUNT(*)를 제외한 집단 함수들은 널값을 무시한다.
    ㉢ 어떤 애트리뷰트에 들어 있는 값이 널인가 비교하기 위해서 'DNO=NULL'처럼 나타내면 안된다.

    ```
    〈올바른 표현〉
    SELECT    EMPNO, EMPNAME
    FROM      EMPLOYEE
    WHERE     DNO IS NULL;
    ```

## 문제 19

다음 EMPLOYEE 릴레이션을 보고 물음에 답하시오.

〈EMPLOYEE〉

| EMPNO | EMPNAME | TITLE | MANAGER | SALARY | DNO |
|---|---|---|---|---|---|
| 2106 | 김창섭 | 대리 | 1003 | 2500000 | 2 |
| 3426 | 박영권 | 과장 | 4377 | 3000000 | 1 |
| 3011 | 이수민 | 부장 | 4377 | 4000000 | 3 |
| 1003 | 조민희 | 과장 | 4377 | 3000000 | 2 |
| 3427 | 최종철 | 사원 | 3011 | 1500000 | 3 |
| 1365 | 김상원 | 사원 | 3426 | 1500000 | 1 |
| 4377 | 이성래 | 이사 | ∧ | 5000000 | 2 |

(1) MANAGER가 널(NULL)값인 것을 검색하고자할 때 빈 칸에 들어갈 명령어를 쓰시오.

```
SELECT    EMPNO, MANAGER
FORM      EMPLOYEE
WHERE     _____
```

(2) 다음의 SELECT문의 실행결과를 쓰시오.

```
SELECT    COUNT(MANAGER)
FORM      EMPLOYEE ;
```

_____

## SQL과 SQL View

**문제 20**

등급이 10인 가장 나이 많은 뱃사람보다 더 나이가 많은 뱃사람들의 이름을 구하시오.

**SQL문 - 1**
```
SELECT    S.뱃사람이름
FROM      뱃사람 S
WHERE     S.나이 > ( SELECT   MAX(S2.나이)
                    FROM     뱃사람 S2
                    WHERE    S2.등급 = 10 ) ;
```

**SQL문 - 2**
```
SELECT    S.뱃사람이름
FROM      뱃사람 S
WHERE     S.나이 > ALL ( SELECT    S2.나이
                        FROM      뱃사람 S2
                        WHERE     S2.등급 = 10 ) ;
```

결과 :

| 뱃사람이름 |
|---|
| Dustin |
| Lubber |
| Bob |

**문제 21**

뱃사람이 두 명 이상 속하는 각 등급에 대해서, 선거권이 있는(18세 이상인) 가장 젊은 뱃사람의 나이를 구하시오.

**SQL문**
```
SELECT     S.등급   MIN(S.나이) AS 최소 나이
FROM       뱃사람 S
WHERE      S.나이>=18
GROUP BY   S.등급
HAVING     COUNT(*) > 1
```

결과 :

| 등급 | 최소 나이 |
|---|---|
| 3 | 25.5 |
| 7 | 35.0 |
| 8 | 25.5 |

### 문제 22

적색 배 각각에 대해서, 체결된 예약 건수를 구하시오.

**SQL문-1**

```
SELECT      B.배번호, COUNT(*) AS Sailorcount
FROM        배 B, 예약 R
WHERE       R.배번호=B.배번호 AND B.색상='red'
GROUP BY    B.배번호
```

**SQL문-2**

```
SELECT      B.배번호, COUNT (*) AS sailorcount
FROM        배 B, 예약 R
WHERE       R.배번호 = B.배번호
GROUP BY    B.배번호
HAVING      B.색상 = 'red' ;
```

결과 :

| 배번호 | sailorcount |
|---|---|
| 102 | 3 |
| 104 | 2 |

## SQL과 SQL View

**문제 23**

두 명 이상이 속하는 각 등급별로 뱃사람들의 평균 나이를 구하시오.

**SQL문 - 1**
```
SELECT      S.등급, AVG(S.나이) AS 평균 나이
FROM        뱃사람 S
GROUP BY    S.등급
HAVING      COUNT(*) > 1 ;
```

**SQL문 - 2**
```
SELECT      S.등급, AVG(S.나이) AS 평균 나이
FROM        뱃사람 S
GROUP BY    S.등급
HAVING      1 < ( SELECT   COUNT (*)
                  FROM     뱃사람 S2
                  WHERE    S.등급 = S2.등급 ) ;
```

결과 :

| 등급 | 평균 나이 |
|---|---|
| 3 | 44.5 |
| 7 | 40.0 |
| 8 | 40.5 |
| 10 | 25.5 |

문제 24

두 사람 이상이 속한 각 등급별로, 선거권이 있는(18세 이상인) 뱃사람들의 평균 나이를 구하시오.

SQL문
```
SELECT      S.등급, AVG (S.나이) AS 평균 나이
FROM        뱃사람 S
WHERE       S.나이 > 18
GROUP BY    S.등급
HAVING      1 < ( SELECT    COUNT (*)
                  FROM      뱃사람 S2
                  WHERE     S.등급 = S2.등급 ) ;
```

결과 :

| 등급 | 평균 나이 |
|---|---|
| 3 | 44.5 |
| 7 | 40.0 |
| 8 | 40.5 |
| 10 | 35.0 |

문제 25

뱃사람의 평균 나이가 가장 낮은 등급을 구하시오.

SQL문
```
SELECT  Temp.등급
FROM    ( SELECT     S.등급, AVG(S.나이) AS 평균나이
          FROM       뱃사람 S
          GROUP BY   S.등급) AS Temp
WHERE   Temp.평균나이 = ( SELECT    MIN(Temp.평균나이)
                          FROM      Temp ) ;
```

결과 :

| 등급 |
|---|
| 10 |

## SQL과 SQL View

**기출 2017-03** 다음은 STUDENT 릴레이션과 DEPARTMENT 릴레이션을 나타낸 것이다. 〈SQL문〉의 ㉠, ㉡의 수행 결과를 〈작성 방법〉에 따라 순서대로 쓰시오. [4점]

STUDENT (기본키 : s_number)

| s_number | s_name | score | d_number |
|---|---|---|---|
| 100 | 김수아 | 80 | 2 |
| 200 | 정상우 | 70 | 1 |
| 300 | 이민구 | 80 | 1 |
| 400 | 박정현 | 85 | 2 |
| 500 | 신지수 | 90 | 2 |

DEPARTMENT (기본키 : d_number)

| d_number | d_name | telephone |
|---|---|---|
| 1 | 국어교육 | 8816 |
| 2 | 컴퓨터교육 | 8231 |
| 3 | 수학교육 | 7766 |

○ STUDENT 릴레이션의 d_number는 DEPARTMENT 릴레이션의 d_number를 참조하는 외래키이다.

**SQL문**

㉠
```
SELECT   d_number, AVG(score), MAX(score)
FROM     STUDENT
GROUP    BY d_number
ORDER    BY AVG(score) DESC ;
```

㉡
```
SELECT   S.s_name, D.d_name, S.score
FROM     STUDENT AS S, DEPARTMENT AS D
WHERE    score > (SELECT   AVG(score)
                  FROM     STUDENT
                  WHERE    d_number = S.d_number)
                  AND      S.d_number = D.d_number ;
```

**작성 방법**

(1) ㉠의 수행 결과를 쓸 것. (단, 수행 결과의 투플 형식은 〈3, 50.0, 60〉과 같다.)
(2) ㉡의 수행 결과를 쓸 것. (단, 수행 결과의 투플 형식은 〈홍길동, 과학교육, 60〉과 같다.)

(3) 중첩 질의(NESTED QUERY) : = , IN, ANY, ALL, EXISTS

⟨EMPLOYEE⟩

| EMPNO | EMPNAME | TITLE | SALARY | DNO |
|---|---|---|---|---|
| 2106 | 김창섭 | 대리 | 25000 | 2 |
| 3426 | 박영권 | 과장 | 30000 | 1 |
| 3011 | 이수민 | 부장 | 40000 | 3 |
| 1003 | 조민희 | 과장 | 30000 | 2 |
| 3427 | 최종철 | 사원 | 15000 | 3 |
| 1365 | 김상원 | 사원 | 15000 | 1 |
| 4377 | 이성래 | 이사 | 50000 | 2 |

⟨DEPARTMENT⟩

| DEPTNO | DEPTNAME | FLOOR |
|---|---|---|
| 1 | 영업 | 8 |
| 2 | 기획 | 10 |
| 3 | 개발 | 9 |
| 4 | 총무 | 7 |

① 중첩 질의(nested query)
   ㉠ 한 개의 스칼라값이 반환되는 경우

   SELECT   EMPNAME, TITLE
   FORM     EMPLOYEE
   WHERE    TITLE =   ◀──────────────── 과장

   ( SELECT   TITLE
     FORM     EMPLOYEE
     WHERE    EMPNAME = '박영권' ;

   중첩질의
   | EMPNAME | TITLE |
   |---|---|
   | 박영권 | 과장 |
   | 조민희 | 과장 |

   ㉡ 한 개의 속성으로 이루어진 릴레이션이 반환되는 경우
      ⓐ 중첩 질의의 결과로 한 개의 속성으로 이루어진 다수의 투플들이 반환될 수 있다.
      ⓑ 외부 질의의 WHERE절에서 IN, ANY, ALL, EXISTS와 같은 연산자를 사용해야 한다.
      ⓒ 키워드 IN은 한 속성이 값들의 집합에 속하는가를 테스트할 때 사용된다.
         예 : IN

         (3426 IN {2106, 3426, 3011})은 참이다.

         (1365 IN {2106, 3426, 3011})은 거짓이다.

         (1365 NOT IN {2106, 3426, 3011})은 참이다.

# SQL과 SQL View

ⓓ 한 속성이 값들의 집합에 속하는 하나 이상의 값들과 어떤 관계를 갖는가를 테스트 하는 경우에는 ANY를 사용한다.

예 : ANY

$$(3000000 < ANY \begin{array}{|c|} \hline 2500000 \\ \hline 3000000 \\ \hline 4000000 \\ \hline \end{array})\text{은 참이다.}$$

$$(4000000 < ANY \begin{array}{|c|} \hline 2500000 \\ \hline 3000000 \\ \hline 4000000 \\ \hline \end{array})\text{은 거짓이다.}$$

ⓔ 한 속성이 값들의 집합에 속하는 모든 값들과 어떤 관계를 갖는가를 테스트하는 경우에는 ALL을 사용한다.

예 : ALL

$$(3000000 < ALL \begin{array}{|c|} \hline 2500000 \\ \hline 3000000 \\ \hline 4000000 \\ \hline \end{array})\text{은 거짓이다.}$$

$$(1500000 < ALL \begin{array}{|c|} \hline 2500000 \\ \hline 3000000 \\ \hline 4000000 \\ \hline \end{array})\text{은 참이다.}$$

$$(3000000 = ALL \begin{array}{|c|} \hline 2500000 \\ \hline 3000000 \\ \hline 4000000 \\ \hline \end{array})\text{은 거짓이다.}$$

$$(1500000 <> ALL \begin{array}{|c|} \hline 2500000 \\ \hline 3000000 \\ \hline 4000000 \\ \hline \end{array})\text{은 참이다.}$$

## 문제 26

배 103을 예약한 뱃사람의 이름을 구하시오.

**SQL문**

```
SELECT    S.뱃사람이름
FROM      뱃사람 S
WHERE     S.뱃사람번호 IN ( SELECT    R.뱃사람번호
                          FROM      예약 R
                          WHERE     R.배번호 = 103 ) ;
```

결과 :

| 뱃사람이름 |
|---|
| Dustin |
| Lubber |
| James |

## 문제 27

적색 배를 예약한 뱃사람의 이름을 구하시오.

**SQL문**

```
SELEOCT   S.뱃사람이름
FROM      뱃사람 S
WHERE     S.뱃사람번호 IN ( SELECT    R.뱃사람번호
                          FROM      예약 R
                          WHERE     R.배번호 IN
                        ( SELECT    B.배번호
                          FROM      배 B
                          WHERE     B.색상 = 'red')) ;
```

결과 :

| 뱃사람이름 |
|---|
| Dustin |
| Lubber |
| Horatio |

## 문제 28

적색 배를 예약하지 않은 뱃사람의 이름을 구하시오.

**SQL문**

```
SELECT      S.뱃사람이름
FROM        뱃사람 S
WHERE       S.뱃사람번호 NOT IN ( SELECT    R.뱃사람번호
                                FROM      예약 R
                                WHERE     R.배번호 IN ( SELECT    B.배번호
                                                      FROM      배 B
                                                      WHERE     B.색상 = 'red')) ;
```

결과 :

| 뱃사람이름 |
|:---:|
| Brutus |
| Andy |
| Rusty |
| Zorba |
| James |
| Art |
| Bob |

기출 2019 - 05 (가)는 학사관리 데이터베이스의 릴레이션들이고, (나)는 (가)로 부터 과목번호 534305를 수강신청하지 않은 학생의 학생번호와 학생이름을 검색하는 SQL문이다. 〈조건〉을 고려하여 ㉠에 해당하는 내용과, SQL문의 실행 결과에 나오는 튜플의 개수를 순서대로 쓰시오. [2점]

(가)

Student (기본키 : Student_id)

| Student_id | Student_name | Tel | Address |
|---|---|---|---|
| 110001 | 김영희 | 4101 | 서울 |
| 120302 | 이수남 | 4202 | 부산 |
| 131005 | 박종화 | 4505 | 대구 |
| 140103 | 송기태 | 4311 | 대전 |
| 152126 | 이남천 | 4623 | 광주 |

Enroll (기본키 : Student_id, Course_id)

| Student_id | Course_id | Grade | Mid_term | Final_term |
|---|---|---|---|---|
| 110001 | 220003 | B | 85 | 80 |
| 110001 | 340005 | A | 95 | 90 |
| 131005 | 220003 | A | 90 | 91 |
| 131005 | 340005 | B | 85 | 80 |
| 131005 | 456022 | A | 90 | 93 |
| 140103 | 220003 | C | 75 | 76 |
| 140103 | 456022 | A | 92 | 90 |
| 140103 | 534305 | A | 91 | 92 |
| 152126 | 220003 | B | 84 | 85 |
| 152126 | 534305 | A | 90 | 93 |

(나)

```
SELECT Student_id, Student_name
FROM Student
WHERE Student_id (  ㉠  )
     (SELECT Student_id
      FROM Enroll
      WHERE Course_id = 534305);
```

조건
- 릴레이션 Student는 학생, Enroll은 수강등록을 의미한다.
- 릴레이션 Student에서 Student_id는 학생번호, Student_name은 학생이름, Tel은 전화번호, Address는 주소를 의미한다.
- 릴레이션 Enroll에서 Student_id는 학생번호, Course_id는 과목번호, Grade는 성적, Mid_term은 중간성적, Final_term은 기말성적을 의미한다.

## SECTION 3  SQL과 SQL View

**문제 29**

2개 테이블을 보고 SQL 질의어 수행에 대한 결과를 구하시오.

[CUSTOMERS]

| CID | CNAME | CITY | DISCNT |
|---|---|---|---|
| C001 | 김동길 | 서울 | 10.0 |
| C002 | 백남호 | 대전 | 12.0 |
| C003 | 신상훈 | 서울 | 8.0 |
| C004 | 이재성 | 부산 | 8.0 |
| C006 | 홍길동 | 광주 | 0.0 |

[AGENTS]

| AID | ANAME | CITY | PERCENT |
|---|---|---|---|
| A01 | 김수현 | 부산 | 6 |
| A02 | 이학수 | 광주 | 6 |
| A03 | 박동호 | 경주 | 7 |
| A04 | 김광현 | 서울 | 6 |
| A05 | 신동주 | 수원 | 5 |
| A06 | 김동기 | 대전 | 5 |

**SQL문**

```
SELECT   CITY
FROM     CUSTOMERS
WHERE    DISCNT >= ALL
         ( SELECT   DISCNT
           FROM     CUSTOMERS
           WHERE    CITY = '부산' )
   INTERSECT
SELECT   CITY
FROM     AGENTS
WHERE    PERCENT > ANY
         ( SELECT   PERSENT
           FROM     AGENTS
           WHERE    ANAME LIKE '김%' ) ;
```

• CITY : _____

ⓒ 여러 속성으로 이루어진 릴레이션이 반환되는 경우
  ⓐ 중첩 질의의 결과로 여러 속성들로 이루어진 릴레이션이 반환되는 경우에는 EXISTS 연산자를 사용하여 중첩 질의의 결과가 빈 릴레이션인지 여부를 검사한다.
  ⓑ 중첩 질의의 결과가 빈 릴레이션이 아니면 참이 되고, 그렇지 않으면 거짓이다.

  예 : EXISTS를 사용한 질의

  질의 : 영업부나 개발부에 근무하는 사원들의 이름을 검색하라.
  ```
  SELECT    EMPNAME
  FROM      EMPLOYEE  E
  WHERE     EXIST
            ( SELECT   *
              FROM     DEPARTMENT  D
              WHERE    E.DNO = D.DEPTNO
                       AND (DEPTNAME = '영업' OR DEPTNAME = '개발'));
  ```

  결과 :

  | EMPNAME |
  |---------|
  | 박영권   |
  | 이수민   |
  | 최종철   |
  | 김상원   |

## SQL과 SQL View

### 문제 30

모든 배를 예약한 뱃사람들의 이름을 구하시오.

**SQL문-1**
```
SELECT    S.뱃사람이름
FROM      뱃사람 S
WHERE     NOT EXISTS ((SELECT    B.배번호
                       FROM      배 B)
                      EXCEPT
                      (SELECT    R.배번호
                       FROM      예약 R
                       WHERE     R.뱃사람번호=S.뱃사람번호));
```

**SQL문-2**
```
SELECT    S.뱃사람이름
FROM      뱃사람 S
WHERE     NOT EXISTS (SELECT    B.배번호
                      FROM      배 B
                      WHERE     NOT EXISTS
                               (SELECT    R.배번호
                                FROM      예약 R
                                WHERE     R.배번호 = B.배번호
                                AND       R.뱃사람번호=S.뱃사람번호));
```

결과:

| 뱃사람이름 |
|---|
| Dustin |

⟨22 배번호⟩

| 배번호 | | 배번호 | | 배번호 |
|---|---|---|---|---|
| 101 | | 101 | | |
| 102 | − | 102 | = | 공백 |
| 103 | | 103 | | |
| 104 | | 104 | | |

NOT EXISTS에서
중첩질의 결과가 빈 릴레이션이므로
22 배번호는 참이다.

⟨31 배번호⟩

| 배번호 | | 배번호 | | 배번호 |
|---|---|---|---|---|
| 101 | | | | |
| 102 | − | 102 | = | 101 |
| 103 | | 103 | | |
| 104 | | 104 | | |

NOT EXISTS에서
중첩질의 결과가 빈 릴레이션이
아니므로 31 배번호는 거짓이다.

② 상관 중첩 질의(correlated nested query)
　㉠ 중첩 질의의 수행 결과가 단일 값이든, 하나 이상의 속성으로 이루어진 릴레이션이든 외부 질의로 한 번만 결과를 반환하면 상관 중첩 질의가 아니다.
　㉡ 상관 중첩 질의에서는 외부 질의를 만족하는 각 투플이 구해진 후에 중첩 질의가 수행되므로 상관 중첩 질의는 외부 질의를 만족하는 투플 수만큼 여러 번 수행될 수 있다.

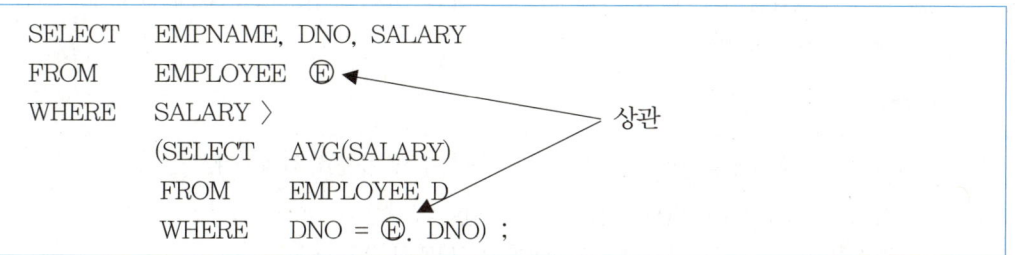

| EMPNAME | DNO | SALARY |
|---|---|---|
| 박영권 | 1 | 3000000 |
| 이수민 | 3 | 4000000 |
| 이성래 | 2 | 5000000 |

결과 :

## (4) 내부 조인(Inner Join)

### ① 동일 조인(Equi-Join)

㉠ 조인 조건을 생략했을 때와 조인 조건을 틀리게 표현했을 때는 카티션 곱이 생성된다.

㉡ 조인 조건이 명확해지도록 속성 이름 앞에 릴레이션 이름이나 투플 변수를 사용하는 것이 바람직하다.

㉢ 두 릴레이션의 조인 속성 이름이 동일하다면 반드시 속성 이름 앞에 릴레이션 이름이나 투플 변수를 사용해야 한다.

**예제** Equi-Join

질의 : 모든 사원들의 이름과 이 사원이 속한 부서 이름을 검색하라.

```
SELECT    E.EMPNAME, D.DEPTNAME
FROM      EMPLOYEE AS E, DEPARTMENT AS D
WHERE     E.DNO = D.DEPTNO ;
```
또는
```
SELECT    E.EMPNAME, D.DEPTNAME
FROM      EMPLOYEE AS E INNER JOIN DEPARTMENT AS D
ON        E.DNO = D.DEPTNO ;
```

EMPLOYEE

| EMPNO | EMPNAME | DNO |
|---|---|---|
| 2106 | 김창섭 | 2 |
| 3426 | 박영권 | 1 |
| 3011 | 이수민 | 3 |
| 1003 | 조민희 | 2 |
| 3427 | 최종철 | 3 |
| 1365 | 김상원 | 1 |
| 4377 | 이성래 | 2 |

DEPARTMENT

| DEPTNO | DEPTNAME | FLOOR |
|---|---|---|
| 1 | 영업 | 8 |
| 2 | 기획 | 10 |
| 3 | 개발 | 9 |
| 4 | 총무 | 7 |

| 2106 | 김창섭 | 2 |

| 2 | 기획 | 10 |

결과 :

| EMPNAME | DEPTNAME |
|---|---|
| 김창섭 | 기획 |
| 박영권 | 영업 |
| 이수민 | 개발 |
| 조민희 | 기획 |
| 최종철 | 개발 |
| 김상원 | 영업 |
| 이성래 | 기획 |

② 비동일 조인(Non Equi-Join)
   ㉠ 두 개의 릴레이션 간에 속성 값들이 서로 정확하게 일치하지 않는 경우에 사용된다.
   ㉡ 연산자는 '='가 아닌 (Between, 〉, 〉=, 〈, 〈=) 연산자들을 사용하여 JOIN을 수행한다.

**예제** Non Equi-Join

질의 : 모든 사원들에 대해 급여와 급등급을 검색하라.

SELECT    E.ENAME 사원명, E.SAL 급여, S.GRADE 급여등급
FROM      EMPLOYEE E, SALGRADE S
WHERE     E.SAL BETWEEN S.LOSAL AND S.HISAL ;

EMPLOYEE

| EMPNO | EMPNAME | SAL |
|---|---|---|
| 2106 | 김창섭 | 800 |
| 3426 | 박영권 | 1600 |
| 3011 | 이수민 | 1250 |
| 1003 | 조민희 | 2975 |
| 3427 | 최종철 | 1250 |
| 1365 | 김상원 | 2850 |
| 4377 | 이성래 | 2450 |

SALGRADE

| GRADE | LOSAL | HISAL |
|---|---|---|
| 1 | 700 | 1200 |
| 2 | 1201 | 1400 |
| 3 | 1401 | 2000 |
| 4 | 2001 | 3000 |

결과 :

| 사원명 | 급여 | 급여등급 |
|---|---|---|
| 김창섭 | 800 | 1 |
| 박영권 | 1600 | 3 |
| 이수민 | 1250 | 2 |
| 조민희 | 2975 | 4 |
| 최종철 | 1250 | 2 |
| 김상원 | 2850 | 4 |
| 이성래 | 2450 | 4 |

③ 자연 조인(NATURAL JOIN)
  ㉠ 동일 조인의 한 유형으로 조인 구문이 조인된 릴레이션에서 동일한 속성명을 가진 2개의 릴레이션에서 모든 속성들을 비교함으로써, 묵시적으로 조인을 수행한다.
  ㉡ 결과적으로 나온 릴레이션은 동일한 이름을 가진 속성의 각 쌍에 대한 단 하나의 속성만을 포함한다.
  ㉢ ON절이나 USING절에서 JOIN 조건을 정의할 수 없으며, 별명이나 테이블명을 접두사로 사용할 수 없다.

**예제** NATURAL JOIN

```
SELECT    *
FROM      EMPLOYEE NATURAL JOIN DEPARTMENT
ORDER BY DNO ASC ;
```

EMPLOYEE

| EMPNO | EMPNAME | DNO |
|---|---|---|
| 2106 | 김창섭 | 2 |
| 3426 | 박영권 | 1 |
| 3011 | 이수민 | 3 |
| 1003 | 조민희 | 2 |
| 3427 | 최종철 | 3 |
| 1365 | 김상원 | 1 |
| 4377 | 이성래 | 2 |

DEPARTMENT

| DNO | DEPTNAME | FLOOR |
|---|---|---|
| 1 | 영업 | 8 |
| 2 | 기획 | 10 |
| 3 | 개발 | 9 |
| 4 | 총무 | 7 |

결과 :

| DNO | EMPNO | EMPNAME | DEPTNAME | FLOOR |
|---|---|---|---|---|
| 1 | 3426 | 박영권 | 영업 | 8 |
| 1 | 1365 | 김상원 | 영업 | 8 |
| 2 | 2106 | 김창섭 | 기획 | 10 |
| 2 | 1003 | 조민희 | 기획 | 10 |
| 2 | 4377 | 이성래 | 기획 | 10 |
| 3 | 3011 | 이수민 | 개발 | 9 |
| 3 | 3427 | 최종철 | 개발 | 9 |

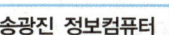

④ 자체 조인(Self Join)
  ㉠ 한 릴레이션에 속하는 투플을 동일한 릴레이션에 속하는 투플들과 조인하는 것이다.
  ㉡ 실제로는 한 릴레이션이 접근되지만 FROM절에 두 릴레이션이 참조되는 것처럼 나타내기 위해서 그 릴레이션에 대한 별칭을 두 개 지정해야 한다.

**예제** Self Join

질의 : 모든 사원에 대해서 사원의 이름과 직속 상사의 이름을 검색하라.

SELECT    E.EMPNAME AS 사원명, M.EMPNAME AS 관리자
FROM      EMPLOYEE E, EMPLOYEE M
WHERE     E.MANAGER = M.EMPNO ;

EMPLOYEE

| EMPNO | EMPNAME | MANAGER | ... |
|---|---|---|---|
| 2106 | 김창섭 | 1003 | ... |
| 3426 | 박영권 | 4377 | ... |
| 3011 | 이수민 | 4377 | ... |
| 1003 | 조민희 | 4377 | ... |
| 3427 | 최종철 | 3011 | ... |
| 1365 | 김상원 | 3426 | ... |
| 4377 | 이성래 | ∧ | ... |

| 2106 | 김창섭 | 1003 | ... |

EMPLOYEE

| EMPNO | EMPNAME | MANAGER | ... |
|---|---|---|---|
| 2106 | 김창섭 | 1003 | ... |
| 3426 | 박영권 | 4377 | ... |
| 3011 | 이수민 | 4377 | ... |
| 1003 | 조민희 | 4377 | ... |
| 3427 | 최종철 | 3011 | ... |
| 1365 | 김상원 | 3426 | ... |
| 4377 | 이성래 | ∧ | ... |

| 1003 | 조민희 | 10 | |

결과 :

| 사원명 | 관리자 |
|---|---|
| 김창섭 | 조민희 |
| 박영권 | 이성래 |
| 이수민 | 이성래 |
| 조민희 | 이성래 |
| 최종철 | 이수민 |
| 김상원 | 박영권 |

## ⑤ 교차 조인(CROSS JOIN)

㉠ 조인되는 두 릴레이션에서 곱집합을 수행한다.
㉡ 교차곱(Cartesian Product)과 동일한 연산이다.

**예제**  CROSS JOIN

```
SELECT    *
FROM      EMPLOYEE CROSS JOIN DEPARTMENT  ;
          또는
SELECT    *
FROM      EMPLOYEE, DEPARTMENT  ;
```

EMPLOYEE

| EMPNO | EMPNAME | DNO |
|---|---|---|
| 2106 | 김창섭 | 2 |
| 3426 | 박영권 | 1 |
| 3011 | 이수민 | 3 |
| 1003 | 조민희 | 2 |
| 3427 | 최종철 | 3 |
| 1365 | 김상원 | 1 |
| 4377 | 이성래 | 2 |

DEPARTMENT

| DNO | DEPTNAME | FLOOR |
|---|---|---|
| 1 | 영업 | 8 |
| 2 | 기획 | 10 |
| 3 | 개발 | 9 |
| 4 | 총무 | 7 |

결과 :

| EMPNO | EMPNAME | DNO | DNO | DEPTNAME | FLOOR |
|---|---|---|---|---|---|
| 2106 | 김창섭 | 2 | 1 | 영업 | 8 |
| 2106 | 김창섭 | 2 | 2 | 기획 | 10 |
| 2106 | 김창섭 | 2 | 3 | 개발 | 9 |
| 2106 | 김창섭 | 2 | 4 | 총무 | 7 |
| 3426 | 박영권 | 1 | 1 | 영업 | 8 |
| 3426 | 박영권 | 1 | 2 | 기획 | 10 |
| ⋮ | ⋮ | ⋮ | ⋮ | ⋮ | ⋮ |
| 4377 | 이성래 | 2 | 1 | 영업 | 8 |
| 4377 | 이성래 | 2 | 2 | 기획 | 10 |
| 4377 | 이성래 | 2 | 3 | 개발 | 9 |
| 4377 | 이성래 | 2 | 4 | 총무 | 7 |

(5) 외부 조인(Outer Join)

⟨EMPLOYEE⟩

| EMPNAME | DEPTID |
|---|---|
| 김창섭 | 31 |
| 박영권 | 33 |
| 이수민 | 33 |
| 조민희 | 34 |
| 최종철 | 34 |
| 김상원 | NULL |

⟨DEPARTMENT⟩

| DEPTID | DEPTNAME |
|---|---|
| 31 | 영업부 |
| 33 | 기획부 |
| 34 | 개발부 |
| 35 | 총무부 |

① 왼쪽 외부 조인(LEFT OUTER JOIN)

예제 LEFT OUTER JOIN

```
SELECT      *
FROM        EMPLOYEE E  LEFT OUTER JOIN DEPARTMENT D
ON          E.DEPTID = D.DEPTID   또는 USING (DEPTID)
ORDER BY    D.DEPTID ASC ;
```

| E.EMPNAME | E.DEPTID | D.DEPTID | D.DEPTNAME |
|---|---|---|---|
| 김창섭 | 31 | 31 | 영업부 |
| 박영권 | 33 | 33 | 기획부 |
| 이수민 | 33 | 33 | 기획부 |
| 조민희 | 34 | 34 | 개발부 |
| 최종철 | 34 | 34 | 개발부 |
| 김상원 | NULL | NULL | NULL |

② 오른쪽 외부 조인(RIGHT OUTER JOIN)

예제 RIGHT OUTER JOIN

```
SELECT      *
FROM        EMPLOYEE E  RIGHT OUTER JOIN DEPARTMENT D
ON          E.DEPTID = D.DEPTID   또는 USING (DEPTID)
ORDER BY    D.DEPTID ASC ;
```

| E.EMPNAME | E.DEPTID | D.DEPTID | D.DEPTNAME |
|---|---|---|---|
| 김창섭 | 31 | 31 | 영업부 |
| 박영권 | 33 | 33 | 기획부 |
| 이수민 | 33 | 33 | 기획부 |
| 조민희 | 34 | 34 | 개발부 |
| 최종철 | 34 | 34 | 개발부 |
| NULL | NULL | 35 | 총무부 |

③ 완전 외부 조인(FULL OUTER JOIN)

**예제** FULL OUTER JOIN

```
SELECT      *
FROM        EMPLOYEE E  FULL OUTER JOIN DEPARTMENT D
ON          E.DEPTID = D.DEPTID  또는 USING (DEPTID)
ORDER BY    D.DEPTID ASC ;
```

| E.EMPNAME | E.DEPTID | D.DEPTID | D.DEPTNAME |
|---|---|---|---|
| 김창섭 | 31 | 31 | 영업부 |
| 박영권 | 33 | 33 | 기획부 |
| 이수민 | 33 | 33 | 기획부 |
| 조민희 | 34 | 34 | 개발부 |
| 최종철 | 34 | 34 | 개발부 |
| NULL | NULL | 35 | 총무부 |
| 김상원 | NULL | NULL | NULL |

(6) 내장 함수

① 문자형 함수

| 문자형 함수 | 결과 값 |
|---|---|
| LOWER('SQL Expert') | sql expert |
| UPPER('SQL Expert') | SQL EXPERT |
| ASCII('A') | 65 |
| CHAR(65) | A |
| CONCAT('DBMS', 'SQL') | DBMSSQL |
| SUBSTRING(('SQL Expert', 5, 3) | Exp |
| LENGTH('SQL Expert') | 10 |
| LTRIM('xxxYYZZxYZ', 'x') | YYZZxYZ |
| RTRIM('XXYYzzXYzz', 'z') | XXYYzzXY |
| TRIM('x' FROM 'xxYYZZxYZxx') | YYZZ |

② 숫자형 함수

| 숫자형 함수 | 결과 값 |
|---|---|
| ABS(-15) | 15 |
| SIGN(-20) | -1 |
| SIGN(0) | 0 |
| SIGN(+5) | 1 |
| MOD(7, 3) | 1 |
| CEILING(38.123) | 39 |
| CEILING(-38.123) | -38 |
| FLOOR(38.123) | 38 |
| FLOOR(-38.123) | -39 |
| ROUND(38.5235, 3) | 38.524 |
| ROUND(38.5235, 1) | 38.5 |
| TRUNC(38.5235, 3) | 38.523 |
| TRUNC(38.5235, 1) | 38.5 |

③ 변환형 함수

| 변환형 함수 | 결과 값 |
|---|---|
| TO_NUMBER('2017') | 2017 |
| TO_CHAR(SYSDATE, 'YYYY/MM/DD') | 2017/05/09 |
| TO_DATE('20170509', 'YYYY. MM. DD') | 2017. 05. 09 |

## SECTION 3 SQL과 SQL View

**기출 2019 - 02** (가)는 회사 관계형 데이터베이스의 릴레이션이고, (나)는 왼쪽 외부 조인 SQL문이다. 〈조건〉을 고려하여 〈작성 방법〉에 따라 쓰시오. [4점]

(가)

Dept (기본키 : Dept_no)

| Dept_no | Dept_name | Location |
|---|---|---|
| 111 | 영업 | A-1 |
| 222 | 기획 | A-2 |
| 333 | 생산 | B1 |
| 444 | 물류 | B-2 |

Employee (기본키 : Emp_id, 외래키 : Dept_no)

| Emp_id | Emp_name | Address | Tel_no | Dept_no |
|---|---|---|---|---|
| 1801 | 강감찬 | 서울 | 210-1501 | 111 |
| 1802 | 이순신 | 부산 | 421-2206 | 222 |
| 1803 | 김부식 | 대구 | 352-3620 | 333 |
| 1804 | 홍길동 | 대전 | 523-3828 | 333 |
| 1805 | 이율 | 광주 | 622-6712 | 333 |

(나)

```
SELECT *
FROM Dept AS d
LEFT OUTER JOIN Employee AS e
ON d.Dept_no = e.Dept_no;
```

**조건**
- Dept 릴레이션, Employee 릴레이션은 도메인 제약조건(domain constraint), 참조 무결성 제약조건(referential integrityconstraint), 키 제약조건(key constraint)을 만족한다.
- Employee 릴레이션의 속성 Dept_no는 Dept 릴레이션의 기본키인 Dept_no를 참조하는 외래키이다.

**작성 방법**
(1) (가)의 릴레이션에 대해 (나)의 SQL문을 수행하였을 때, 결과 릴레이션의 속성 개수와 튜플 개수를 순서대로 쓸 것.
(2) (가)의 Employee 릴레이션에서 튜플 〈1805, "이율", "광주", "622-6712", 222〉의 Emp_id 속성값을 1802로 갱신(update)하는 연산을 수행하면 거부된다. 그 이유가 되는 제약조건을 쓸 것.
(3) (가)의 Dept 릴레이션에서 튜플 〈333, "생산", "B-1"〉을 삭제(delete)하는 연산을 수행하면 거부된다. 그 이유가 되는 제약조건을 쓸 것.

| 정답 | (1) 8, 6 | 2점 |
| --- | --- | --- |
| | (2) 키 제약조건 | 1점 |
| | (3) 참조 무결성 제약조건 | 1점 |

해설

LEFT OUTER JOIN

| Dept_no | Dept_name | Location | Emp_id | Emp_name | Address | Tel_no | Dept_no |
| --- | --- | --- | --- | --- | --- | --- | --- |
| 111 | 영업 | A-1 | 1801 | 강감찬 | 서울 | 210 | 111 |
| 222 | 기획 | A-2 | 1802 | 이순신 | 부산 | 421 | 222 |
| 333 | 생산 | B-1 | 1803 | 김부식 | 대구 | 352 | 333 |
| 333 | 생산 | B-1 | 1804 | 홍길동 | 대전 | 523 | 333 |
| 222 | 기획 | A-2 | 1805 | 이율 | 광주 | 622 | 222 |
| 444 | 물류 | B-2 | NULL | NULL | NULL | NULL | NULL |

## 문제 31

다음의 학생, 수강, 과목 〈릴레이션〉과 〈SQL문〉을 보고 (ㄱ), (ㄴ), (ㄷ)은 어떤 무결성 제약조건을 위반하는지를 차례대로 설명하시오. (단, 각 문항이 아래의 관계 데이터 베이스 인스턴스에 독립적으로 적용되었다고 가정한다.)

### 릴레이션

〈학생〉

| 학번 | 이름 | 나이 |
|---|---|---|
| 92001 | 이홍근 | 24 |
| 92002 | 정형진 | 19 |
| 92003 | 구봉서 | 32 |
| 92004 | 신영식 | 25 |

〈수강〉

| 학번 | 과목번호 | 학점 |
|---|---|---|
| 92004 | CS313 | B+ |
| 92001 | CS345 | C |
| 92003 | CS355 | A+ |
| 92002 | CS360 | B |

〈과목〉

| 과목번호 | 과목이름 |
|---|---|
| CS310 | 데이터베이스 |
| CS313 | 운영체제 |
| CS345 | 자료구조 |
| CS355 | 컴퓨터구조 |
| CS360 | 컴퓨터 통신 |

### SQL문

```
CREATE TABLE 학생 ( 학번 CHAR(5) NOT NULL, 이름 CHAR(8) NOT NULL,
                주소 CHAR(15), 나이 INTEGER, PRIMARY KEY(학번),
                CHECK(나이>0 AND 나이<100) );
CREATE TABLE 수강 ( 학번  CHAR(10) NOT NULL,
                과목번호  CHAR(5) NOT NULL,
                학점    CHAR(2),  PRIMARY KEY(학번, 과목번호),
                FOREIGN KEY(학번)  REFERENCES 학생,
                     ON DELETE SET NULL
                     ON UPDATE CASCADE,
                FOREIGN KEY(과목번호) REFERENCES 과목,
                     ON DELETE NO ACTION
                     ON UPDATE SET DEFAULT ) ;
CREATE TABLE 과목 ( 과목번호  CHAR(5) NOT NULL, 과목이름  CHAR(2),
                PRIMARY KEY(과목번호) );

(ㄱ) DELETE FROM  과목 WHERE  과목이름 = '자료구조' ;
(ㄴ) UPDATE 학생 SET 나이 = 105 WHERE  이름 = '구봉서' ;
(ㄷ) INSERT INTO 학생 VALUES('92005', - , 21) ; (단, -은 NULL)
```

## 2 SQL View

**〈EMPLOYEE〉**

| EMPNO | EMPNAME | TITLE | SALARY | DNO |
|---|---|---|---|---|
| 2106 | 김창섭 | 대리 | 25000 | 2 |
| 3426 | 박영권 | 과장 | 30000 | 1 |
| 3011 | 이수민 | 부장 | 40000 | 3 |
| 1003 | 조민희 | 과장 | 30000 | 2 |
| 3427 | 최종철 | 사원 | 15000 | 3 |
| 1365 | 김상원 | 사원 | 15000 | 1 |
| 4377 | 이성래 | 이사 | 50000 | 2 |

**〈DEPARTMENT〉**

| DEPTNO | DEPTNAME | FLOOR |
|---|---|---|
| 1 | 영업 | 8 |
| 2 | 기획 | 10 |
| 3 | 개발 | 9 |
| 4 | 총무 | 7 |

```
CREATE TABLE EMPLOYEE (
    EMPNO       CHAR(4) NOT NULL,
    EMPNAME     CHAR(8) NOT NULL,
    TITLE       CHAR(8),
    SALARY      INTEGER,
    DNO         INTEGER,
    PRIMARY KEY(EMPNO) ) ;
```

```
CREATE TABLE DEPARTMENT (
    DEPTNO      INTEGER NOT NULL,
    DEPTNAME    CHAR(8) NOT NULL,
    FLOOR       INTEGER,
    PRIMARY KEY(DEPTNO) ) ;
```

(1) 뷰의 정의

| 형 식 | CREATE VIEW 뷰이름 [ 속성 리스트]<br>AS SELECT문<br>WITH CHECK OPTION |
|---|---|

① WITH CHECK OPTION
  ㉠ WITH CHECK OPTION은 데이터 무결성을 보장하는데 활용된다.
  ㉡ 뷰를 통해 수행되는 INSERT와 UPDATE문이 뷰가 선택할 수 없는 투플들을 생성할 수 없도록 보장한다.

② 한 릴레이션 위에서 뷰의 정의

  **예제** EMPLYOEE 릴레이션에 대해서 "3번 부서에 근무하는 사원들의 사원이름, 급여, 직책으로 이루어진 뷰"를 정의해 보시오.

  **SQL문**
  ```
  CREATE VIEW EMP_DNO3( ENAME, SALARY, TITLE)
  AS SELECT    EMPNAME, SALARY, TITLE
      FROM     EMPLOYEE
      WHERE    DNO = 3 ;
  ```

③ 두 릴레이션 위에서 뷰의 정의

　　**예제**　EMPLOYEE와 DEPARTMENT 릴레이션에 대해서 "기획부에 근무하는 사원들의 이름, 직책, 급여로 이루어진 뷰"를 정의해 보시오.

- SQL문

```
CREATE VIEW EMP_PLANNING
AS SELECT    E.EMPNAME, E.TITLE, E.SALARY
   FROM      EMPLOYEE E, DEPARTMENT D
   WHERE     E.DNO=D.DEPTNO
             AND D.DEPTNAME = '기획' ;
```

(3) 뷰의 장점

① 뷰는 복잡한 질의를 간단하게 표현할 수 있게 한다.

```
〈기본 테이블〉
SELECT    E.EMPNAME, E.SALARY
FROM      EMPLOYEE E, DEPARTMENT D
WHERE     D.DEPTNAME = '기획' AND D.DEPTNO = E.DNO
          AND E.TITLE = '부장' ;

〈뷰 테이블〉
SELECT    EMPNAME, SALARY
FROM      EMP_PLANNING
WHERE     TITLE = '부장' ;
```

② 뷰는 데이터 무결성을 보장한다.

```
〈UPDATE문〉
UPDATE EMP_DNO3
SET      DNO = 2
WHERE    ENO = 3427 ;

〈CREATE VIEW문〉
CREATE VIEW EMP_DNO3(ENO, ENAME, TITLE)
AS SELECT    EMPNO, EMPNAME, TITLE
   FROM EMPLOYEE
   WHERE DNO = 3
   WITH CHECK OPTION ;
```

③ 뷰는 데이터 독립성을 제공한다.

> **예제** 응용의 요구사항이 변경되어 기존의 EMPLOYEE 릴레이션이 두 개의 릴레이션 EMP1(EMPNO, EMPNAME, SALARY)과 EMP2(EMPNO, TITLE, DNO)로 분해되었다고 가정하자. 응용 프로그램에서 기존의 EMPLOYEE 릴레이션을 접근하던 SELECT문은 더 이상 수행되지 않으므로, EMP1과 EMP2에 대한 SELECT문으로 변경해야 한다.
> 아래와 같이 EMPLOEE라는 뷰를 정의했다면 응용 프로그램에서 EMPLOYEE 릴레이션을 접근하던 SELECT문은 계속해서 수행될 수 있다.
>
> ```
> CREATE VIEW EMPLOYEE
>   AS  SELECT   E1.EMPNO, E1.EMPNAME, E2.TITLE, E1.SALARY, E2.DNO
>       FROM     EMP1 E1, EMP2 E2
>       WHERE    E1.EMPNO = E2.EMPNO ;
> ```

④ 뷰는 데이터 보안 기능을 제공한다.

> **예제** EMPLOYEE 릴레이션의 SALARY 속성은 숨기고 나머지 속성들은 모든 사용자가 접근할 수 있도록 하려면 SALARY 속성을 제외하고 EMPLOYEE 릴레이션의 모든 속성을 포함하는 뷰를 정의하고, 사용자에게 뷰에 대한 SELECT 권한을 허가한다.

## (4) 뷰의 갱신

① 한 릴레이션 위에서 정의된 뷰에 대한 갱신

**예제**  INSERT INTO EMP_DNO3
　　　　VALUES('김정수', 50000, '사원') ;

② 두 개의 릴레이션 위에서 정의된 뷰에 대한 갱신

**예제**  INSERT INTO EMP_PLANNING
　　　　VALUES ('박지선', '대리', 2500000) ;

③ 집단 함수 등을 포함한 뷰에 대한 갱신

```
CREATE VIEW    EMP_AVGSAL(DNO, AVGSAL)
AS  SELECT     DNO, AVG(SALARY)
    FROM       EMPLOYEE
    GROUP BY   DNO ;
```

```
UPDATE    EMP_AVGSAL
SET       AVGSAL = 300000
WHERE     DNO = 2 ;
```

```
INSERT INTO EMP_AVGSAL
VALUES(3, 3200000) ;
```

### [갱신이 불가능한 뷰]

① 한 릴레이션 위에서 정의되었으나 그 릴레이션의 기본키가 포함되지 않은 뷰
② 기본 릴레이션의 속성들 중에서 뷰에 포함되지 않은 속성에 대해 NOT NULL이 지정 되어 있을 때
③ 조인으로 정의된 뷰
④ 집단 함수가 포함된 뷰

**기출 2016** (나)는 (가)의 관계형 데이터베이스의 릴레이션 'employee'와 'department'에서 '부서별 평균 급여가 40000 이상인 부서의 부서번호, 부서명, 급여의 총액으로 구성된 뷰(view)를 생성'하는 SQL문이다. (나)의 ㉠, ㉡에 해당하는 내용을 순서대로 쓰시오. (단, 생성되는 뷰의 스키마는 ViewName1(employee.dno, department.dname, total)이다.) [2점]

(가)

employee(기본키:cno)

| eno | ename | address | salary | dno |
|-----|-------|---------|--------|-----|
| 12 | 손오공 | 서울 | 30000 | 5 |
| 33 | 이몽룡 | 서울 | 40000 | 5 |
| 98 | 변학도 | 광주 | 43000 | 1 |
| 77 | 심청 | 충북 | 25000 | 4 |
| 88 | 홍길동 | 부산 | 55000 | 1 |

department(기본키:dno)

| dno | dname | mgr_eno |
|-----|-------|---------|
| 5 | 연구부 | 33 |
| 4 | 행정부 | 77 |
| 1 | 인사부 | 88 |

○ 릴레이션 'employee'에서 eno는 사번, ename은 성명, address는 주소, salary는 급여, dno는 부서번호를 의미한다.
○ 릴레이션 'department'에서 dno는 부서번호, dname은 부서명, mgr_eno는 관리자 사번을 의미한다.
○ 릴레이션 'employee'의 외래키 employee.dno는 department.dno를 참조한다.

(나)

CREATE VIEW ViewName1 AS
SELECT employee.dno, department.dname, ㉠
FROM employee, department
WHERE employee.dno = department.dno
GROUP BY employee.dno, department.dname
HAVING ㉡ ;

## SQL과 SQL View

**문제 32**

다음의 student 릴레이션을 보고 SQL View에 대한 물음에 답하시오.

〈student〉

| sno | sname | year | dept |
|---|---|---|---|
| 100 | 김정아 | 3 | 전산 |
| 200 | 이기원 | 3 | 전기 |
| 300 | 박영종 | 2 | 전산 |
| 400 | 최강희 | 3 | 전산 |
| 500 | 조현주 | 2 | 산공 |
| 600 | 심오석 | 2 | 산공 |
| 700 | 주성호 | 2 | 전기 |

```
CREATE TABLE student
    ( sno      INTEGER NOT NULL ,
      sname    CHAR(10) NOT NULL ,
      year     INTEGER ,
      dept     CHAR(10) ,
      PRIMARY KEY (sno) ) ;
```

```
CREATE VIEW computer-1
    AS  SELECT   sno, year, dept
        FROM     student
        WHERE    dept = '전산'
        WITH CHECK OPTION ;
```

```
CREATE VIEW computer-2
    AS  SELECT   sno, sname, year, dept
        FROM     student
        WHERE    year = 2
        WITH CHECK OPTION ;
```

(1) 다음의 UPDATE문은 수행이 가능한가? 불가능하면 이유를 쓰시오.

   UPDATE  computer-2
   SET    year = 3
   WHERE  dept = '전산' ;

_____

(2) 다음은 INSERT문의 수행이 가능한가? 불가능하면 이유를 쓰시오.

   INSERT INTO computer-1
   VALUES(800, 4, '전산') ;

_____

(3) 다음과 같은 INSERT문과 SELECT문 수행 후의 결과를 쓰시오.

   INSERT INTO student
   VALUES(800, '홍길동', 4, '전산') ;


   SELECT  COUNT(*)
   FROM   computer-1 ;

_____

(4) 다음과 같은 INSERT문과 SELECT문 수행 후의 결과를 쓰시오.

   INSERT INTO computer-2
   VALUES(900, '박주영', 2, '수학') ;


   SELECT  COUNT(*)
   FROM   student ;

_____

## SQL과 SQL View

**문제 33**

다음과 같은 SQL문이 주어질 때

```
○ SQL 문
  CREATE TABLE EMPLOYEE (
     EMPNO     CHAR(4) NOT NULL,
     ENAME     CHAR(8) NOT NULL,
     TITLE     CHAR(8),
     SALARY    INTEGER,
     DNO       INTEGER,   PRIMARY KEY(EMPNO) );

  CREATE TABLE DEPARTMENT (
     DEPTNO    INTEGER   NOT NULL,
     DEPTNAME  CHAR(8)   NOT NULL,
     FLOOR     INTEGER,  PRIMARY KEY(DEPTNO) );
```

다음과 같은 뷰 정의문과 INSERT문의 수행이 불가능한 이유를 기술하시오.

```
  CREATE VIEW  EMP_DEPT2(A, B, C, D, E)
  AS SELECT    E.EMPNO, E.NAME, E.DNO, D.DEPTNAME, D.FLOOR
     FROM      EMPLOYEE E, DEPT D
     WHERE     E.DNO = D.DEPTNO

  INSERT INTO EMP_DEPT2
         VALUES(1200, '김인식', 3, '개발', 3) ;
```

# 릴레이션 정규화

## 1 이상(anomaly)현상

### (1) 이상현상의 의미
데이터 베이스 사용자의 의도와는 다르게 다른 데이터가 삽입, 삭제, 갱신되는 현상을 말한다.

### (2) 이상현상의 종류

[수 강]

| 학번 | 과목 | 수강료 |
|---|---|---|
| 100 | DELPHI | 20,000 |
| 200 | VISUAL BASIC | 25,000 |
| 300 | C언어 | 15,000 |
| 400 | DELPHI | 20,000 |

① 삭제이상(Deletion anomaly) : 한 튜플을 삭제함으로써 유지해야 될 다른 정보의 손실을 가져오는 연쇄 삭제(Triggered deletion) 현상이 일어나는 것을 말한다.

　**예제**　학번 300인 학생이 C언어 등록을 취소하여 이 학생의 튜플을 삭제하면 C언어의 수강료 15,000 정보까지 잃게 되는 경우이다.

② 삽입이상(Insertion anomaly) : 필요한 데이터의 삽입을 위해 불필요한 데이터를 함께 삽입해야 되는 현상이다.

　**예제**　VISUAL C++의 수강료 30,000을 릴레이션에 삽입하기 위해서는 VISUAL C++을 어떤 학생이 수강하지 않는 이상 가상의 학번과 함께 삽입해야 하는 경우이다.

③ 갱신이상(Updating anomaly) : 중복된 튜플들 중에서 일부 튜플의 속성 값만을 갱신함으로써 정보의 모순성(Inconsistency)이 생기는 현상이다.

　**예제**　DELPHI의 수강료를 20,000에서 23,000으로 변경하고자 할 때 100번 학생의 수강료만 갱신하게 되면 400번 학생의 수강료와 불일치하는 문제가 발생하는 경우이다.

## 릴레이션 정규화

### 2 정규화

**(1) 제 1 정규형(1 NF)**

어떤 릴레이션 R의 모든 도메인들의 값이 오직 원자값(atomic value)만으로 되어 있다면 릴레이션 R은 제 1 정규형에 속한다.

**〈제 1 정규형의 예〉**

[수강지도]    기본키 : {학번, 과목번호}

| 학번 | 지도교수 | 학과 | 과목번호 | 성적 |
|------|----------|------|----------|------|
| 100 | P1 | 컴퓨터 | C413 | A |
| 100 | P1 | 컴퓨터 | E412 | A |
| 200 | P2 | 전기 | C123 | B |
| 300 | P3 | 컴퓨터 | C312 | A |
| 300 | P3 | 컴퓨터 | C324 | C |
| 300 | P3 | 컴퓨터 | C413 | A |
| 400 | P1 | 컴퓨터 | C312 | A |
| 400 | P1 | 컴퓨터 | C324 | A |
| 400 | P1 | 컴퓨터 | C413 | B |
| 400 | P1 | 컴퓨터 | E412 | C |

[수강지도의 함수 종속 다이어그램]

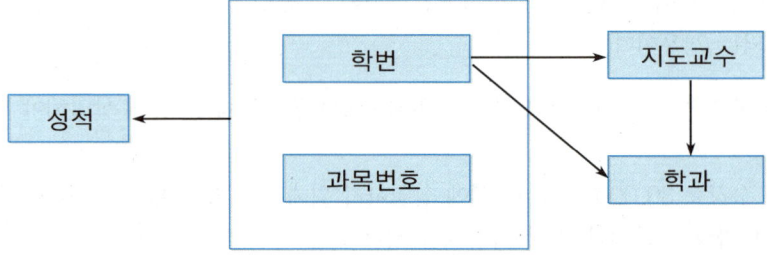

(2) 제 2 정규형(2 NF)

> 어떤 릴레이션 R이 1NF이고, 키가 아닌 모든 속성들이 기본 키에 완전 함수적 종속일 때 이 릴레이션 R은 제 2 정규형에 속한다.

〈제 2 정규형의 예〉

[지도]   기본키 : {학번}

| 학번 | 지도교수 | 학과 |
|---|---|---|
| 100 | P1 | 컴퓨터 |
| 200 | P2 | 전기 |
| 300 | P3 | 컴퓨터 |
| 400 | P1 | 컴퓨터 |

[수강]   기본키 : {학번, 과목번호}
외래키 {학번} 참조 : 지도

| 학번 | 과목번호 | 성적 |
|---|---|---|
| 100 | C413 | A |
| 100 | E412 | A |
| 200 | C123 | B |
| 300 | C312 | A |
| 300 | C324 | C |
| 300 | C413 | A |
| 400 | C312 | A |
| 400 | C324 | A |
| 400 | C413 | B |
| 400 | E412 | C |

[지도와 수강의 함수 종속 다이어그램]

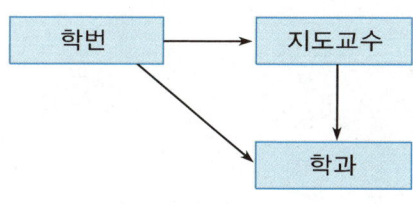
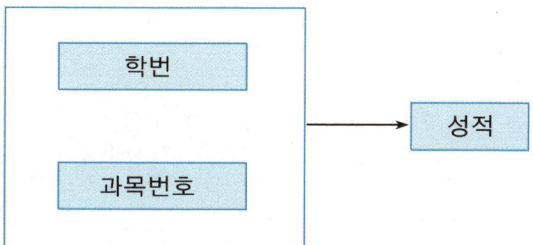

(3) **제 3 정규형(3 NF)**

> 어떤 릴레이션 R이 2NF이고, 키가 아닌 모든 속성들이 비 이행적으로 기본 키에 종속되어 있을 때 이 릴레이션은 제 3 정규형에 속한다.

〈제 3 정규형의 예〉

[지도교수학과]
기본키 : {지도교수}

| 지도교수 | 학과 |
|---|---|
| P1 | 컴퓨터 |
| P2 | 전기 |
| P3 | 컴퓨터 |

[학생지도]
기본키 : {학번}
외래키 : {지도교수} 참조 : 지도교수학과

| 학번 | 지도교수 |
|---|---|
| 100 | P1 |
| 200 | P2 |
| 300 | P3 |
| 400 | P1 |

[지도교수학과와 학생지도의 함수 종속 다이어그램]

## (4) 보이스/코드 정규형(BCNF)

릴레이션 R의 모든 결정자가 후보 키이면, 릴레이션 R은 보이스/코드 정규형에 속한다.

〈보이스/코드 정규형의 예〉

[수강] 기본키 : {학번, 과목}

| 학번 | 과목 | 교수 |
|---|---|---|
| 100 | 프로그래밍 | P1 |
| 100 | 자료구조 | P2 |
| 200 | 프로그래밍 | P1 |
| 200 | 자료구조 | P3 |
| 300 | 자료구조 | P3 |
| 300 | 프로그래밍 | P4 |

[수강의 함수 종속 다이어그램]

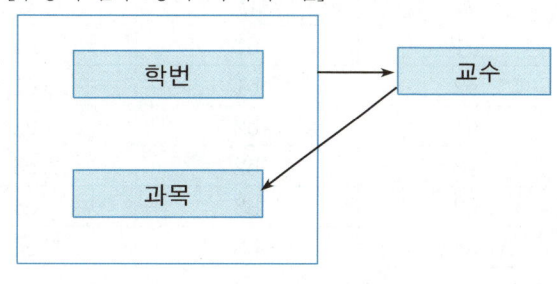

[수강교수]
기본키 : {학번, 교수}
외래키 : {교수} 참조 : 과목교수

| 학번 | 교수 |
|---|---|
| 100 | P1 |
| 100 | P2 |
| 200 | P1 |
| 200 | P3 |
| 300 | P3 |
| 300 | P4 |

[과목교수]
기본키 : {교수}

| 교수 | 과목 |
|---|---|
| P1 | 프로그래밍 |
| P2 | 자료구조 |
| P3 | 자료구조 |
| P4 | 프로그래밍 |

[수강교수와 과목교수의 함수 종속 다이어그램]

## SECTION 4 릴레이션 정규화

**기출 2018-02** 관계형 데이터베이스에서 릴레이션 R의 스키마를 단계별로 최대한 분해하여 정규화를 하려고 한다. 〈조건〉을 고려하여 〈작성 방법〉에 따라 쓰시오. [4점]

R(기본 키 : (A, B))

| A | B | C | D | E |
|---|---|---|---|---|
| a1 | b1 | c1 | d1 | e2 |
| a2 | b1 | c1 | d3 | e1 |
| a1 | b2 | c2 | d1 | e2 |
| a3 | b2 | c3 | d4 | e2 |
| a2 | b3 | c4 | d3 | e1 |
| a4 | b3 | c4 | d3 | e1 |

- 릴레이션 R의 스키마는 R(A, B, C, D, E)이다.

[함수 종속 집합]
- 릴레이션 R의 함수 종속 집합은 다음과 같다.
  {AB → C, D → E, A → E, A → ㉠ , C → ㉡ }

**조건**
- 분해된 릴레이션의 이름은 R1, R2, ……와 같이 표기한다. 예를 들어, 분해된 릴레이션 스키마는 R1(A, B)와 같이 표기한다.

**작성 방법**
(1) [함수 종속 집합]에서 ㉠, ㉡에 들어갈 속성 이름을 순서대로 쓸 것.
(2) 릴레이션 R의 [함수 종속 집합]을 이용하여 정규화 절차에 따라 3NF와 BCNF로 분해된 릴레이션 스키마를 순서대로 쓸 것.

| 정답 | (1) ㉠ D  ㉡ B | 1점 |
|---|---|---|
| | (2) 3NF : R1(A, D), R2(D, E), R3(A, B, C) | 1.5점 |
| | BCNF : R1(A, D), R2(D, E), R3(A, C), R4(C, B) | 1.5점 |

**해설**
함수적 종속성의 다이어그램

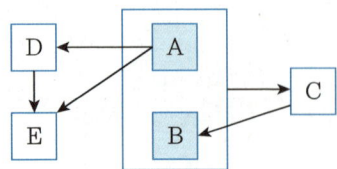

(5) 제 4 정규형(4 NF)

릴레이션 R에 MVD A→→B가 성립하는 경우에 R의 모든 속성들이 A에 함수적 종속(즉, R의 모든 속성 X에 대해 A→X이고 A가 후보키)이면 그 릴레이션 R는 제 4 정규형에 속한다.

〈제 4 정규형의 예〉

[개설과목]

| 과목 | 교수 | 교재 |
|---|---|---|
| 파일처리 | P1 | T1 |
| 파일처리 | P1 | T2 |
| 파일처리 | P2 | T1 |
| 파일처리 | P2 | T2 |
| 데이터베이스 | P3 | T3 |
| 데이터베이스 | P3 | T4 |
| 데이터베이스 | P3 | T5 |

과목→→교수    과목→→교재

| 과목 | 교수 |
|---|---|
| 파일처리 | P1 |
| 파일처리 | P2 |
| 데이터베이스 | P3 |

| 과목 | 교재 |
|---|---|
| 파일처리 | T1 |
| 파일처리 | T2 |
| 데이터베이스 | T3 |
| 데이터베이스 | T4 |
| 데이터베이스 | T5 |

## (6) 제 5 정규형(5 NF)

릴레이션 R의 모든 조인 종속성(JD)의 만족이 R의 후보키로 유추될 수 있을 때 그 릴레이션 R은 제 5 정규형 또는 PJ/NF에 속한다.

〈정의〉 무손실 분해
테이블 R의 프로젝션(특정 테이블에서 일부속성들만 추출하여 만든 테이블)인 R1, R2가 natural join을 통해 원래 테이블 R로 정보 손실 없이 복귀되는 경우 R은 R1과 R2로부터 무손실 분해되었다고 한다.

**예제** 손실이 있는 분해의 예

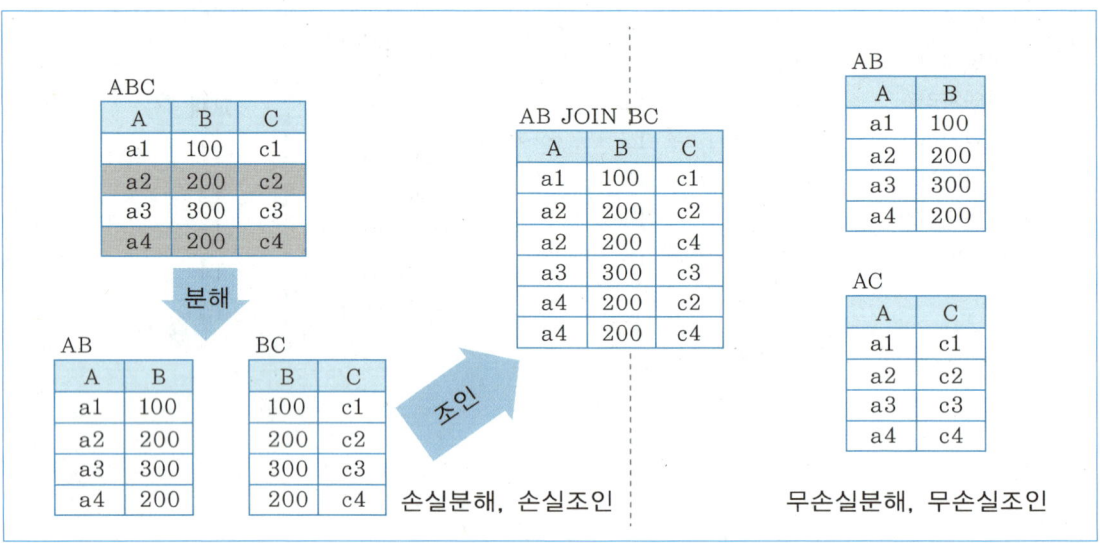

**예제** 함수 종속을 갖는 ABC테이블 (함수 종속 : B → C 정의)

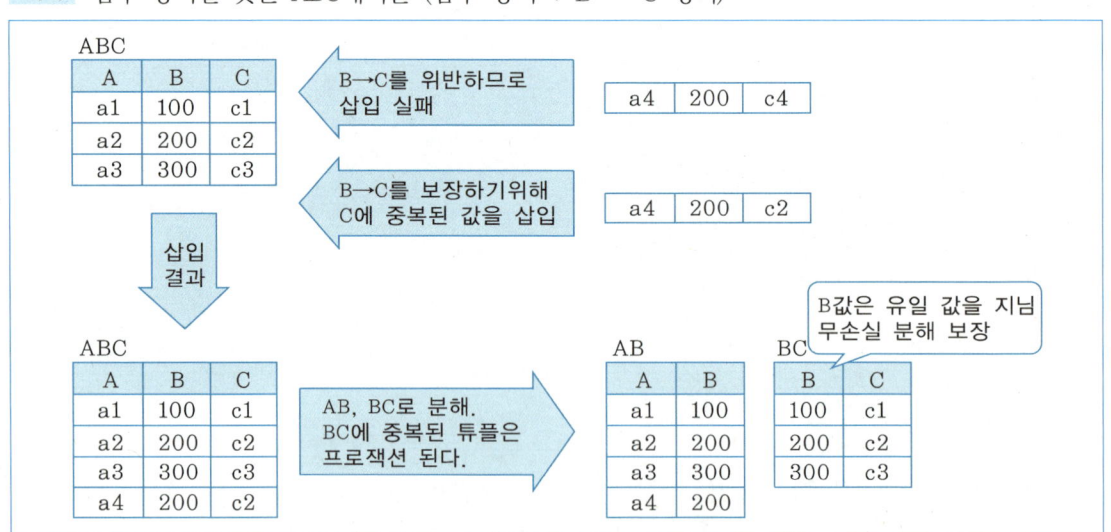

## 문제 34

릴레이션 R(supplier, project, part, manager)이 있다. 주어진 함수적 종속성에 대해 고려할 질문은 다음과 같다.

> ⓐ 릴레이션 R의 후보키을 쓰시오.
> ⓑ R에서 성립하는 최대 정규화형은(1NF, 2NF, 3NF, BCNF)중 무엇인가?
> ⓒ 릴레이션 R이 BCNF가 아닐 경우, 함수적 종속성이 보존되도록 BCNF 정규형으로 만드시오. (만일 BCNF 정규형을 만들 수 없으면 불가능이라 쓰시오.)

아래에 주어진 각각의 함수적 종속성에 대하여 위 질문에 답하시오.

(1) part→manager, part→supplier, project→part

ⓐ _____
ⓑ _____
ⓒ _____
_____

(2) project→part, manager→supplier

ⓐ _____
ⓑ _____
ⓒ _____

(3) (supplier, project, part)→manager, manager→supplier

ⓐ _____
ⓑ _____
ⓒ _____
_____

(4) supplier→project, (project, part)→manager, supplier→part

ⓐ _____
ⓑ _____
ⓒ _____
_____

## SECTION 4 릴레이션 정규화

### 3 역정규화(반정규화)

**(1) 역정규화의 개요**
  ① 시스템 성능을 고려해서 기존 설계를 재구성하는 것을 말한다.
  ② 질의 성능 향상을 위해 일부의 데이터에 대한 중복을 허용하는 정규화의 역작업이다.

**(2) 정규화와 역정규화의 비교**

| 정규화 | 역정규화 |
| --- | --- |
| 이상현상 제거 | 중복허용 |
| 데이터 무결성 유지 | 성능향상 |
| 데이터 일관성 | 성능 |
| 데이터 정확성 우선 | 검색 우선 |

**(3) 역정규화의 유형**
  ① 데이터의 중복을 통해 과도한 논리적 결함을 피한다.

| 계좌번호 | 고객 |
| --- | --- |
| 계좌번호 | 고객번호 |
| 개설일자 | 고객명 |
| 개설지점 | 주민번호 |
| 상품종류 | 주소 |
| 이율 | |
| 고객번호 | |

➡

| 계좌번호 |
| --- |
| 계좌번호 |
| 개설일자 |
| 개설지점 |
| 상품종류 |
| 이율 |
| 고객번호 |
| 주민번호 |
| 고객명 |
| 주소 |

  ② 추출 속성를 추가하여 불필요한 작업을 피한다.

| 제품주문 |
| --- |
| 주문일자 |
| 고객번호 |
| 제품번호 |
| 수량 |
| 단가 |

➡

| 제품주문 |
| --- |
| 주문일자 |
| 고객번호 |
| 제품번호 |
| 수량 |
| 단가 |
| 판매금액 |

③ 하나의 테이블을 2개 이상의 테이블로 분리하여 속성에 대한 검색을 피한다.

| 사원 |
|---|
| 사원번호 |
| 성명 |
| 주소 |
| 연락처 |
| 사진정보(LongRaw) |

➡

| 사원 | 사진정보 |
|---|---|
| 사원번호 | 사원번호 |
| 성명 | 사진정보(LongRaw) |
| 주소 | |
| 연락처 | |

④ 2개의 분리된 테이블을 하나의 테이블로 통합하여 논리적 결함을 피한다.

| 정규직 사원 | 임시직 사원 |
|---|---|
| 사원번호 | 사원번호 |
| 성명 | 성명 |
| 주소 | 주소 |
| 연락처 | 연락처 |
| 본봉 | 일당 |
| 수당 | 특근 |

➡

| 사원 |
|---|
| 사원번호 |
| 성명 |
| 주소 |
| 연락처 |
| 사원구분 |
| 본봉 |
| 수당 |
| 일당 |
| 특근 |

⑤ 자주 사용되는 테이블의 논리적 결함을 피하기 위해 집계 테이블을 생성한다.

## 4 함수적 종속성

(1) 종속성 집합의 닫힘(Closure)
① 특정 FD들의 집합 S가 내포하는 모든 FD들의 집합을 S의 닫힘(Closure)라고 부르고, S+로 표기한다.
② 암스트롱의 공리를 가지고 새로운 FD들을 기존 FD들에서 추론한다.
③ 암스트롱의 규칙

| 규칙 | 내용 |
|---|---|
| 반사 규칙(reflexcivity rule) | X가 속성들의 집합이고 Y⊆X이면 X→Y이다. |
| 증가 규칙(augmentation rule) | X→Y이고 W가 속성들의 집합이면 WX→WY이다. |
| 이행 규칙(transitivity rule) | X→Y이고 Y→Z이면 X→Z이다. |
| 연합 규칙(union rule) | X→Y이고 X→Z이면 X→YZ이다. |
| 분해 규칙(decomposition rule) | X→YZ이면 X→Y이고 X→Z이다. |
| 가이행 규칙(pseudo transitivity rule) | X→Y이고 WY→Z이면 XW→Z이다. |

### 문제 35

속성들 A, B, C, D, E, F를 가진 릴레이션 R과 다음의 FD들이 주어졌다고 가정한다.

| A → BC | B → E | CD → EF |
|---|---|---|

FD AD → F가 릴레이션 R에서 주어진 집합의 닫힘(closure)의 한 멤버임을 보이시오.

1. _____
2. _____
3. _____
4. _____
5. _____

## (2) 속성들 집합의 닫힘(Closure)

```
CLOSURE[Z, S] := Z ;
do "계속"
    for S에 있는 각각 FD X→Y에 대해
        do
            if X가 CLOSURE[Z, S]의 부분 집합이면 then
                CLOSURE[Z, S] := CLOSURE[Z, S] ∪ Y ;
        end ;
    if CLOSURE[Z, S]가 이번 반복에서 변화되지 않았다면 then
        루프를 빠져 나온다.
end ;
```

### 문제 37

다음은 릴레이션 변수 R={A, B, C, D, E, F}를 위한 FD들의 집합이다. 아래 물음에 답하시오.

| | | |
|---|---|---|
| AB → C | BC → D | BE → C |
| CF → BD | C → A | ACD → B |
| CE → FA | D → EF | |

(1) 속성들의 집합 {A, B}의 닫힘 $\{A, B\}^+$를 구하시오.

- $\{A, B\}^+$ = _____

(2) 속성들의 집합 {A, D}의 닫힘 $\{A, D\}^+$를 구하시오.

- $\{A, D\}^+$ = _____

## (3) 종속성들의 최소성 집합

> **FD들의 집합 S가 최소성이라는 것은 다음의 세가지 성질을 만족한다.**
> ① S에 속한 모든 FD의 우변(종속자)은 단지 하나의 속성만을 갖는다.
> ② S에 속한 모든 FD의 좌변(결정자)은 당연히 최소성이 있다.
>    어떤 속성도 닫힘 $S^+$에 변화를 주지 않고는 결정자에서 삭제될 수 없다.
> ③ S에 속한 어떤 FD도 닫힘 $S^+$를 변화시키지 않고 S에서 삭제될 수 없다.

**예제** FD집합에서 최소 집합 M의 유도과정

> F = {A→AC, B→ABC, D→ABC}
> [1단계] 분해규칙 적용
>    H = {A→A, A→C, B→A, B→B, B→C, D→A, D→B, D→C}
> [2단계] 암스트롱의 규칙 적용
>    (1) A→A : trivial FD이므로 제거
>    (2) A→C : 왼쪽에 A를 갖는 FD가 존재하지 않으므로 H의 다른 FD로
>       부터 유도할 수 없기 때문에 존재
>    (3) B→A : H의 다른 FD로부터 유도할 수 없기 때문에 존재
>    (4) B→B : trivial FD이므로 제거
>    (5) B→C : B→A과 A→C에 대한 이행규칙 때문에 제거
>    (6) D→A : D→B과 B→A에 대한 이행규칙 때문에 제거
>    (7) D→B : H의 다른 FD로부터 유도할 수 없기 때문에 존재
>    (8) D→C : D→B, B→A, A→C에 대한 이행규칙 때문에 제거
> ∴ 최소 커버 M = {A→C, B→A, D→B}

---

### 문제 38

속성들 A, B, C, D를 가진 릴레이션 R과 다음의 FD들이 주어졌다고 가정한다.

| | | |
|---|---|---|
| A → BC | B → C | A → B |
| AB → C | AC → D | |

이 주어진 집합과 동치인 FD들의 최소 커버(minimal cover) M을 구하시오.

• M = _____

# 트랜잭션과 병행수행

## 1 트랜잭션(Transaction)

(1) 직렬 스케줄과 비직렬 스케줄
① 직렬 스케줄(serial schedule) : 여러 트랜잭션들의 집합을 한번에 한 트랜잭션씩 차례 대로 수행하는 것을 말한다.
② 비직렬 스케줄(non-serial schedule) : 여러 트랜잭션을 동시에 수행하는 것을 말한다.
③ 직렬가능(serializable) 스케줄 : 비직렬 스케줄의 결과가 어떤 직렬 스케줄의 수행 결과와 동등한 경우를 말한다.
④ 비직렬가능(non-serializable) 스케줄 : 비직렬 스케줄의 결과가 어떤 직렬 스케줄의 수행 결과와 다른 경우를 말한다.

(2) 충돌(conflict) 직렬가능 스케줄
① 충돌(conflict)의 조건
  ㉠ 연산들이 서로 다른 트랜잭션에 속한다.
  ㉡ 연산들이 동일한 항목 X에 접근한다.
  ㉢ 연산들 중 최소한 하나는 write_item(X)이다.
② 스케줄 S의 충돌 직렬가능성 검사

> 1. 스케줄 S에 참가하는 각 트랜잭션 $T_i$에 대해 선행 그래프에 $T_i$라는 레이블을 가진 노드를 생성한다.
> 2. 스케줄 S에서 $T_i$가 write_item(X)를 실행한 후에 $T_j$가 read_item(X)를 실행하는 경우마다 선행 그래프에 간선($T_i \rightarrow T_j$)를 생성한다.
> 3. 스케줄 S에서 $T_i$가 read_item(X)를 실행한 후에 $T_j$가 write_item(X)를 실행하는 경우마다 선행 그래프에 간선($T_i \rightarrow T_j$)를 생성한다.
> 4. 스케줄 S에서 $T_i$가 write_item(X)를 실행한 후에 $T_j$가 write_item(X)를 실행하는 경우마다 선행 그래프에 간선($T_i \rightarrow T_j$)를 생성한다.
> 5. 선행 그래프에 사이클이 없으면 스케줄 S는 직렬가능하고, 스케줄 S가 직렬가능하면 선행 그래프에 사이클이 없다.(스케줄 S가 직렬가능한 것은 선행 그래프에 사이클이 없다는 것의 필요충분조건이다.)

(3) 뷰(view) 직렬가능 스케줄
① 동일한 데이터Q에 대해 T1이 스케줄S에서 Q의 초기값 읽는다면 S'에서도 초기값 읽는다.
② 동일한 데이터Q에 대해 T1이 스케줄S에서 W(Q) 후 T2에서 R(Q) 읽는다면 S'에서도 T1 W(Q)후 T2에서 R(Q)을 수행한다.
③ 각 항목Q에 대해 스케줄S에서 T1이 최종 W(Q)를 수행하면 S'에서도 W(Q)을 수행한다.

## 5 트랜잭션과 병행수행

**정보시스템 감리사** 다음 두 개의 트랜잭션들에 대해 충돌 직렬가능(conflict serializability)하지 않은 스케줄은 어느 것인가?

| T1 | T2 |
|---|---|
| READ(X) | READ(X) |
| WRITE(X) | WRITE(X) |
| READ(Y) | |
| WRITE(Y) | |

※ T1, T2 : 트랜잭션
   READ(X) : X값 읽기, READ(Y) : Y값 읽기
   WRITE(X) : X값 쓰기, WRITE(Y) : Y값 쓰기

① 
| T1 | T2 |
|---|---|
| READ(X) | |
| WRITE(X) | |
| | READ(X) |
| READ(Y) | |
| WRITE(Y) | |
| | WRITE(X) |

② 
| T1 | T2 |
|---|---|
| READ(X) | |
| | READ(X) |
| WRITE(X) | |
| | WRITE(X) |
| READ(Y) | |
| WRITE(Y) | |

③ 
| T1 | T2 |
|---|---|
| READ(X) | |
| WRITE(X) | |
| | READ(X) |
| | WRITE(X) |
| READ(Y) | |
| WRITE(Y) | |

④ 
| T1 | T2 |
|---|---|
| READ(X) | |
| WRITE(X) | |
| | READ(X) |
| READ(Y) | |
| | WRITE(X) |
| WRITE(Y) | |

문제 39

## 다음의 3개의 트랜잭션 $T_1$, $T_2$, $T_3$을 보고 물음에 답하시오.

| $T_1$ | $T_2$ | $T_3$ |
|---|---|---|
| read_item(X) ;<br>write_item(X) ;<br>read_item(Y) ;<br>write_item(Y) ; | read_item(Z) ;<br>read_item(Y) ;<br>write_item(Y) ;<br>read_item(X) ;<br>write_item(X) ; | read_item(Y) ;<br>read_item(Z) ;<br>write_item(Y) ;<br>write_item(Z) ; |

(1) 아래의 비직렬 스케줄에 대한 선행 그래프를 그리고, 스케줄은 직렬 가능한가? 만약 직렬 가능하다면 동치인 직렬 스케줄을 쓰고, 아니면 이유를 쓰시오.

| $T_1$ | $T_2$ | $T_3$ |
|---|---|---|
|  | read_item(Z) ;<br>read_item(Y) ;<br>write_item(Y) ; |  |
|  |  | read_item(Y) ;<br>read_item(Z) ; |
| read_item(X) ;<br>write_item(X) ; |  | write_item(Y) ;<br>write_item(Z) ; |
|  | read_item(X) ; |  |
| read_item(Y) ;<br>write_item(Y) ; |  |  |
|  | write_item(X) ; |  |

| 선행그래프 | |
|---|---|
|  |  |

(2) 아래의 비직렬 스케줄에 대한 선행 그래프를 그리고, 스케줄은 직렬 가능한가? 만약 직렬 가능하다면 동치인 직렬 스케줄을 쓰고, 아니면 이유를 쓰시오.

| $T_1$ | $T_2$ | $T_3$ |
|---|---|---|
| | | read_item(Y) ; |
| | | read_item(Z) ; |
| read_item(X) ; | | |
| write_item(X) ; | | |
| | | write_item(Y) ; |
| | | write_item(Z) ; |
| | read_item(Z) ; | |
| read_item(Y) ; | | |
| write_item(Y) ; | | |
| | read_item(Y) ; | |
| | write_item(Y) ; | |
| | read_item(X) ; | |
| | write_item(X) ; | |

| 선행그래프 | |
|---|---|

**기출 2019 - 14** (가)는 가상의 데이터베이스 관리 시스템 A에서 처리하는 트랜잭션이다. (나)는 트랜잭션 T1이 시간에 따라 수행되는 과정이다. 〈조건〉을 고려하여 〈작성 방법〉에 따라 서술하시오. [4점]

(가)

| T1 | T2 | T3 |
|---|---|---|
| read(X) | | |
| read(Y) | | |
| Y:=Y+X | ⓐ read(X) | ⓓ read(X) |
| write(Y) | ⓑ read(Y) | ⓔ read(Z) |
| read(Z) | ⓒ read(Z) | ⓕ read(Y) |
| Z:=Z+3 | | |
| write(Z) | | |

(나)

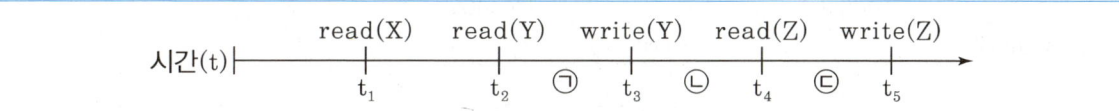

**조건**
- 데이터베이스 관리 시스템 A는 동시성 제어를 하지 않는다.
- read( ), write( ) 연산은 데이터베이스 연산이다.
- ㉠은 t2와 t3 사이, ㉡은 t3과 t4 사이, ㉢은 t4와 t5 사이의 시간 구간이다.
- 임의의 트랜잭션 Ta와 Tb에 대한 스케줄이 '직렬가능(serializable)'하다는 것은 두 트랜잭션의 동시 처리 결과가 다음 중 1가지와 일치한다는 것을 의미한다.
  - Ta가 먼저 시작·종료된 후 Tb가 시작·종료될 경우의 결과
  - Tb가 먼저 시작·종료된 후 Ta가 시작·종료될 경우의 결과

**작성 방법**
(1) T2가 T1과 동시 처리되면서 연산 ⓑ는 구간 ㉠에서, 연산 ⓒ는 구간 ㉢에서 수행될 때, T1과 T2에 대한 스케줄이 '직렬가능'한지 여부를 쓸 것.
(2) T2가 T1과 동시 처리되면서 연산 ⓑ는 구간 ㉡에서, 연산 ⓒ는 구간 ㉢에서 수행될 때, T1과 T2에 대한 스케줄이 '직렬가능'한지 여부를 쓸 것.
(3) T3이 T1과 동시 처리되면서 연산 ⓕ가 구간 ㉢에서 수행된다고 가정할 때, 연산 ⓓ와 ⓔ가 수행되는 구간에 따라 '직렬가능'한 T1과 T3에 대한 스케줄이 존재하는지 여부와 그 이유를 쓸 것.

## SECTION 5 트랜잭션과 병행수행

| 정답 | (1) 직렬 가능(직렬 가능 스케줄) | 1점 |
|---|---|---|
| | (2) 직렬 불가능(비직렬 가능 스케줄) | 1점 |
| | (3) 없음, 이유 : T3의 read(z)가 어느 구간에 수행해도 T3 → T1의 간선이 형성되기 때문에 T1 → T3 → T1의 사이클이 존재하므로 직렬 가능 스케줄은 존재하지 않는다. | 2점 |

**해설**

(1)

| T1 | T2 |
|---|---|
| read(X) | |
| read(Y) | |
| | read(Y) |
| write(Y) | |
| read(Z) | |
| | read(Z) |
| write(Z) | |

T2 → T1

(2)

| T1 | T2 |
|---|---|
| read(X) | |
| read(Y) | |
| write(Y) | |
| | read(Y) |
| read(Z) | |
| | read(Z) |
| write(Z) | |

(3)

| T1 | T3 |
|---|---|
| read(X) | |
| read(Y) | |
| write(Y) | |
| read(Z) | |
| | read(y) |
| write(Z) | |

T1 → T3

## 2 병행수행(Concurrency)

(1) 병행 수행에 따른 충돌(conflict)
① 미완결 데이터 덮어쓰기(=갱신 손실 문제)
㉠ 트랜잭션 $T_1$이 어떤 객체의 값을 수정해 놓았고 또 계속 진행 중인 상태에서, 트랜잭션 $T_2$가 이 값을 덮어쓰는 것이다.
㉡ 이러한 기록을 맹목 기록(blind write)이라고 한다.

| $T_1$ | $T_2$ |
|---|---|
| read_item(x) ; <br> x := x - n ; | |
| | read_item(x) ; <br> x := x - n ; |
| write_item(x) ; <br> read_item(y) ; | |
| | write_item(x) ; |
| y := y + n ; <br> write_item(y) ; | |

② 미완결 데이터의 판독(=오손 읽기 문제)
㉠ 트랜잭션 $T_1$이 수정해 놓은 데이터베이스 객체를 $T_1$이 완료되기 전에 트랜잭션 $T_2$가 판독하는 것이다.
㉡ 이러한 판독을 오손 판독(dirty read)이라고 한다.

| $T_1$ | $T_2$ |
|---|---|
| read_item(x) ; <br> x := x - n ; <br> write_item(x) ; | |
| | read_item(x) ; <br> x := x - n ; <br> write_item(x) ; |
| read_item(y) ; <br> rollback ; | |

③ 모순성(inconsistency) : 두 트랜잭션이 실행을 끝냈지만 그 연산 결과는 사용자가 원하는 것이 아니며, 데이터 베이스 그 자체가 일관성이 없는 모순된 상태로 남게 되는 문제가 생긴 것이다.

| $T_1$ | $T_2$ |
|---|---|
| read(x)<br>x ← x + 100<br>write(x) | |
| | read(x)<br>x ← x * 2<br>write(x)<br>read(y)<br>y ← y * 2<br>write(y) |
| read(y)<br>y ← y + 100<br>write(y) | |

④ 팬텀(phantom)의 문제 : 두 트랜잭션이 병행수행 중에 가상의 투플이 삽입되는 경우

| $T_1$ | $T_2$ |
|---|---|
| select sum(balance)<br>from   customer<br>where a_id = 31101 ; | |
| | insert into customer<br>(a_id, balance, zipcode)<br>values(105, 10, 31101) ; |
| select sum(balance)<br>from   customer<br>where a_id = 31101 ;<br><br>commit | <br><br><br>rollback |

⑤ 부정확한 요약 문제

$T_1$이 n을 뺀 후에 $T_2$이 x를 읽고 $T_1$이 n을 더하기 전에 $T_2$이 y를 읽으므로 요약의 결과가 n만큼 적게된다.

| $T_1$ | $T_2$ |
|---|---|
|  | sum := 0 ; |
|  | read_item(a) |
|  | sum := sum + a ; |
|  | ⋮ |
| read_item(x) ; |  |
| x := x − n ; |  |
| write_item(x) ; |  |
|  | read_item(x) ; |
|  | sum := sum + x ; |
|  | read_item(y) ; |
|  | sum := sum + y ; |
| read_item(y) ; |  |
| y := y + n ; |  |
| write_item(y) ; |  |

(2) 병행수행 제어

① 로킹(locking)기반 규약

　㉠ 로크 연산

　　ⓐ lock(x) : 트랜잭션 T가 데이터 아이템 x를 접근하려 할 때 실행한다.

　　ⓑ unlock(x) : 트랜잭션 T가 데이터 아이템 x의 사용이 모두 끝나면 실행한다.

　㉡ 로크의 유형

　　ⓐ lock-S : 트랜잭션 T가 데이터 아이템 x에 대해 lock-S를 걸면 T는 이 아이템에 대해 판독할 수 있지만 기록할 수 없다. 이 때 이 x에 대해서 다른 트랜잭션은 공용 lock을 동시에 걸 수 있다.

　　ⓑ lock-X : 트랜잭션 T가 데이터 아이템 x에 대해 lock-S를 걸면 T는 이 아이템에 대해 판독과 기록을 모두 할 수 있다. 이 때 다른 트랜잭션은 이 x에 대해서 어떤 lock도 걸 수 없다.

| $T_j$ \ $T_i$ | S | X |
|---|---|---|
| S | T | F |
| X | F | F |

　㉢ 2단계 로킹 규약(2PLP)

　　ⓐ 확장단계 : 트랜잭션이 lock을 얻을 수 있으나, unlock할 수는 없는 단계이다.

　　ⓑ 축소단계 : 트랜잭션이 unlock을 얻을 수 있으나, lock할 수는 없는 단계이다.

㉣ 로킹 규약은 직렬성은 보장하지만 교착상태가 발생할 수 있다.

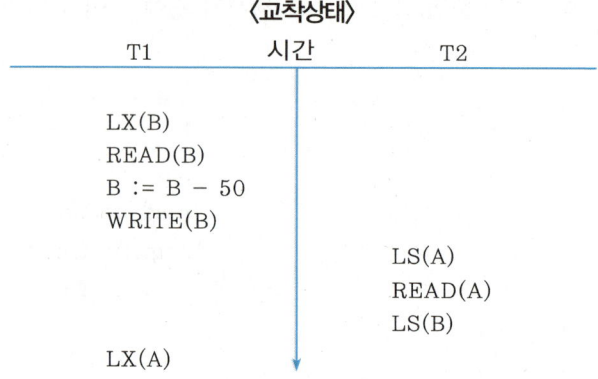

㉤ 변형된 2단계 로킹 규약(직렬성 보장, 교착상태 발생 가능성)

| Strict 2PLP | Rigorous 2PLP | Static 2PLP |
|---|---|---|
| ◦ 2단계 로킹(확장, 축소)<br>◦ 모든 독점 lock는 그 트랜잭션이 Commit할 때까지 unlock 하지 않는다 | ◦ 2단계 로킹<br>◦ 모든 lock(독점, 공유)는 그 트랜잭션이 Commit할 때까지 unlock하지 않는다 | ◦ 트랜잭션수행 전부터 그 트랜잭션의 읽기 집합과 쓰기 집합을 미리 선언하여 그 트랜잭션이 접근하려는 모든 항목들에 lock을 획득한다 |
| ◦ 연쇄복귀 문제 발생치 않음<br>◦ 교착상태 발생 가능성 있음 | ◦ Strict 2PLP보다 더 제한적<br>◦ 연쇄복귀 문제 발생치 않음<br>◦ 교착상태 발생 가능성 있음 | ◦ 교착상태 발생치 않지만 현실성 없음 |

## 문제 40

다음과 같은 두 트랜잭션 $T_1$과 $T_2$을 로킹(Locking)기법의 2PLP(확장과 축소 단계)을 준수하여 직렬 가능 스케줄이 되도록 표현하시오.

| $T_1$ | $T_2$ |
|---|---|
| read(a) | read(a) |
| a ← a + 200 | a ← a * 20 |
| write(a) | write(a) |
| read(b) | read(b) |
| b ← b + 400 | b ← b * 40 |
| write(b) | write(b) |

| $T_1$ | 시간 | $T_2$ |
|---|---|---|
| | | |

② 타임스탬프기반 규약

| 대기-소멸(Wait-Die) | 손해-대기(Wound-Wait) |
|---|---|
| 비선점(non-preemptive)기법을 기반으로 한다. | 선점(preemptive)기법을 기반으로 한다. |
| 트랜잭션 $T_i$가 $T_j$가 소유한 데이터 항목을 요청하는 경우 $T_j$의 타임 스탬프보다 $T_i$의 타임 스탬프가 작은 경우에만 $T_i$는 기다린다. 그렇지 않으면 $T_i$는 복귀한다. | 트랜잭션 $T_i$가 $T_j$가 소유한 데이터 항목을 요청하는 경우, $T_j$의 타임 스탬프보다 $T_i$의 타임 스탬프가 큰 경우에만 $T_i$는 기다린다. 그렇지 않으면 $T_j$는 복귀한다. |
| $T_1 \rightarrow T_2 \rightarrow T_3$<br>　$T_2$ 기다림　$T_2$ 복귀 | $T_1 \rightarrow T_2 \rightarrow T_3$<br>　$T_1$ 복귀　$T_2$ 기다림 |

③ 검증기반 규약
　㉠ 검증 단계
　　ⓐ 읽기 단계 : 시스템이 $T_i$를 실행한다. 다양한 데이터 아이템의 값을 읽고 그 값들을 $T_i$의 지역 변수들에 저장한다. 그리고 실제 데이터베이스에 갱신하지 않고 지역변수에 임시적으로 모든 기록 연산을 수행한다.
　　ⓑ 검증 단계 : 트랜잭션 $T_i$가 직렬성을 위배하지 않으면서 자신의 지역변수에 있는 write연산 결과 값을 데이터베이스에 복사할 수 있는지 아닌지를 결정하기 위해 검증 테스트를 수행한다.
　　ⓒ 기록 단계 : 만약 트랜잭션 $T_i$가 검증 테스트를 성공하면, 시스템은 데이터베이스에 실제적으로 갱신을 일으킨다. 검증테스트에 실패한 경우에는 시스템이 $T_i$를 취소시킨다.
　㉡ 타임스탬프
　　ⓐ Start($T_i$) : $T_i$가 실행을 시작한 시간을 가리킨다.
　　ⓑ Validation($T_i$) : $T_i$가 읽기 단계를 마치고 검증 단계를 시작한 시간을 가리킨다.
　　ⓒ Finish($T_i$) : $T_i$가 기록 단계를 끝마친 시간을 가리킨다.

## 3 회복(Recovery)

### (1) 회복전략

① **재수행(redo)** : 고장이 발생하기 전에 트랜잭션이 완료 명령을 수행다면 회복 모듈은 이 트랜잭션의 갱신 사항을 재수행하여 트랜잭션의 갱신이 영속성을 갖도록 해야 한다. 전진(forward) 회복, 검사 시점 이후에 일어난 변경 부분에 대해서 Redo연산을 수행한다.

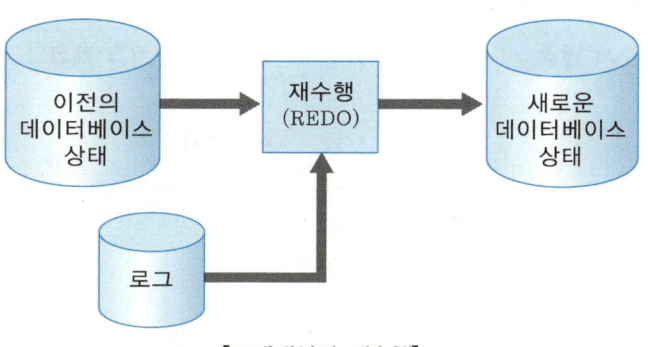

[트랜잭션의 재수행]

② **취소(undo)** : 고장이 발생하기 전에 트랜잭션이 완료 명령을 수행하지 못했다면 원자성을 보장하기 위해서 트랜잭션이 데이터베이스에 반영했을 가능성이 있는 갱신 사항을 취소해야 한다. 후진(backward) 회복, 검사시점 이전에 변경 부분도 Undo연산을 수행하며, 트랜잭션의 원자성(Atomicity) 제공한다.

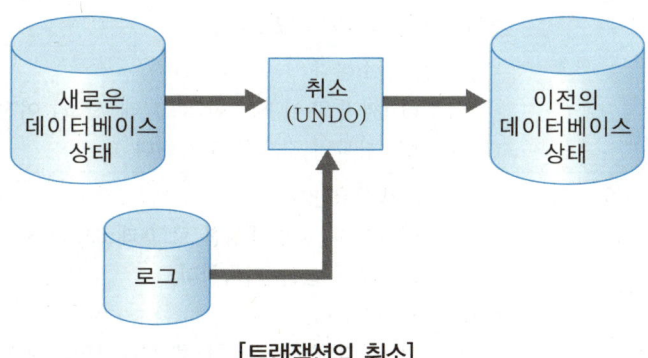

[트랜잭션의 취소]

### (2) 지연 갱신의 회복

① 트랜잭션이 부분 완료될 때까지 모든 output 연산을 지연시키고 반면에 데이터 베이스의 변경을 로그에 전부 기록해 두었다가 한꺼번에 실행시킴으로써 트랜잭션의 원자성을 보장하려는 것이다.
② Redo 연산만 필요하고 Undo 연산은 필요없다.
③ 로그에 〈Ti, Start〉 레코드와 〈Ti, Commit〉 레코드가 모두 있는 트랜잭션 Ti에 대해서만 Redo 연산을 수행한다.

### (3) 즉시 갱신의 회복
① 트랜잭션이 연산을 실행하고 있는 활동 상태에서 데이터의 변경 결과를 데이터 베이스에 반영한다.
② Redo연산과 Undo연산을 수행한다.
　㉠ 만일 로그에 〈Ti, Start〉 레코드만 있고 〈Ti, Commit〉 레코드가 없으면 Undo(Ti)를 수행한다.
　㉡ 만일 로그에 〈Ti, Start〉 레코드와 〈Ti, Commit〉 레코드가 모두 있으면 Redo(Ti)를 수행한다.

**예제** 트랜잭션의 로그 레코드

| 로그 순서 번호 | 로그 레코드 |
|---|---|
| 1 | [$T_1$, start] |
| 2 | [$T_1$, B, 300, 400] |
| 3 | [$T_1$, C, 5, 10] |
| 4 | [$T_1$, A, 100, 540] |
| 5 | [$T_1$, commit] |
| 6 | [$T_2$, start] |
| 7 | [$T_2$, A, 540, 570] |
| 8 | [$T_2$, E, 80, 480] |
| 9 | [$T_2$, D, 60, 530] |
| 10 | [$T_2$, commit] |

| 마지막으로 기록된 로그 순서 번호 | 작업 |
|---|---|
| i = 0 | 아무 작업도 필요 없음 |
| 1≤i≤4 | - $T_1$을 취소한다.<br>　1부터 i까지 $T_1$이 생성한 로그 레코드의 이전값을 사용하여 데이터 베이스 항목의 값으로 되돌린다. |
| 5≤i≤9 | - $T_1$을 재수행한다.<br>　1부터 4까지 $T_1$이 생성한 로그 레코드의 새값을 사용하여 데이터베이스 항목의 값을 기록한다.<br>- $T_2$를 취소한다.<br>　1부터 i까지 $T_2$가 생성한 로그 레코드의 이전값을 사용하여 데이터 베이스 항목의 값으로 되돌린다. |
| i=10 | $T_1$과 $T_2$를 재수행한다. |

(4) 체크포인트(checkpoint)
① 로그를 이용하는 기법에서는 Redo와 Undo를 해야 될 트랜잭션을 결정해야 하며, 이를 위해 로그 전체를 조사해야 하고 Redo를 할 필요가 없는 트랜잭션도 다시 Redo해야 되는 문제가 생긴다.
② 체크포인트 기법은 트랜잭션을 수행하는 동안 로그를 기록 유지하면서 일정한 시간 간격으로 〈checkpoint L〉를 만들어 놓는다.
③ 〈checkpoint L〉 레코드는 회복 작업의 범위를 정해 주며, checkpoint 이전의 트랜잭션에 대해서는 회복작업이 필요 없게 된다.

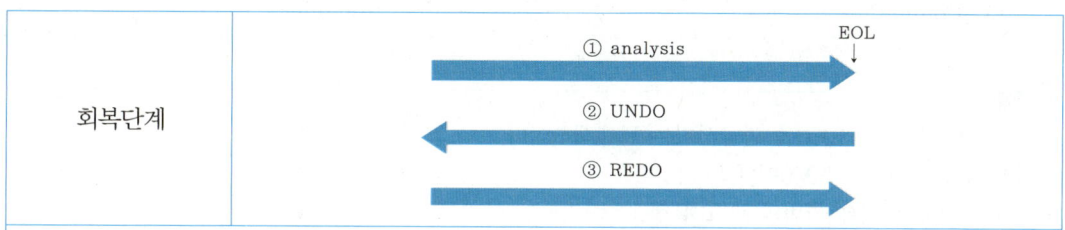

1. 두 개의 빈 Undo-list와 Redo-list를 만든다.
2. 검사시점 설정(고장) 당시에 활동 중인 트랜잭션은 전부 Undo-list에 삽입한다.
3. 로그를 차례로 검색하면서 〈Ti, Start〉를 만나면 Ti를 Undo-list에 삽입한다.
4. 로그를 차례로 검색하면서 〈Ti, Commit〉을 만나면 Ti를 Undo-list에서는 삭제하고 Redo-list에 삽입한다.
5. 회복 작업은 먼저 Undo-list에 있는 모든 트랜잭션들에 대해 로그에 기록된 역순으로 Undo연산을 수행한다.
6. 그런 다음 다시 Redo-list에 있는 트랜잭션에 대해 로그에 기록된 순서로 Redo를 수행한다.

## SECTION 5. 트랜잭션과 병행수행

**기출 2018-05** 다음은 로그를 이용한 회복 기법의 로그이다. 〈조건〉을 고려하여 ㉠, ㉡에 들어갈 로그 레코드를 순서대로 쓰시오. [2점]

[T1에 대한
 즉시 갱신 회복 기법의 로그]
〈T1, Start〉
㉠
〈T1, Commit〉

[T1에 대한
 지연 갱신 회복 기법의 로그]
〈T1, Start〉
㉡
〈T1, Commit〉

**조건**
- T1은 계좌 A에서 1000을 출금시키는 트랜잭션이다.
- 계좌 A의 초깃값은 5000이다.
- 로그를 이용한 회복 기법의 로그 유형

[즉시 갱신 회복 기법의 로그]
〈Ti, Start〉
〈Ti, Xj, V1, V2〉
......
〈Ti, Commit〉

[지연 갱신 회복 기법의 로그]
〈Ti, Start〉
〈Ti, Xj, V2〉
......
〈Ti, Commit〉

Ti : 트랜잭션 이름    Xj : 데이터 아이템
V1 : 변경 전의 값     V2 : 변경 후의 값

| 정답 | ㉠ 〈T1, A, 5000, 4000〉 | 1점 |
|---|---|---|
| | ㉡ 〈T1, A, 4000〉 | 1점 |

## 문제 41

5개의 트랜잭션(T1, T2, T3, T4, T5)들이 아래의 표처럼 수행될 때 다음 물음에 답하시오. (단, 즉시 갱신을 수행한다)

| 시간 | 로그 레코드 |
|---|---|
| 1 | ⟨T1, start⟩ |
| 2 | ⟨T1, A, 10, 20⟩ |
| 3 | ⟨T2, start⟩ |
| 4 | ⟨T3, start⟩ |
| 5 | ⟨T1, commit⟩ |
| 6 | ⟨T2, B, 20, 30⟩ |
| 7 | ⟨checkpoint L1⟩ |
| 8 | ⟨T4, start⟩ |
| 9 | ⟨T3, C, 50, 40⟩ |
| 10 | ⟨T2, rollback⟩ |
| 11 | ⟨T4, D, 60, 40⟩ |
| 12 | ⟨T3, commit⟩ |
| 13 | ⟨checkpoint L2⟩ |
| 14 | ⟨T5, start⟩ |
| 15 | ⟨T4, commit⟩ |
| 16 | ⟨T5, E, 100, 120⟩ |

(1) 시간 6에서 시스템이 붕괴된 경우에 트랜잭션과 값을 구하시오.
  • Redo 연산 : _____
  • Undo 연산 : _____
  • A, B 값 : _____

(2) 시간 9에서 시스템이 붕괴된 경우에 트랜잭션과 값을 구하시오.
  • Redo 연산 : _____
  • Undo 연산 : _____
  • 회복연산불필요 : _____
  • A, B, C 값 : _____

(3) 시간 14에서 시스템이 붕괴된 경우에 트랜잭션과 값을 구하시오.
  • Redo 연산 : _____
  • Undo 연산 : _____
  • 회복연산불필요 : _____
  • A, B, C, D 값 : _____

## 문제 42

다음과 같은 로그에서 지연 갱신(deferred update) 회복기법을 이용할 때, 아래의 〈작성 방법〉에 따라 기술하시오. (단, A=10, B=20, C=30, D=40의 초기값을 가진다.)

```
begin_transaction, T₁
read, T₁, A
read, T₁, D
write, T₁, D, 20
commit, T₁
checkpoint
begin_transaction, T₂
read, T₂, B
write, T₂, B, 18
begin_transaction, T₄
read, T₄, D
write, T₄, D, 35
begin_transaction, T₃
write, T₃, C, 30
read, T₂, A
write, T₂, A, 30
commit, T₄
read, T₂, D
write, T₂, D, 25
시스템 붕괴
```

### 작성 방법

(1) 시스템 붕괴 후 redo연산을 수행하는 트랜잭션을 나열할 것.
(2) 시스템 붕괴 후 A, B, C, D값을 구할 것.
(3) 트랜잭션 T₂의 복구 연산을 기술할 것.
(4) 즉시 갱신할 때 undo연산을 수행하는 트랜잭션의 수행순서를 쓸 것.

문제 43

다음의 그래프는 checkpoint를 가진 복구 시스템에서 네 개의 트랜잭션 T1, T2, T3, T4에 대해 시스템 파손(system failure) 발생 시 트랜잭션의 상태이다. 즉 트랜잭션 T1을 마치고 트랜잭션 T2를 수행 중인 시간 Tc에서 checkpoint 명령이 수행되었고, 이후 트랜잭션 T3을 마치고 트랜잭션 T4를 수행 중 시간 Tf에서 시스템 파손이 발생하였다고 가정하자. 위의 상황에서 복구 조치에 대해 다음의 〈작성 방법〉에 따라 기술하시오.

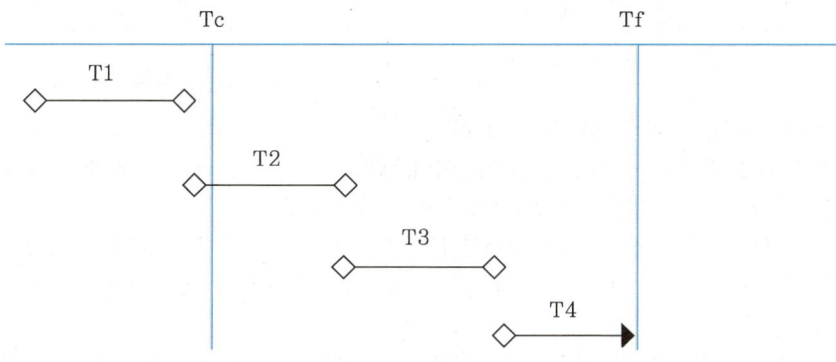

작성 방법

(1) 각 트랜잭션 T1, T2, T3, T4에 대해 지연 갱신기법과 즉시 갱신기법을 적용할 때, 취해야 할 복구 연산을 아래의 표에 채운다. 단 복구연산에는 redo, undo, no-redo, no-undo가 있다.

| 트랜잭션 | 지연 갱신기법 | 즉시 갱신기법 |
|---|---|---|
| T1 | | |
| T2 | | |
| T3 | | |
| T4 | | |

(2) 즉시 갱신기법에서 취소(undo) 연산을 실행할 때, 취소할 트랜잭션의 취소 순서를 쓴다.
(3) 지연 갱신기법에서 재실행(redo) 연산을 실행할 때, 재실행 트랜잭션의 재실행 순서를 쓴다.

## SECTION 5 트랜잭션과 병행수행

**기출 2020 - 09** 다음은 트랜잭션 $T_1$, $T_2$, $T_3$의 연산이고, 각각은 독립적인 트랜잭션이다. 〈조건〉을 고려하여 〈작성 방법〉에 따라 서술하시오. [4점]

| $T_1$ | $T_2$ | $T_3$ |
|---|---|---|
| $r_1(x)$ | $r_2(x)$ | $r_3(x)$ |
| $w_1(x, 30)$ | $w_2(y, 60)$ | $r_3(y)$ |
| | $r_2(z)$ | $w_3(x, 40)$ |
| | $w_2(z, 90)$ | |

### 조건
- 데이터 x, y, z의 초깃값은 각각 20, 50, 80이다.
- $r_i(a)$는 트랜잭션 $T_i$가 데이터 a를 읽는 읽기 연산이며, $w_i(a, 10)$은 트랜잭션 $T_i$가 데이터 a에 10을 기록하는 쓰기 연산이다. $c_i$는 트랜잭션 $T_i$가 완료하였음을 의미한다.
- 로그에서 〈$T_i$ start〉와 〈$T_i$ commit〉은 트랜잭션 $T_i$의 시작과 완료를 각각 의미하며, 〈checkpoint〉는 검사점 기록 로그이다. 〈$T_i$, a, 10, 20〉은 '트랜잭션 $T_i$가 데이터 a의 현재 값 10을 20으로 쓰기 연산 하였음'을 의미하는 로그이다.
- 회복(recovery) 가능한 스케줄이란 어떤 트랜잭션 T가 읽은 데이터 x에 대해, 읽기 연산 이전에 데이터 x에 쓰기 연산을 수행한 모든 트랜잭션들이 완료되기 전까지는 T가 완료되지 않은 스케줄을 의미한다.

### 작성 방법
- 트랜잭션 T1과 T2가 스케줄 s의 순서로 실행되었을 때, 스케줄 s의 회복 가능 여부를 쓰고, 그 이유를 서술할 것. (단, 스케줄 s이전에 실행한 트랜잭션들은 모두 종료되었다고 가정함.)

    s : $r_1(x)$ $r_2(x)$ $w_2(y, 60)$ $r_2(z)$ $w_1(x, 30)$ $w_2(z, 90)$ $c_2$ $c_1$

- 트랜잭션 T1, T2, T3이 병행적으로 실행되는 도중 시스템 실패가 발생하였으며, 그 동안 다음과 같은 로그가 기록되었다. 지연 갱신 기법에서 이 로그를 사용하여 회복 작업을 진행할 때, undo와 redo가 필요한 트랜잭션을 각각 쓸 것. (단, 필요한 트랜잭션이 없을 경우 '없음'이라고 쓸 것.)

| 로그 번호 | 로그 레코드 |
|:---:|:---:|
| 1 | 〈$T_1$ start〉 |
| 2 | 〈$T_1$, x, 20, 30〉 |
| 3 | 〈$T_1$ commit〉 |
| 4 | 〈$T_2$ start〉 |
| 5 | 〈$T_2$, y, 50, 60〉 |
| 6 | 〈checkpoint〉 |
| 7 | 〈$T_3$ start〉 |
| 8 | 〈$T_3$, x, 30, 40〉 |
| 9 | 〈$T_2$, z, 80, 90〉 |
| 10 | 〈$T_3$ commit〉 |
| 〈-- 시스템 실패 발생 --〉 | |

## 4  보안과 권한

### (1) 보안의 목표
① 기밀성(security) : 정보가 권한없는 사용자에게 누출되어서는 안된다.
② 무결성(integrity) : 권한있는 사용자만 데이터 수정이 허용되어야 한다.
③ 가용성(availability) : 권한있는 사용자의 접근이 거부되어서는 안된다.

### (2) GRANT와 REVOKE 명령

| 구문 | |
|---|---|
| 구문 | GRANT 특권 ON 객체 TO 사용자 [WITH GRANT OPTION]<br>〈특권〉<br>• SELECT, INSERT, DELETE, UPDATE<br>• REFERENCES(필드이름) : '객체'라는 테이블의 명세된 필드를 참조하는 외래키를 정의할 수 있는 권한이다 |
| | REVOKE [GRANT OPTION FOR] 특권 ON 객체 FROM 사용자<br>{RESTRICT \| CASCADE} |

**예제 - 1**  U1라는 사용자가 배, 예약, 뱃사람 테이블들을 생성했다고 가정한다.

```
U1 : GRANT INSERT, DELETE ON 예약 TO U2 WITH GRANT OPTION
U1 : GRANT SELECT ON 예약 TO U3
U1 : GRANT SELECT ON 뱃사람 TO U4 WITH GRANT OPTION
U1 : GRANT UPDATE(등급) ON 뱃사람 TO U5
U1 : GRANT REFERENCES(배번호) ON 배 TO U6
```

**예제 - 2**  U4가 YoungSailor 뷰를 생성했다고 가정한다.

```
CREATE VIEW YoungSailor(뱃사람번호, 나이, 등급)
      AS SELECT   S.뱃사람번호, S.나이, S.등급
         FROM     뱃사람 S
         WHERE    S.나이 < 18 ;

U4 : GRANT SELECT ON YoungSailor TO U7, U8
```

**예제 - 3**  U5가 아래의 명령을 실행할 경우

```
UPDATE   뱃사람 S
SET      S.등급 = 8
WHERE    뱃사람번호 = 71 ;
```

## SECTION 5 트랜잭션과 병행수행

**예제 - 4**  U6은 아래의 명령을 사용해서 예약 테이블을 생성할 수 있다.

```
CREATE TABLE 예약 ( 뱃사람이름   CHAR(10) NOT NULL,
                    배번호       INTEGER,
                    일자         DAY,
                    PRIMARY KEY(배번호, 일자),
                    UNIQUE(뱃사람이름),
                    FOREIGN KEY(배번호) REFERENCES 배) ;
```

**예제 - 5**

```
CHO : GRANT SELECT ON 뱃사람 TO SIN WITH GRANT OPTION
SIN : GRANT SELECT ON 뱃사람 TO HONG WITH GRANT OPTION
CHO : REVOKE SELECT ON 뱃사람 FROM SIN CASCADE
```

# CHAPTER IV

## 자료구조

# SECTION 1 선형구조

## 1 배열(Array)

**(1) 배열의 표현**

① 2차원 배열 a[$n_1$, $n_2$]

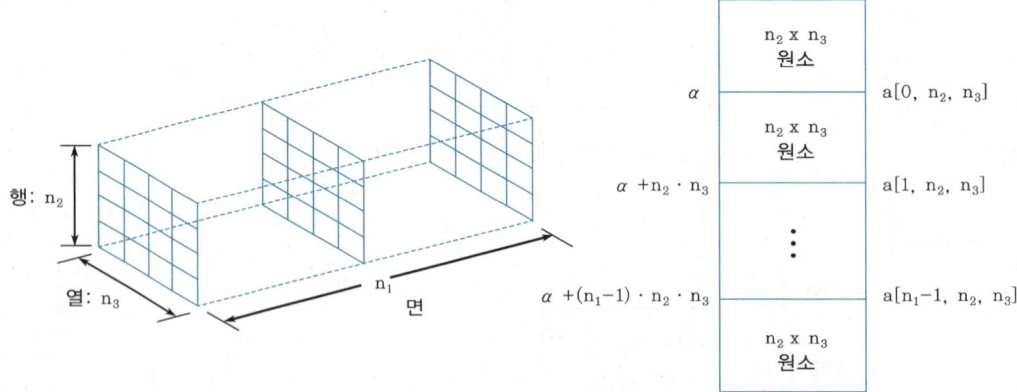

㉠ 행 우선 순서 (row major order)
　　a[0, 0]의 주소가 $\alpha$일 때, 원소 a[$i_1$, $i_2$]의 주소 : _____

㉡ 열 우선 순서 (column major order)
　　a[0, 0]의 주소가 $\alpha$일 때, 원소 a[$i_1$, $i_2$]의 주소 : _____

② 3차원 배열 a[$n_1$, $n_2$, $n_3$]

㉠ 행 우선 순서 (row major order)
　　a[0, 0, 0]의 주소를 $\alpha$라 할 때, a[$i_1$, $i_2$, $i_3$]의 주소 : _____

ⓒ 열 우선 순서 (column major order)
  a[0, 0, 0]의 주소를 α라 할 때, a[$i_1$, $i_2$, $i_3$]의 주소 : _____

(2) 삼각행렬
  ① 삼원대각행렬

| B | |
|---|---|
| 1 | A(1, 1) |
| 2 | A(1, 2) |
| 3 | A(2, 1) |
| 4 | A(2, 2) |
| 5 | A(2, 3) |
| … | … |
| 3n−2 | A(n, n) |

- A(1,1) → B(1)
- A(i, j) → if |i−j|>1 then 0
            else B((3(i−1)−1) + (j−i+2))

② 하삼각행렬

| B | |
|---|---|
| 1 | A(1, 1) |
| 2 | A(2, 1) |
| 3 | A(2, 2) |
| 4 | A(3, 1) |
| … | … |
| n(n+1)/2 | A(n, n) |

- A(1,1) → B(1)
- A(i, j) → if i < j then 0
            else B(i(i−1)/2 + j)

③ 상삼각행렬

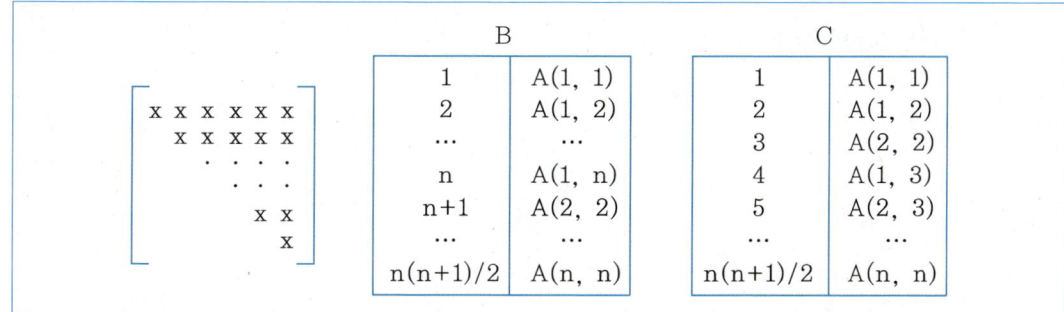

㉠ row major
- A(1,1) → B(1)
- A(i, j) → if i > j then 0
                else _____

㉡ column major
- A(1,1) → C(1)
- A(i, j) → if i > j then 0
                else _____

### 문제 01

**다음의 대각 행렬과 삼각행렬에 대한 주소 계산에 대한 물음에 답하시오.**

1-1. 위의 3원 대각 행렬(tridiagonal matrix)은 희소 행렬이므로 2차원 배열 ( A[0:n−1] [0:n−1] )에 저장할 경우 메모리 낭비가 크다는 단점을 갖는다. 이를 해결하기 위해 일차원 배열( B[0]=A[0][0], B[1]=A[0][1], B[2]=A[1][0], B[3]=A[1][1], B[4]=A[1][2], … )과 같을 때 A[50][51]이 저장되는 B[]의 원소의 첨자는?

- B[ ]의 원소 첨자 : _____

1-2. 다음과 같이 삼각행렬을 행 우선 방식으로 일차원 배열에 저장하는 경우 A(200,50)이 저장되는 주소는? (단, 행렬의 각 원소는 한 바이트를 차지하며 일차원 배열의 시작 주소는 100이다.)

```
A(1,1)
A(2,1) A(2,2)
A(3,1) A(3,2) A(3,3)
.....
A(n,1) A(n,2) A(n,3) ..... A(n,n)
```

- A(200, 50)의 주소 : _____

(3) 희소 행렬(sparse matrix)
① 행렬의 원소가 대부분 0인 값

② 일반적인 2차원 배열로 나타낼 때 공간의 낭비가 심하다. 따라서, 행렬의 원소가 0이 아닌 원소만 저장하는 방법이 필요하다.

③ 행렬은 〈행, 열, 값〉으로 원소를 식별하여 표현한다.
  ㉠ 0이 아닌 원소에 대해 열이 3인 2차원 배열로 표현한다.
  ㉡ 효율적인 연산을 위해 행과 열을 오름차순으로 저장한다.
  ㉢ 첫번째 행은 희소 행렬의 정보를 저장하는 데 사용한다.

④ 전치 행렬 (transposed matrix)
  ㉠ 원소의 행과 열을 교환시킨 행렬
  ㉡ 원소 〈i, j, v〉 → 〈j, i, v〉

⑤ 간단한 전치 행렬 알고리즘 (행 우선 표현)

```
for (j ←0; j <= n−1 ; j ←j+1 ) do
    for (i ←0; i <=m−1 ; i ←i+1 ) do
        b[j, i] ← a[i, j];
```

⑥ 희소 행렬의 전치
행 우선, 행 내에선 열 오름차순으로 저장된 경우, 각 열 별로 차례로 모든 원소를 찾아 행의 오름차순으로 저장하는 작업을 반복한다.

**예제**

|      | [0] | [1] | [2] | [3] | [4] | [5] |
|------|-----|-----|-----|-----|-----|-----|
| a[0] | 76  | 0   | 0   | 0   | 13  | 0   |
| a[1] | 0   | 0   | 0   | 0   | 0   | 0   |
| a[2] | 0   | 0   | 0   | 0   | 0   | 3   |
| a[3] | 0   | 25  | 0   | 0   | 0   | 0   |
| a[4] | −19 | 0   | 0   | 56  | 0   | 0   |
| a[5] | 0   | 0   | 0   | 0   | 0   | 13  |
| a[6] | 0   | 0   | 3   | 0   | 0   | 0   |

|     | b[].row | b[].col | b[].value |
|-----|---------|---------|-----------|
| [0] |         |         |           |
| [1] |         |         |           |
| [2] |         |         |           |
| [3] |         |         |           |
| [4] |         |         |           |
| [5] |         |         |           |
| [6] |         |         |           |
| [7] |         |         |           |
| [8] |         |         |           |

## 2 스택(Stack)

(1) 스택의 연결표현

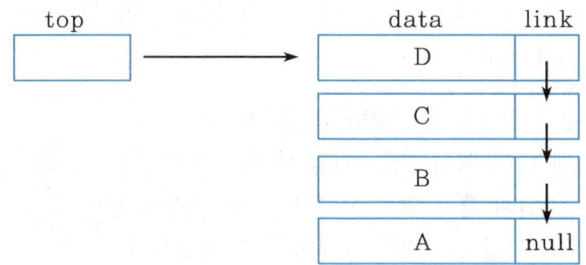

> **알고리즘**

```
push(stack, item)
    newNode ← getNode();
    newNode.data ← item;
    newNode.link ← top;
    top ← newNode
end push()

pop(stack)
    if (top = null) then return null
    else {
        item ← top.data;
        oldNode ← top;
        top ← top.link;
        retNode(oldNode);
        return item;
    }
end pop()

delete(stack)
    if (top = null) then return
    else {
        oldNode ← top;
        top ← top.link;
        retNode(oldNode);
    }
end delete()

peek(stack)
    if (top = null) then return null
    else return (top.data);
end peek()
```

(2) 스택을 이용한 수식의 계산
① Infix표기법의 Postfix표기법으로 변환

**산술식**

( A + B ) * C / D − E * F ∞

〈PIS와 PIE〉

| 토큰 | PIS (스택에서의 우선 순위) | PIE(수식에서의 우선 순위) |
|---|---|---|
| ) | − | − |
| ↑ | 3 | 3 |
| *, / | 2 | 2 |
| +, − | 1 | 1 |
| ( | 0 | 4 |

**알고리즘**

```
postfix(exp)
        //exp는 주어진 산술식으로 끝은 특수문자 ∞으로 가정
        //PIS와 PIE는 우선순위를 반환해 주는 함수
        //PIS(−∞)←−1, stack[0] ←−∞, top←0, stack[n]을 가정
    while (true) do
      {
        token ←getToken(exp);
        case
          {
            token = ")" :
                while (stack[top]≠"(") do
                    print(pop(stack));
                top←top − 1;
            token = operator :
                while( PIS(stack[top]) ≥ PIE(token )) do
                    print(pop(stack));
                push(stack, token);
            token = ∞:
                while( top>−1 )do
                    print(pop(stack));
            default : print(token);
          }
      }
    print('∞');
return;
end postfix()
```

② Postfix 표기법의 계산

**알고리즘**

```
posteval(exp)
{
    char token ;
    int op1, op2, index = 0, top = -1 ;

    token = get_token(exp, &index) ;
    while( toke != '∞' ) {
        if( isdigit(token) )
            push(top, token-'0') ;
        else {
            op2 = pop(&top) ;
            op1 = pop(&top) ;
            switch(token) {
                case '+' : push(top, op1+op2) ; break ;
                case '-' : push(top, op1-op2) ; break ;
                case '*' : push(top, op1*op2) ; break ;
                case '/' : push(top, op1/op2) ; break ;
                case '%' : push(top, op1+op2) ; break ;
            }
            token = get_token(exp, &index) ;
        }
    return pop(top) ;
}
```

**문제 02**

다음 식을 postfix 표현으로 바꾼 후에 하나의 token(연산자 또는 피연산자)이 입력될 때마다 스택을 이용하여 연산을 한다고 하자. 5가 token으로 입력될 때의 stack[0], stack[1], stack[2]의 값은? (단, 스택의 empty '-'로 나타난다)

$$8 \ / \ 2 \ - \ 1 \ + \ 4 \ * \ 5$$

- stack[0] : _____3_____
- stack[1] : _____4_____
- stack[2] : _____5_____

**기출 2020 - 07** 다음은 수식 트리(expression tree)를 이용하여 산술 연산식을 계산하는 C 프로그램이다. 프로그램 코드와 〈조건〉을 고려하여 〈작성 방법〉에 따라 서술하시오. [4점]

```c
#include <stdio.h>
typedef struct tree_node {
    int data;
    struct tree_node *left, *right;
} TreeNode;

TreeNode n1 = {6, NULL, NULL};
TreeNode n2 = {3, NULL, NULL};
TreeNode n3 = {'/', &n1, &n2};
TreeNode n4 = {4, NULL, NULL};
TreeNode n5 = {'-',   ㉠   ,   ㉡   };
TreeNode n6 = {2, NULL, NULL};
TreeNode n7 = {5, NULL, NULL};
TreeNode n8 = {'*', &n6, &n7};
TreeNode n9 = {'+', &n5, &n8};

int Expression_tree (TreeNode *node) {
    int op1, op2, op3;
    if (node == NULL)
        return 0;
    if (node->left == NULL && node->right == NULL)
        return node->data;
    else {
        op1 = Expression_tree (node->left);
        op2 = Expression_tree (node->right);
        if (node->data == (int) '/')
            op3 = op1 / op2;
        if (node->data == (int) '*')
            op3 = op1 * op2;
        if (node->data == (int) '+')
            op3 = op1 + op2;
        if (node->data == (int) '-')
            op3 = op1 - op2;
        return op3;
    }
    return 0;
}

int main () {
    printf ("%d", Expression_tree (&n9));
    return 0;
}
```

## 조건

- 주어진 수식 트리는 이진트리(binary tree)이다.
- 수식 트리에서 피연산자는 단말(leaf) 노드에 저장되고, 산술 연산자는 루트(root) 노드 또는 내부(internal) 노드에 저장된다.
- TreeNode의 data는 피연산자 또는 산술 연산자 {'+', '−', '*', '/'}를 갖는다.
- 주어진 수식 트리를 루트 노드 n9부터 전위 순회한 결과는 다음과 같다.
  +, −, /, 6, 3, 4, *, 2, 5

## 작성 방법

- 주어진 수식 트리를 루트 노드 n9부터 후위 순회한 결과를 쓸 것.
- ㉠, ㉡에 해당하는 내용을 순서대로 쓸 것.
- 프로그램의 실행 결과를 쓸 것.

| 정답 | 6 3 / − 2 5 * +<br>㉠ &n3, ㉡ &n4<br>8 | 1점<br>2점<br>1점 |
|---|---|---|

### 문제 03

다음의 〈알고리즘〉을 적용하여 아래에서 주어진 수식에 대한 반환되는 값은 무엇이며, 이 알고리즘은 어떤 동작을 수행하는가?

**알고리즘**

```
int check_matching(char *in)
  {
    StackType s;
    char ch, open_ch;
    int i, n = strlen(in);
    init(&s);

    for (i = 0; i < n; i++) {
         ch = in[i];
         switch(ch){
           case '(':   case '[':    case '{':
             push(&s, ch);
             break;
           case ')':   case ']':    case '}':
             if(is_empty(&s))  return FALSE;
             else {
                open_ch = pop(&s);
                if ((open_ch == '(' && ch != ')') ||
                    (open_ch == '[' && ch != ']') ||
                    (open_ch == '{' && ch != '}')) {
                     return FALSE;
                }
                break;
             }
         }
    }
    if(!is_empty(&s)) return FALSE;
    return TRUE;
  }
```

| 수식 | 반환 값 |
|---|---|
| { A [ ( I+1 ) ] = 0 ; } | |
| IF (( I==0 ) && (J==0) | |
| A[ ( I+1] ) = 0 ; | |

# 1. 선형구조

**기출 2007** 중위 표기식(infix)을 입력받아 Stack을 이용하는 알고리즘을 수행할 때, 매 단계의 Stack 내용과 출력되는 결과를 테이블에 채우시오. 단, symbol 'X'와 '+'를 입력받아 수행한 상태이고, symbol'('을 읽을 차례임. [5점]

〈가 정〉

㉠ symbol은 '(', ')', '+', '-', '*', '/', '$'로 표현된 연산자와 operand로 표현된 피연산자로 나뉜다. 중위 표기식 Exp는 이러한 symbol로만 구성된다.
㉡ symbol은 스택 속의 연산자 우선순위와 새로 읽은 연산자 우선순위를 갖고, 각각 In_Stack_P[]와 Input_P[]를 통해 우선순위를 정의한다.
㉢ Top은 Stack의 Top, $은 스택의 최하단 및 중위표기식의 마지막 symbol을 의미한다.
㉣ 함수 get_symbol은 중위 표기식인 Exp로부터 symbol을 하나씩 읽는 함수이고, print_symbol은 하나의 symbol을 출력하는 함수이다.
㉤ 함수 Pop은 Stack의 Top에서 symbol을 삭제, Push는 Stack에 symbol을 삽입하는 함수이다.
㉥ 표현된 알고리즘은 의사코드(pseudo code)이다.

```
intfix_translation( ) {
  int In_Stack_P[ ]={1, 5, 2, 2, 3, 3, 0);
  int Input_P[ ]=(6, 5, 2, 2, 3, 3, 0);
  char symbol ;
  Stack[0]='$' ;
  while((symbol=get_symbol(Exp)) !=$) {
  if (symbol==operand) print_symbol) ;
  else if (symbol==')') {
      while (Stack [Top]! = '('){
          print_symbol(Pop(Stack) ;
      Pop(Stack) ;
  } else {
      while ( In_Stack_P[Stack[Top]]
                    >= Input_P[symbol] )
          print_symbol(Pop(Stack)) ;
      Push(Stack, symbol) ;
    }
  }
  while ((symbol = Pop(Stack))!='$')
      print_symbol(symbol) ;
}
```

| symbol | Stack [0] | Stack [1] | Stack [2] | Stack [3] | 출력 |
|---|---|---|---|---|---|
| X | $ | + |   |   | X |
| + | $ | + |   |   |   |
| ( | $ | + | ( |   |   |
| Y | $ | + | ( |   | Y |
| − | $ | + | ( | − |   |
| Z | $ | + | ( | − | Z |
| ) | $ | + |   |   | − |
| * | $ | + | * |   |   |
| W | $ | + | * |   | W |
| $ |   |   |   |   | *+ |

## 3  큐(Queue)

(1) 원형 큐(circular queue) : n-1개 삽입

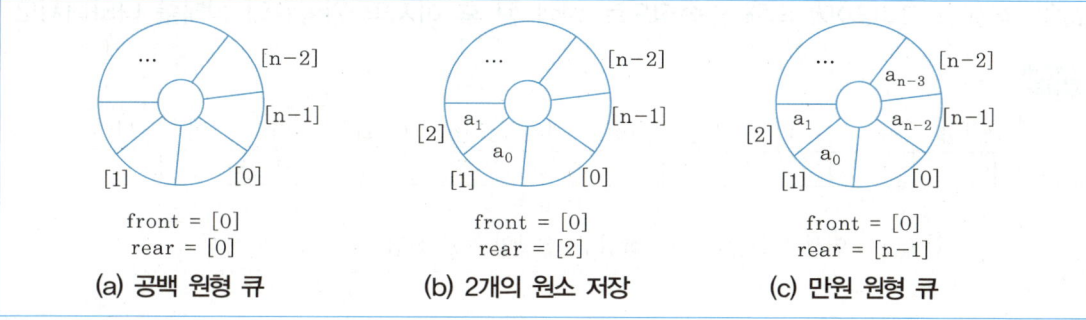

(a) 공백 원형 큐    (b) 2개의 원소 저장    (c) 만원 원형 큐

> **알고리즘**

```
        <삽입 알고리즘>
#define SIZE 임의의 양의 정수
void add_cqueue(char item, int rear, int front)
 {
            rear = (rear + 1) % SIZE;
            if(rear == front)
            {      printf("cqueue is overflow\n");
                   exit(0);
             }
               queue[rear] = item;
}
<삭제 알고리즘>
#define SIZE 임의의 양의 정수
    char delete_cqueue(int rear, int front)
      {
            char item;
            if (rear == front)
               {    printf("cqueue is underflow \n");
                    exit(0);
                }
            front = (front + 1) % SIZE;
            item = queue[front];
            return(item);
       }
```

## 문제 04

일차원 배열로 구현된 원형큐의 현재상태가 아래 그림과 같다고 할 때 주어진 연산들이 원형 큐의 〈삽입, 삭제 알고리즘〉에 의해 연속적으로 실행 된 후 마지막 원형큐의 상태를 나타내시오.

### 그림

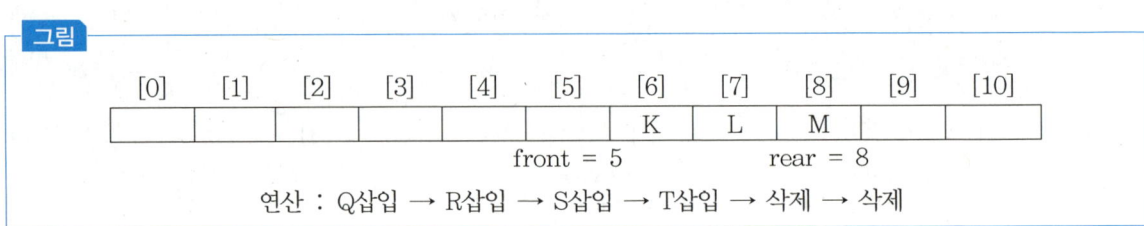

연산 : Q삽입 → R삽입 → S삽입 → T삽입 → 삭제 → 삭제

(2) 원형 큐(circular queue) : n개 삽입

**알고리즘**

<삽입 알고리즘>
```c
#define SIZE 10
static char queue[SIZE] ;
int front = rear = 0 ;
int tag = 0 ;

void insert_queue(char data)
{
  if (tag == 1)
    {
        printf("%s", "queue overflow" ) ;
        exit(1) ;
    }
  rear = (rear+1) % SIZE ;
  if (front==rear) tag = 1 ;
  queue[rear] = data ;
}
```

<삭제 알고리즘>
```c
char delete_queue( )
 {
  if ((front==rear) && (tag==0))
    {
        printf("%s", "queue underflow" ) ;
        exit(1) ;
    }
  if (front==rear) tag = 0 ;
  front = (front+1) % SIZE ;
  return(queue[front]) ;
 }
```

## (3) 큐의 연결표현

> **알고리즘**
> 
> ```
> enqueue(q, item)
>    newNode ← getNode();
>    newNode.data ← item;
>    newNode.link ← null;
>    if (rear = null) then  {
>          rear ← newNode ;
>          front ← newNode ;
>    }
>    else  { rear.link ← newNode ;
>            rear ← newNode ;
>    }
> end enqueue( )
> 
> dequeue(q)
>    if (front = null) then return null;
>    oldNode ← front;
>    item ← front.data;
>    front ← front.link;
>    if (front = null) then rear ← null;
>    retNode(oldNode);
>    return item;
> end dequeue( )
> 
> delete(q)
>    if (front = null) then queueEmpty();
>    else { oldNode ← front;
>           front ← front.link;
>           if (front = null) then rear ← null;
>           retNode(oldNode);
>         }
> end delete( )
> 
> peek(q)
>    if (front = null) then queueEmpty();
>    else return (front.data);
> end peek( )
> ```

### 문제 05

여러 명의 고객이 한 개의 창구를 이용하여 서비스를 받으려고 한다. 사용자들이 서비스를 받기 위해 대기하는 구조로서 큐를 사용한다. 이미 서비스를 받고 있는 고객이 있다면, 큐에서 기다려야 한다. 다음과 같은 순서로 다섯 개의 서비스 요청이 동시에 도착했을 때 이미 서비스를 받고 있던 고객은 없다고 가정한다. 다음 ㉠~㉢의 각 항목에 대한 값을 쓰시오.

| 10 | 5 | 8 | 50 | 1 |

**설명**

㉠ 위와 같은 순서로 고객들이 동시에 서비스를 신청할 때 모든 고객이 큐에서 대기하는 전체 시간
㉡ 최소 대기를 위해 위와 같은 고객들의 도착 순서를 조정한 후의 모든 고객이 큐에서 대기하는 전체 시간
㉢ 최대 대기를 위해 위와 같은 고객들의 도착 순서를 조정한 후의 모든 고객이 큐에서 대기하는 전체 시간

**풀이**

㉠ 도착 순서대로 처리: 대기시간 = 0 + 10 + 15 + 23 + 73 = **121**
㉡ 오름차순(1, 5, 8, 10, 50): 대기시간 = 0 + 1 + 6 + 14 + 24 = **45**
㉢ 내림차순(50, 10, 8, 5, 1): 대기시간 = 0 + 50 + 60 + 68 + 73 = **251**

---

### 문제 06

스택 S와 원형 큐 Q의 초기 배열 상태가 다음과 같다고 가정하자. 여기서 T는 스택의 top을, R과 F는 큐의 rear와 front를 각각 나타낸다. 단, 스택에 관한 클래스 함수 push( )는 스택에 삽입, pop( )은 스택의 top이 가리키는 값을 삭제, top( )은 스택의 top이 가리키는 값을 반환한다. 큐에 관한 클래스 함수 front( )는 큐의 front가 가리키는 값의 반환, remove( )는 큐에서 front가 가리키는 값의 삭제를 나타내고, rear( )는 큐의 rear 위치에 값을 삽입한다.

```
           T                              R   F
S: | 2 | 4 | 8 |   |         Q: | 1 | 2 |   |   | 7 | 9 |
```

다음 문장들이 순서대로 실행된 후 S와 Q의 상태를 그리시오.

1. S.push(Q.front( )) ;
2. S.push(S.top( )) ;
3. Q.rear(S.pop( )) ;
4. Q.remove( ) ;
5. S.push(Q.front( ));
6. Q.rear(S.pop( )) ;

**실행 결과**

```
               T                                  R   F
S: | 2 | 4 | 8 | 7 |         Q: | 1 | 2 | 7 | 9 |   | 9 |
```

## 4 연결 리스트(Linked list)

(1) 리스트 L에서 포인터 p가 가리키는 노드 다음에 원소 x 삽입

**알고리즘**

```
insertNode(L, p, x)
  newNode ← getNode();
  newNode.data ← x;
  if (L = null) then {
       L ← newNode ;
       newNode.link ← null; }
  else if (p = null) then {
          newNode.link ← L;
          L ← newNode;  }
      else {
          newNode.link ← p.link;
          p.link ← newNode;
        }
end insertNode()
```

(2) 리스트 L의 마지막 노드로 원소 x 추가

**알고리즘**

```
void addLastNode(linkedList_h *L, char *x) {
    listNode *newNode, *p ;

    newNode = (listNode *)malloc(sizeof(listNode)) ;
    strcpy(newNode->data, x) ;
    newNode->link = NULL ;
    if(L->head == NULL) {
        L->head = newNode ;
        return ;  }
    p = L->head ;
    while(p->link != NULL) {
        p = p->link ; }
    p->link = newNode ;
}
```

(3) 리스트 L에서 p가 가리키는 노드의 다음 노드 삭제

> 알고리즘

```
deleteNext(L, p)
        if (L = null) then error ;
        if (p = null) then return ;
        else {
                    q ← p.link;
                    if (q = null) then return;
                    p.link ← q.link;
            }
        return Node(q);
    end deleteNext()
```

(4) 리스트의 마지막 노드의 삭제

> 알고리즘

```
void deleteLastNode(listNode* L)
    {
        listNode*   previous;
        listNode*   current;

        if (L == NULL) return ;
        if (L->link == NULL) {
            free(L);
        }
        else {
            previous=L;
            current=L->link;
            while (current->link != NULL) {
                    previous = current;
                    current = current->link;
                }
            free(current);
            previous->link = NULL ;
        }
    }
```

(5) 리스트의 원소를 역순으로 변환

**알고리즘**

```
void reverse(linkedList_h *L) {
    listNode *p ;
    listNode *q ;
    listNode *r ;

    p = L->head ;
    q = NULL ;
    r = NULL ;
    while(p!=NULL) {
       r = q ;
       q = p ;
       p = p->link ;
       q->link = r ;
     }
    L->head = q ;
}
```

(6) 단순 연결 리스트에서 정수 x 검색

**알고리즘**

```
listNode* searchNode(listNode* L, int x)
  {
    listNode* p;

    p = L;
    while (p != NULL) {
       if (x == p->data))
           return p;
       p = p->link;
    }
    return p;
  }
```

## (7) 연결리스트의 프린트

> **알고리즘**
>
> ```
> void print_list(linkedList_h *L) {
>     listNode *p ;
>     printf("(") ;
>     p = L->head ;
>     while(p!=NULL) {
>         printf("%s", p->data) ;
>         p = p->link ;
>         if(p!=NULL) {
>             printf(",") ;
>         }
>     }
>     printf(") \n") ;
> }
> ```

## 문제 07

다음은 2개의 원형 연결리스트를 결합하는 문제를 C언어로 구현한 것이다. 예를 들면 2개의 원형 리스트는 아래의 그림과 같이 1개의 리스트로 결합된다. 이 과정을 수행하는 함수를 다음과 같이 작성하였다. 원형리스트 헤드노드는 일반적으로 리스트의 마지막을 가리키고 있다. 아래 예의 경우 리스트 y(4,5)를 리스트 x(1,2,3) 뒤에 결합하면 결과리스트 z(1,2,3,4,5)와 같이 된다. 아래 빈곳 ①과 ②에 들어갈 내용을 쓰시오.

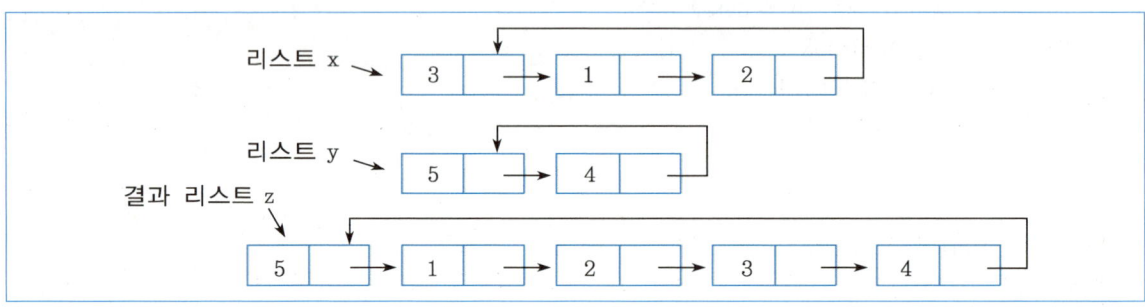

**프로그램**

```
struct node {
    int data;
    struct note *link; };
typedef struct node *list_ptr;
list_ptr circular_ merge(list_ptr x, list_ptr y)
{
    list_ptr temp;
    if (y==NULL) return x;
    if (x==NULL) return y;
    temp = x →link;
    ①_____
    ②_____
    return y;
}
```

## 문제 08

다음은 모든 노드들이 NULL 포인터가 아닌 두 개씩의 링크를 갖고 있는 연결 리스트 구조에서 주어진 노드로부터 자신을 포함하여 다다를 수 있는 노드의 수를 구하는 함수 accesscount( )를 C 언어로 구현한 것이다. mark 필드는 모든 노드에서 0으로 초기화되어 있다고 가정할 때 밑줄에 들어갈 문장을 쓰시오.

### 프로그램

```
strut list node {
     int value;
     int mark;
     struct list_node *link1, *link2; };

int accesscount(struct list_node *ptr)
{
    if (!ptr || ptr →mark) return 0;
    _____
    return accesscount(ptr→link1) + accseecount(ptr→link2) + 1;
}
```

## 문제 09

아래처럼 단일 연결 리스트에서 마지막 노드를 헤드 노드(head node)로 교환 하고자 한다. 알고리즘 ①, ②, ③에 들어갈 명령어를 쓰시오.

**연결리스트**

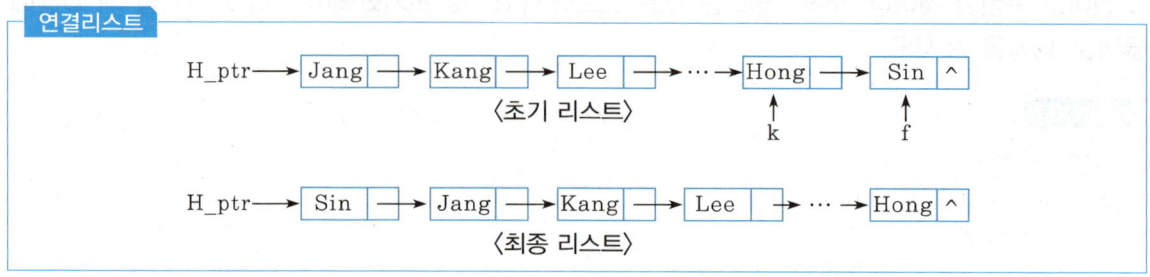

**알고리즘**

```
void list_trans (node_pointer H_ptr)
struct list_node {
    char data;
    struct list_node *link;
    } *H_ptr;
{
  struct list_node *temp_node, *final_node;

    final_node→link = ①_____;
    temp_node→link = ②_____;
    H_ptr = ③_____;
    return (H_ptr);
}
```

문제 10

다음의 선형 리스트(linear list)알고리즘에 대한 물음에 답하시오.

10-1. 아래 알고리즘을 보고 원소의 개수가 n일 때 평균 이동 횟수를 구하시오. (단, MAX_SIZE는 선형리스트의 최대크기이고, final_location은 선형리스트의 마지막 원소의 위치를 의미하고, index는 선형리스트에 삽입할 위치를 나타낸다)

알고리즘
```
void l_list (char list[], char element, int index)
{
 int i;

 if (final_location >= MAX_SIZE) return(0);
 for (i=final_location ; i >=index ; i--)
    list[i+1] = list[i];
 list[index] = element;
 final_location = final_location + 1;
}
```

10-2. 아래 알고리즘을 보고 원소의 개수가 n일 때 평균 이동 횟수를 구하시오. (단, final_location은 선형 리스트의 마지막 원소의 위치를 의미하고, index는 선형리스트에서 삭제할 위치를 나타낸다.)

알고리즘
```
void l_list (char list[], int index)
{
 int i;
 char element;

 if (final_location < index) return (0);
 element = list[index];
 for (i=index ; i <= final_location ; i++)
    list[i] = list[i+1];
  final_location = final_location - 1;
  return (element);
}
```

## SECTION 1 선형구조

**기출 2020-10** 다음은 학생의 학번(sID)을 연결 리스트에 입력 순서대로 저장하는 C 프로그램이다. 프로그램 코드와 〈조건〉을 고려하여 〈작성방법〉에 따라 서술하시오. [4점]

```c
#include <stdio.h>
#include <stdlib.h>
typedef struct node {
    int sID;
    struct node *next;
} Node;

Node *findLast (Node *start) {
    Node *p;
    if (start == NULL)
        return NULL;
    p =  ㉠   ;
    while (p->next != NULL) {
        printf ("findLast : %d \n", p->sID);
        p = p->next;
    }
    return p;
}

void insert (Node *start, int s) {
    Node *n, *p;
    p = findLast (start);
    if (p != NULL) {
        printf ("insert : %d \n", p->sID);
        n = (Node *) malloc (sizeof (Node));
        n->sID = s;
        n->next = NULL;
           ㉡      = n;
    }
}

int main () {
    Node *start = NULL;
    start = (Node *) malloc (sizeof (Node));
    start->sID = 10000;
    start->next = NULL;
    insert (start, 20000);
    ㉢ insert (start, 30000);
    return 0;
}
```

**조건**
- main 함수의 start 변수는 연결 리스트의 첫 번째 노드를 가리킨다.
- findLast 함수는 연결 리스트의 마지막 노드의 주소를 반환한다.
- insert 함수는 연결 리스트의 마지막 노드 다음에 새로운 학생의 학번이 저장된 노드를 추가하는 함수이다.

**작성 방법**
- ㉠, ㉡에 해당하는 코드를 순서대로 쓸 것.
- 프로그램의 실행 결과를 쓸 것.
- ㉢ 위치의 코드를 아래와 같이 변경한 후 실행했을 때, 연결 리스트의 마지막 노드에 저장된 학생의 학번을 쓸 것.

  insert (start → next, 30000);

| 정답 | ㉠ start, ㉡ p → next<br>〈실행결과〉 insert : 10000<br>　　　　　findLast : 10000<br>　　　　　insert : 20000<br>30000 | 1점<br>2점<br><br><br>1점 |
|---|---|---|

# 비선형 구조

## 1 트리(Tree)

(1) 트리와 이진트리의 정의
　① 트리의 정의
　　㉠ 하나의 노드는 그 자체로 트리이면서 해당 트리의 루트가 된다.
　　㉡ 만일 n이 노드이고 $T_1, T_2, \cdots, T_k$가 트리로서 노드 $n_1, n_2, \cdots, n_k$를 루트로 갖는 트리라고 할때 n을 부모로 $n_1, n_2, \cdots, n_k$를 연결 새로운 트리 생성한다.
　　　• n은 루트(root)
　　　• $T_1, T_2, \cdots, T_k$는 루트 n의 서브트리(subtree)
　　　• 노드 $n_1, n_2, \cdots, n_k$는 노드 n의 자식들(children)

　② 이진트리의 정의
　　㉠ 노드의 유한집합
　　㉡ 공백이거나 루트와 두 개의 분리된 이진 트리인 왼쪽 서브 트리와 오른쪽 서브 트리로 구성

(2) 단노드(terminal node) 수
　① 이진 트리 : 차수가 0, 1, 2인 노드수 $N_0, N_1, N_2$ 일 때

　② 차수가 m인 트리 : 차수가 0, 1, 2, $\cdots$ m인 노드수 $N_0, N_1, N_2 \cdots N_m$ 일 때

## 문제 11

다음의 일반트리에 대한 물음에 답하시오.

**11-1.** 아래 괄호 속에 표시된 것은 어떤 rooted 트리를 일반화된 리스트(generalized list)로 표현한 것이다. 이 트리에서 단말노드(leaf node)의 수와 트리의 높이(height)는 어떻게 되는가? (단, 로트(root)의 레벨은 1로 가정한다)

(A (B (E (K, L), F), C (G), D(H (M), I, J ) ) )

- 단말노드의 수 : _____
- 트리의 높이 : _____

**11-2.** 트리 T가 차수 k인 n개의 노드로 구성되어 있다면 이 트리 구성에 필요한 포인터 수 n*k개 중에서 NULL 포인터 수는?

- NULL 포인터 수 : _____

### (3) 완전 이진 트리의 1차원 배열 표현에서의 인덱스 관계

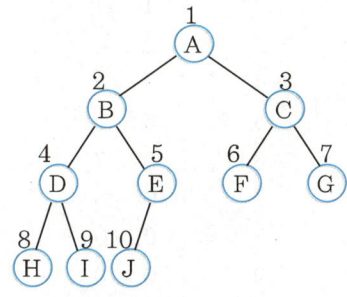

완전 이진 트리

| 목표 노드 | 인덱스 값 | 조건 |
|---|---|---|
| 노드 i의 부모 | $\lfloor i/2 \rfloor$ | $i > 1$ |
| 노드 i의 왼쪽 자식 | $2*i$ | $2*i \leq n$ |
| 노드 i의 오른쪽 자식 | $2*i+1$ | $(2*i+1) \leq n$ |
| 루트 노드 | 1 | $0 < 1$ |

### (4) 이진트리의 운행법

- 한 노드에서 취할 수 있는 조치
  - 왼쪽 서브 트리로의 이동 (L)
  - 현재의 노드 방문 (D)
  - 오른쪽 서브 트리로의 이동 (R)
- 한 노드에서 취할 수 있는 순회 방법
  - LDR, LRD, DLR, RDL, RLD, DRL 등 6가지
  - 왼편을 항상 먼저 순회한다고 가정시 : LDR, LRD, DLR 3가지
    → 이것을 중위(inorder), 후위(postorder), 그리고 전위(preorder) 순회라 함

**문제 12**

포인터 행렬은 각 노드(Node)에 대해서 왼편 Successor를 첫째 열, 오른편 Successor를 둘째 열에 표시한다. 다음과 같은 포인터 행렬을 preorder와 postorder로 의해서 Traverse로 운행한 결과를 쓰시오.

| Node | 행렬 | |
|---|---|---|
| 1 | 0 | 0 |
| 2 | 1 | 11 |
| 3 | 2 | 4 |
| 4 | 0 | 5 |
| 5 | 6 | 0 |
| 6 | 9 | 7 |
| 7 | 0 | 8 |
| 8 | 0 | 0 |
| 9 | 0 | 0 |
| 10 | 0 | 0 |
| 11 | 10 | 0 |

2진트리

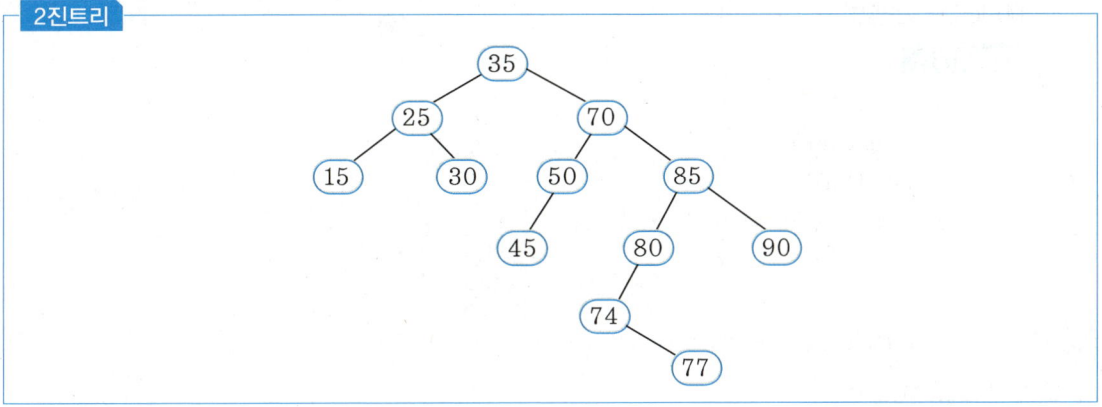

① Inorder 운행법

**알고리즘**

iterInorder(T)
    initialize stack;
    p←T;
    if (p ≠null) then push(stack, p);
    while(not(isEmpty(stack)))do{
        if(p≠null) then{
          p←peek(stack);
          p←p.left;
          while(p≠null) do{
              push(stack, p);
              p←p.left;
          }
        }
        p←pop(stack);
        visit p.data;
        p←p.right;
        if(p≠null) then push(stack, p);
    }
end iterInorder()

② Postorder 운행법

**알고리즘**

```
struct node {
     struct node *left ;
     int data ;
     struct node *right ;
}

void OrderIterative(struct Node* root)
{
if (root==NULL) return;
struct Stack* stack = createStack(MAX_SIZE);

do{
  while(root) {
     if (root->right)
        push(stack, root->right);
     push(stack, root);
     root = root->left;
   }
  root = pop(stack);
  if(root->right && peek(stack)==root->right)
  {
     pop(stack);
     push(stack, root);
     root = root->right;
  }
  else{
     printf("%3d", root->data);
     root = NULL;
   }
}while(!isEmpty(stack));
  //isEmpty(stack)은 스택이 비어 있는지 판별한다.
}
```

③ Preorder 운행법

알고리즘

```
struct node {
    struct node *left ;
    int data ;
    struct node *right ; }

preorder(int *root)
{
    int *p, top=0 ;

    p = root ;
    for( ;; ) {
        do{
        printf("%d", p->data) ;
        if( p->right <> NULL )
            stack[top++] = p->right ;
        p = p->left ;
        } while( p<> NULL ) ;
        if( stack[top] <> NULL)
            p = stack[top--] ;
        else
            break ;
    }
}
```

문제 13

주어진 트리 순회 방법 t에 대하여 t의 역순으로 t노드를 처리하는 연산 R과 트리 순회 방법 t를 주어진 트리의 좌우 대칭인 트리로 처리하는 연산 C가 있다고 할 때, 전위, 중위, 후위의 트리 순회 방법에 대하여 다음 9개의 등식 중 참으로 성립하는 것을 모두 쓰시오.

보기

㉠ R(preorder) = C(preorder)   ㉡ R(preorder) = C(inorder)
㉢ R(preorder) = C(postorder)  ㉣ R(inorder) = C(preorder)
㉤ R(inorder) = C(inorder)      ㉥ R(inorder) = C(postorder)
㉦ R(postorder) = C(preorder)   ㉧ R(postorder) = C(inorder)
㉨ R(postorder) = C(postorder)

④ Levelorder 운행법

**알고리즘**

```
struct node {
  char data ;
  struct node *leftchild, *rightchild ; } treepointer ;

levelorder(treepointer ptr)
  {
    int front = rea r= 0 ;
    treepointer queue[MAX{SIZE] ;
    if(!ptr) return(0) ;
    addq(front, &rear, ptr) ;
    for( ;; ) {
        ptr = deleteq(&front, rear) ;
        if((ptr) {
          printf("%c", ptr->data) ;
          if(ptr->leftchild)
            addq(front, &rear, ptr->leftchild) ;
          if(ptr->righttchild)
            addq(front, &rear, ptr->rightchild) ;
         }
         else break ;
      }
  }
```

(5) 일반 트리의 운행법

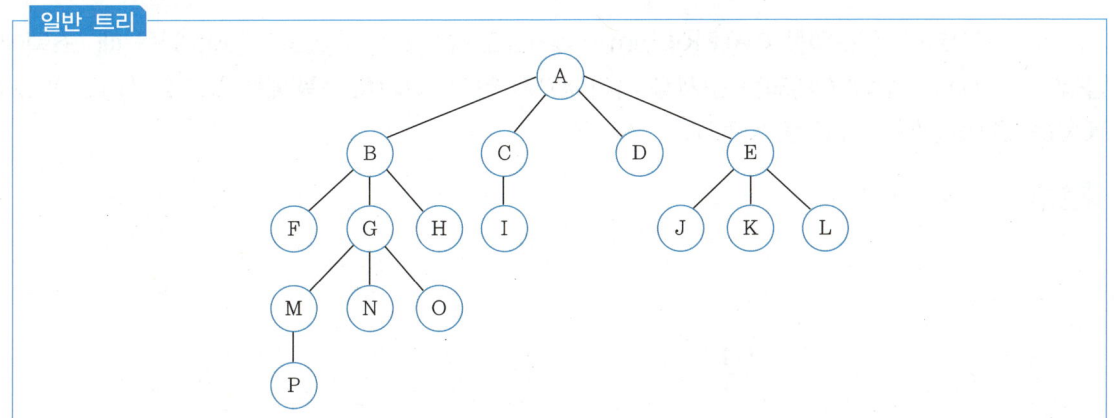

① 트리전위순회 : A, B, F, G, M, P, N, O, H, C, I, D, E, J, K, L
② 트리중위순회 : F, B, P, M, G, N, O, H, A, I, C, D, J, E, K, L
③ 트리후위순회 : F, P, M, N, O, G, H, B, I, C, D, J, K, L, E, A

(6) 일반 트리를 이진 트리로의 표현

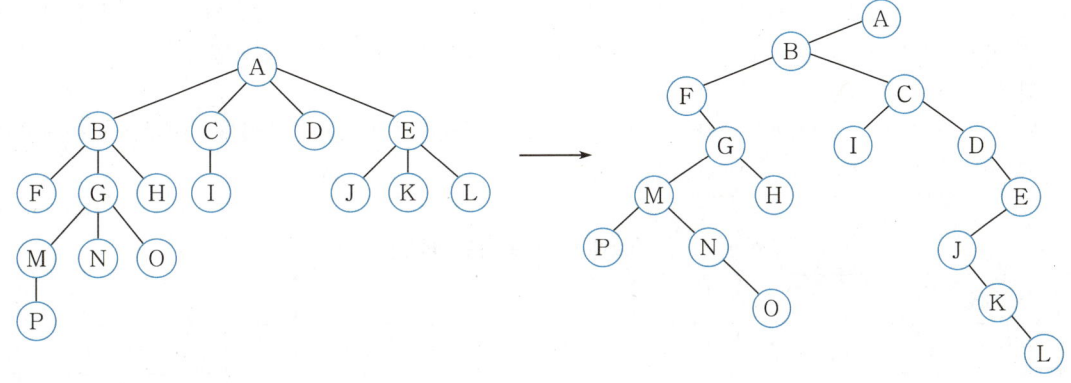

● 트리 순회 방법의 적용 결과
  • 트리전위순회 : A, B, F, G, M, P, N, O, H, C, I, D, E, J, K, L
  • 트리중위순회 : F, B, P, M, G, N, O, H, A, I, C, D, J, E, K, L
  • 트리후위순회 : F, P, M, N, O, G, H, B, I, C, D, J, K, L, E, A

〈변환된 이진트리의 순회 결과와의 비교〉
  • 트리전위순회 결과 = 변환된 이진트리의 전위순회 결과
  • 트리중위순회 결과 ≠ 변환된 이진트리의 어떤 순회 결과
  • 트리후위결과 = 변환된 이진트리의 중위순회 결과

## 문제 14

다음과 같은〈트리〉와 스택을 이용하여 family order로 수행하는 〈알고리즘〉이 있을 때, 스택에서 입력(PUSH)되고 출력(POP)되는 순서를 나타내고자 한다. 여기서 스택에는 노드를 쓰고, PUSH와 POP는 진행순서(1 – 28)를 차례대로 쓰시오.

**트리**

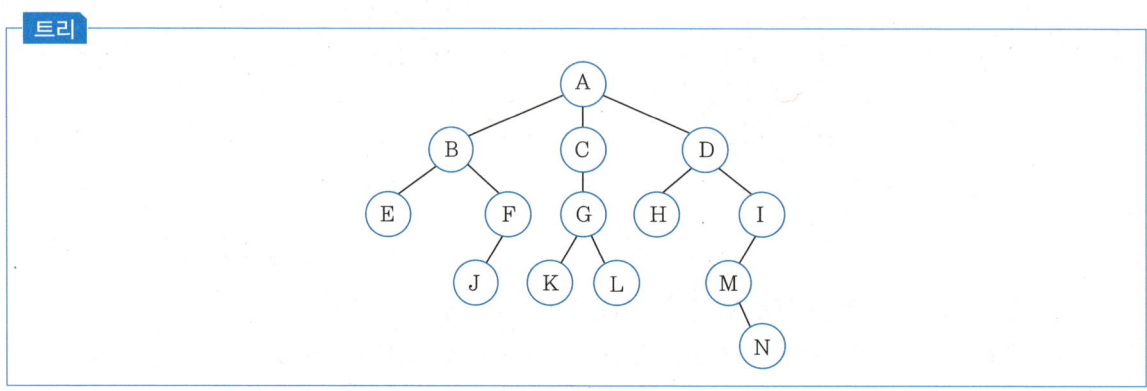

**알고리즘**

① 근노드를 스택에 입력(PUSH)한다.
② 스택에서 한 개의 노드를 출력(POP)하여 출력된 노드의 모든 자노드를 왼쪽부터 차례로 스택에 입력한다.
③ 더 이상 자노드가 존재하지 않으면 맨 오른쪽 자노드, 즉 맨 마지막으로 스택에 입력된 자노드를 출력하고 단계 ②를 수행한다.
④ 단계 ③을 수행하는 과정에서 출력된 노드의 자노드가 존재하지 않으면 스택에서 마지막 노드를 출력하고 그 노드의 자노드를 모두 스택에 입력한다.

〈family order 운행과정〉

| | | | | | | | | | | | | | | |
|---|---|---|---|---|---|---|---|---|---|---|---|---|---|---|
| PUSH | 1.A | 3.B 4.C 5.D | 7.I | 9.M | 11.N | | 14.G 15.H | | 18.K 19.L | | | 23.E 24.F | 26.J | |
| 스택 | A | B,C,D | B,C,I | B,C,M | B,C,N | B,C | B,G,H | B,G | B,K,L | B,K | B | E,F | E,J | E |
| POP | 2.A | 6.D | 8.I | 10.M | 12.N | 13.C | 16.H | 17.G | 20.L | 21.K | 22.B | 25.F | 27.J | 28.E |

(7) 스레드 이진트리
① 연결 리스트 표현 이진 트리의 문제점
   실제로 사용하는 링크수보다 사용하지 않는 널(null)링크가 더 많다.
   • n개의 노드를 가진 이진 트리의 총 링크수 : 2n개
   • 실제 사용되는 링크수 : n-1개
   • 널 링크수 : n+1개

② 스레드 이진 트리(threaded binary tree)
   널 링크들을 낭비하지 않고 스레드(thread)를 저장해 활용한다.

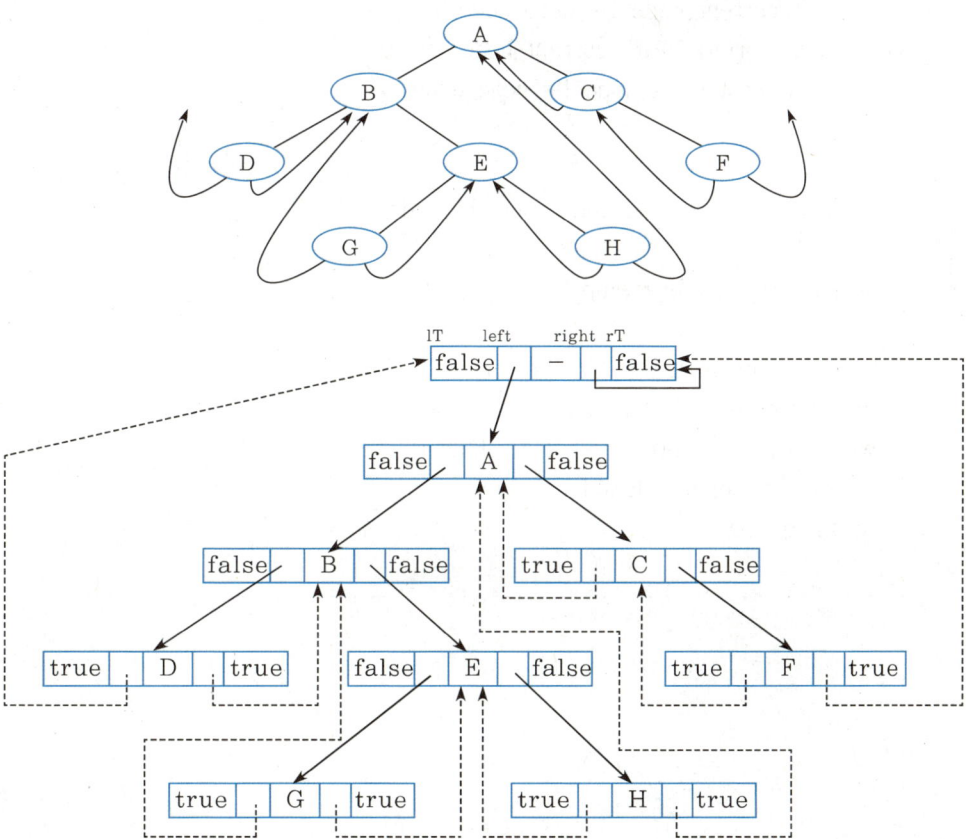

③ 스레드 이진 트리의 중위 순회 알고리즘

**알고리즘**

```
void thread_inorder(struct thread_node *head_node)
  {
    struct thread_node *current_node ;

    current_node = head_node ;
    do {
        current_node = next_node(current_node) ;
        if( current_node != head_node )
            printf("%d", current_node->data) ;
    } while(current_node != head_node) ;
  }

next_node(struct thread_node *current_node)
  {
    struct thread_node *temp ;

    temp = current_node->rchild ;
    if( current_node->rthread == FALSE )
    while( temp->lthread == FALSE )
        temp = temp->lchild ;
    return(temp) ;
  }
```

④ 스레드 이진 트리에서의 노드 삽입

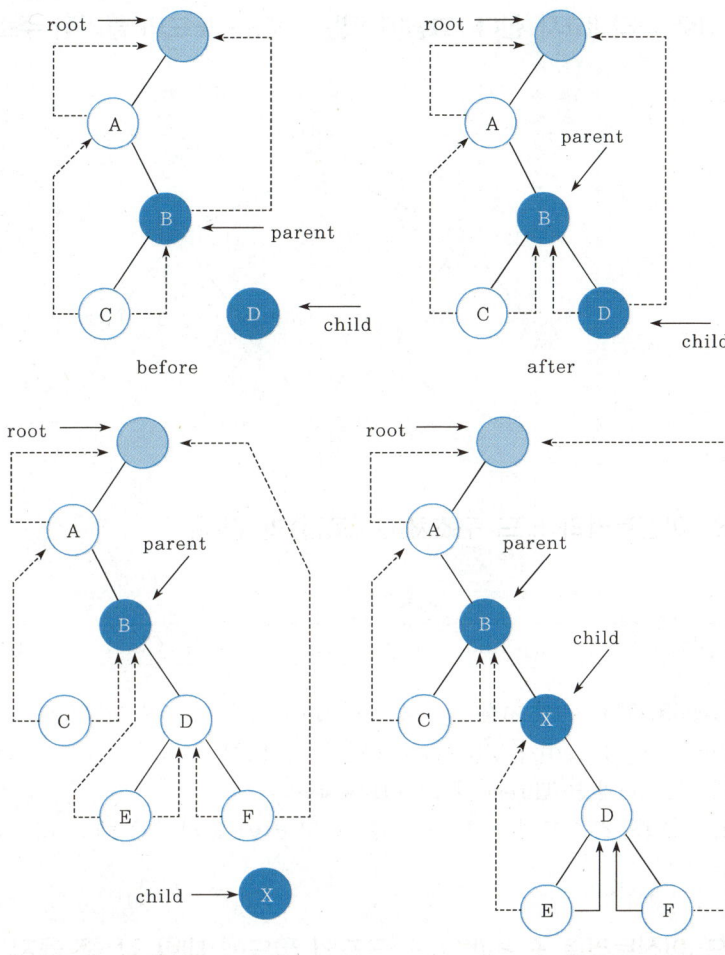

**알고리즘**

```
void ThreadTreeInsertRight(ThreadedNode *s, ThreadedNode *r)
{
    r->RightChild = s->RightChild;
    r->RightThread = s->RightThread;
    r->LeftChild = s;
    r->LeftThread = TRUE;
    s->RightChild = r;
    s->RightThread = FALSE;
    if (!r->RightThread)
     {
        ThreadedNode *temp = InorderSucc(r);
        temp->LeftChild = r;
     }
}
```

## SECTION 2 비선형 구조

**기출 2009-19** 그림의 사각형 안에 있는 이진트리를 헤드노드를 갖는 중위순회스레드(inorder traverse thread) 이진트리로 나타내고자 한다. 그림에 있는 숫자는 노드의 물리적 주소라고 가정한다.

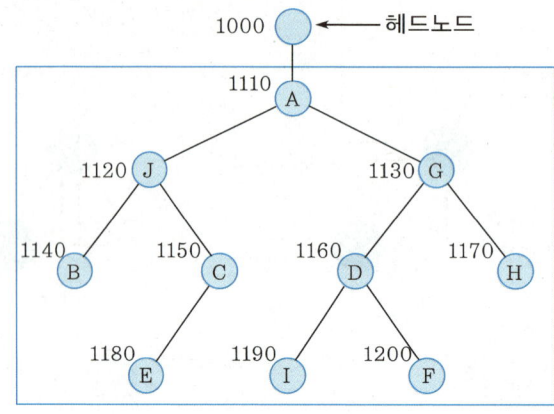

중위순회 스레드 이진트리의 노드 구조체는 〈조건〉과 같다.

**조건**

| L_Thread | L_Child | DATA | R_Child | R_Thread |
|---|---|---|---|---|

- 노드의 L_Thread(R_Thread)가 거짓(false=0)이면 L_Child(R_Child)는 왼쪽(오른쪽) 자식노드를 가리킨다.
- 노드의 L_Thread(R_Thread)가 참(true=1)이면 L_Child(R_Child)는 스레드 포인터이다.
- 헤드노드의 L_Thread와 R_Thread의 값은 0(false)이다.
- 헤드노드의 L_Child의 값은 트리의 루트노드 주소이고 R_Child의 값은 헤드 노드 주소이며 DATA의 값은 NULL이다.

중위순회 스레드 이진트리로 표현한 노드 구조의 필드에 대한 값 중 옳지 <u>않은</u> 것은?

| | L_Thread | L_Child | DATA | R_Child | R_Thread |
|---|---|---|---|---|---|
| ① | 0 | 1110 | NULL | 1000 | 0 |
| ② | 1 | 1110 | B | 1120 | 1 |
| ③ | 0 | 1180 | C | 1110 | 1 |
| ④ | 1 | 1160 | F | 1130 | 1 |
| ⑤ | 1 | 1130 | H | 1000 | 1 |

(8) 이진 트리의 높이와 이진 트리의 비교 알고리즘

① 이진 트리의 높이

트리선언/알고리즘

```
struct tnode {
        int data;
        struct tnode *left_child;
        struct tnode *right_child;
};
typedef struct tnode node;
typedef node *tree_ptr;

int count_tree(tree_prt t)
{
        int n1, n2;
        if (t == NULL) retrun 0;
        n1 = count_tree( t←left_child );
        n2 = count_tree( t←right_child);
        if n1 > n2 retrun n1 + 1;
        else return n2 + 1;
}
```

② 이진 트리의 비교

트리선언/알고리즘

```
struct tnode {
        int data;
        struct tnode *left_child;
        struct tnode *right_child;
};
typedef struct tnode node;
typedef node *tree_ptr;

int equal_tree( tree_prt t1, tree_ptr t2)
{
        if (t1 == NULL && t2 == NULL) return 1 ;
        if (t1 != NULL && t2 == NULL) return 0 ;
        if (t1 == NULL && t2 != NULL) return 0 ;
        if (t1→data == t2→data )
            retrun( equal_tree (t1 → left_child, t2 → left_child)
                && equal_tree (t1  → right_child, t2 → right_child));
            else retrun 0;
}
```

## 문제 15

다음의 〈2진 트리〉에 대한 〈알고리즘〉의 수행결과는 무엇이며, 이것은 어떤 알고리즘인가?

**이진트리**

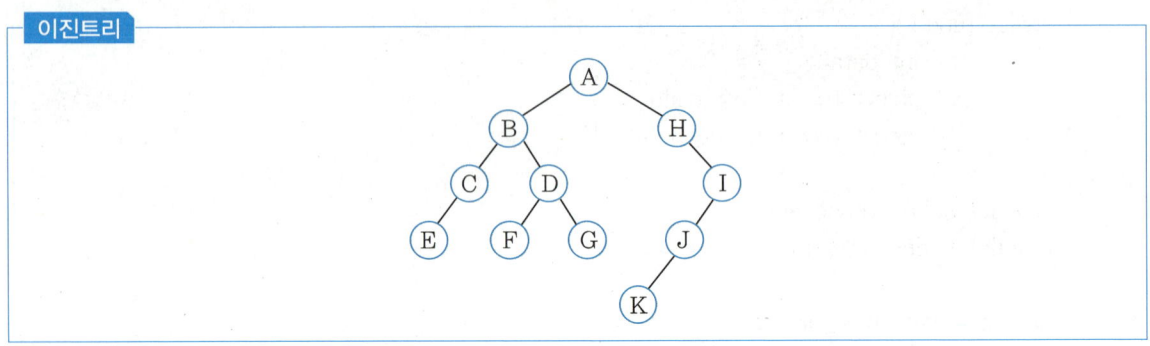

**알고리즘**

```
struct treenode
 {
   int Value ;
   struct treenode *Left, *Right ;
 } ;

int first(treenode *Root)
 {
   if(Root == NULL)
       return(0) ;
   else if(Root->Left==NULL && Root->Right==NULL)
         return(0) ;
       else if(Root->Left==NULL || Root->Right==NULL)
             return(1 + first(Root->Left) + first(Root->Right)) ;
           else return(first(Root->Left) + first(Root->Right)) ;
 }
```

- 수행결과 : _____
- 알고리즘 : _____

## 2  그래프(Graph)

**(1) 그래프의 종류**

① 정규그래프(regular graph) : 그래프 G의 모든 정점들이 같은 차수를 갖는 경우를 말한다.

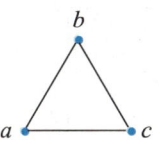 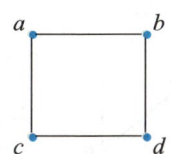 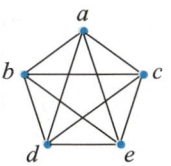

② 완전그래프(complete graph) : 그래프 G의 모든 정점들간에 서로 간선이 존재하는 그래프를 말하며, n개의 정점을 가진 완전그래프를 $K_n$으로 표시한다.

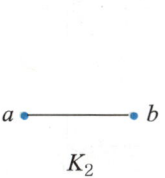 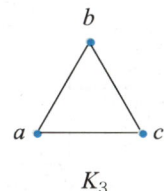 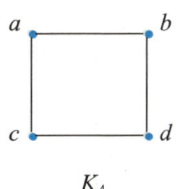 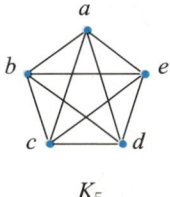

③ 이분그래프(bipartite graph) : 그래프 G 에서 정점의 집합 V가 $V = V_1 \cup V_2$면서 $V_1 \cap V_2 = \emptyset$을 만족하는 두 집합 $V_1$ 과 $V_2$로 분리되고, 그래프의 모든 간선이 $V_1$의 한 정점에서 $V_2$의 한 정점으로 연결되는 그래프를 말한다.

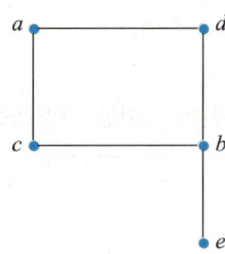 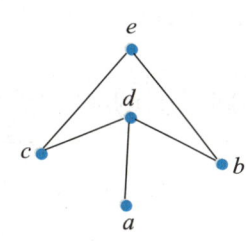

④ 완전 이분그래프(complete bipartite graph) : 그래프 $G_1=(V, E)$에서 정점의 집합 V가 $V=V_1 \cup V_2$이고 $V_1 \cap V_2 = \emptyset$을 만족하는 두 집합 $V_1$과 $V_2$로 분리되고, 그래프의 모든 모서리가 $V_1$의 한 정점에서 $V_2$의 모든 정점으로 연결하는 그래프를 말한다.($K_{m, n}$)

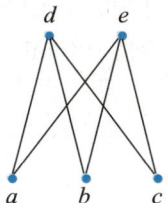 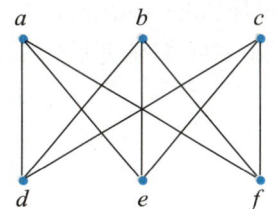

⑤ 동형그래프(isomorphic graph) : 두 그래프 G1=($V_1$, $E_1$)과 G2=($V_2$, $E_2$)가 있을 때 $V_1$에서 $V_2$로의 전단사함수 f가 존재하여 임의의 정점 a, b∈$V_1$에 대해 (a, b)∈$E_1$일 때 필요충분조건 (f(a), f(b))∈$E_2$를 만족하는 경우를 말한다.

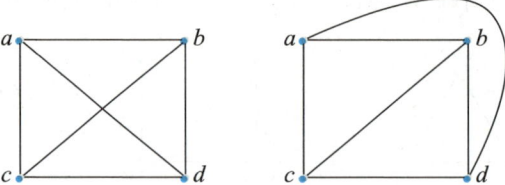

⑥ 평면그래프 : 그래프 G를 평면에 그릴 때 어떤 에지도 정점이 아닌 곳에서는 교차하지 않도록 그릴 수 있는 그래프를 말한다.

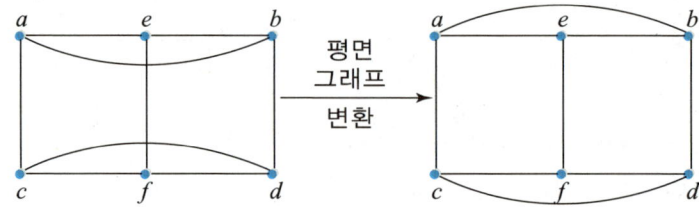

⑦ 오일러(Euler) 그래프
  ㉠ 오일러 경로(Euler path) : 그래프 G=(V, E)에 대해 G 안의 모든 정점과 모든 에지가 포함되는 경로이다.
  ㉡ 오일러 순환(Euler cycle) : 그래프 G=(V, E)에 대해 G 안의 모든 정점과 모든 에지가 포함되는 순환을 말한다.
  ㉢ 오일러 그래프(Euler graph) : 오일러 순환이 포함된 그래프를 말한다.

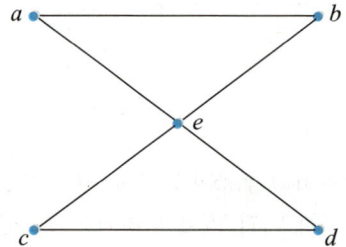

  ㉣ 오일러의 공식(Euler's formula) : 그래프 G를 연결된 평면그래프라고 하고, 정점의 수를 v, 에지의 수를 e, G에 의해 평면상에 형성되는 영역의 수를 r이라고 하면 다음 공식이 성립한다.

$$r = e - v + 2$$

⑧ 해밀턴(Hamiltonian) 그래프
  ㉠ 해밀턴 경로(Hamiltonian path) : 그래프 G=(V, E)에 대해 G 안의 임의의 정점에서 출발하여 그래프의 각 정점이 한 번씩만 나타나도록 만들어진 경로이다.
  ㉡ 해밀턴 순환(Hamiltonian cycle) : 정점을 한 번씩만 지나고 다시 출발 정점으로 돌아오는 순환을 말한다.
  ㉢ 해밀턴 그래프(Hamiltonian graph) : 해밀턴 순환이 포함된 그래프를 말한다.

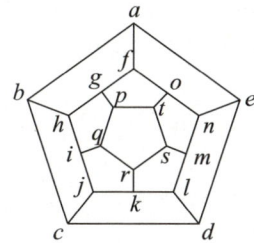 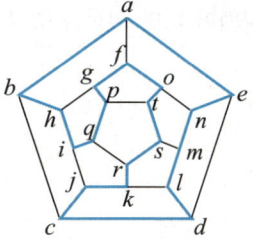

## (2) 그래프의 운행법
### ① 깊이 우선 탐색(DFS)
#### ㉠ 수행과정

1. 정점 i를 방문한다.
2. 정점 i에 인접한 정점 중에서 아직 방문하지 않은 정점이 있으면, 정점들을 모두 스택에 저장한다.
3. 스택에서 정점을 삭제하여 새로운 i를 설정하고, 단계 (1)을 수행한다.
4. 스택이 공백이 되면 연산을 종료한다.

#### ㉡ 알고리즘

**알고리즘**
```
DFS(i)
    // i 는 시작 정점
    for (i←0; i<n; i ← i +1) do {
            visited[i] ← false;
    }
    stack ← createStack();
    push(stack, i);
    while (not isEmpty(stack)) do {
         j ← pop(stack);
         if (visited[j] = false) then {
                visit j;
                visited[j] ← true;
                for (each k ∈ adjacency(j)) do {
                      if (visited[k] = false) then
                           push(stack, k);
                }
         }
    }
end DFS()
```

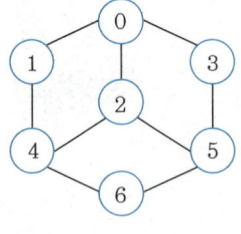

탐색을 위한 그래프 G

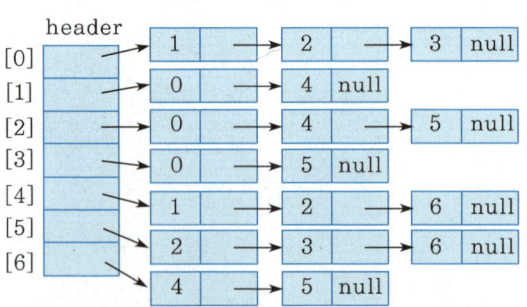

그래프 G에 대한 인접 리스트 표현

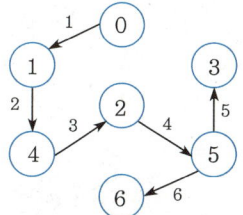

탐색을 위한 그래프 G      그래프 G에 대한 깊이 우선 탐색 경로

② 너비 우선 탐색(BFS)
  ㉠ 수행과정

> 1. 정점 i를 방문한다.
> 2. 정점 i에 인접한 정점 중에서 아직 방문하지 않은 정점이 있으면, 이 정점들을 모두 큐에 저장한다.
> 3. 큐에서 정점을 삭제하여 새로운 i를 설정하고, 단계 (1)을 수행한다.
> 4. 큐가 공백이 되면 연산을 종료한다

  ㉡ 알고리즘

**알고리즘**
```
BFS(i)
  // i 는 시작 정점
  for (i←0; i<n; i←i+1) do {
       visited[i] ← false;
  }
  queue ← createQ();
  enquere(queue, i);
  while (not isEmpty(queue)) do {
       j ← dequeue(queue);
       if (visited[j] = false) then {
            visit j;
            visited[j] ← true;
       }
       for (each k ∈ adjacency(j)) do {
            if (visited[k] = false) then {
                 enqueue(queue, k);
            }
       }
  }
end BFS()
```

## 2 비선형 구조

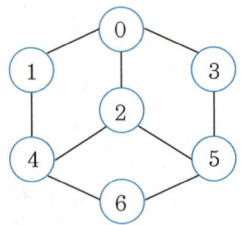

탐색을 위한 그래프 G

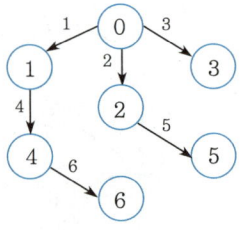

그래프 G에 대한
너비 우선 탐색 경로

**기출 2018-13** 다음은 무방향 그래프에서 출발 노드(s)부터 목적 노드(d)까지 깊이 우선 탐색(Depth First Search)하는 C 유형의 알고리즘이다. 〈조건〉에 따라 DFS(0, 7)을 수행할 때 〈작성 방법〉에 따라 쓰시오. [4점]

```
typedef struct node * nodePointer;
struct node {
    int id;
    nodePointer link;
};
DFS(int s, int d) {
    nodePointer w;
    visited[s] = true;
 ㉠  print(s);
    if(s == d) {
      ㉡  printpath(d);
        return;
    }
    for(w = adjList[s]; w != 0; w = w->link)
        if(!visited[w->id])
            DFS(w->id, d);
}
```

**조건**

- 주어진 그래프는 다음과 같다. (출발 노드 0, 목적 노드 7)

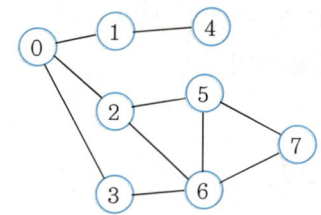

- adjList : 그래프를 인접 리스트로 표현한 리스트 배열로 nodePointer형의 1차원 배열이다.
- 주어진 그래프의 인접 리스트 배열은 다음과 같다.

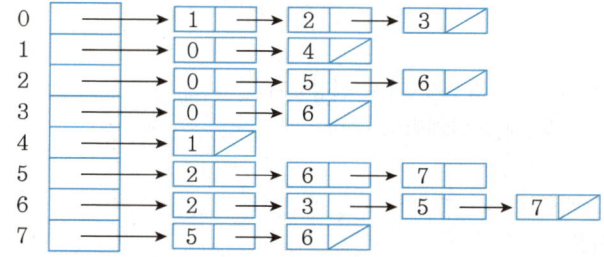

- visited : 노드의 방문여부를 표시하는 1차원 배열이고, false 값으로 초기화되어 있다.
- print(s) : s를 출력한다.
- printpath(d) : 깊이 우선 탐색 신장 트리에서 출발 노드0에서 목적 노드 d까지 경로상의 노드를 순서대로 출력한다

**작성 방법**

(1) 밑줄 친 ㉠이 출력하는 내용을 순서대로 쓸 것.
(2) 밑줄 친 ㉡의 출력 결과를 쓸 것.

| 정답 | (1) 0 1 4 2 5 6 3 7 | 2점 |
|---|---|---|
| | (2) 0 2 5 6 7 또는<br>　　0 1 4 2 5 6 3 7 | 2점 |

## (3) 신장트리(spanning tree)
① 신장 트리의 개념
- ㉠ 그래프 G에서 E(G)에 있는 간선과 V(G)에 있는 모든 정점들로 구성된 트리
- ㉡ DFS, BFS에 사용된 간선 집합 T는 그래프 G의 신장 트리를 의미
- ㉢ 주어진 그래프 G에 대한 신장 트리는 유일하지 않음

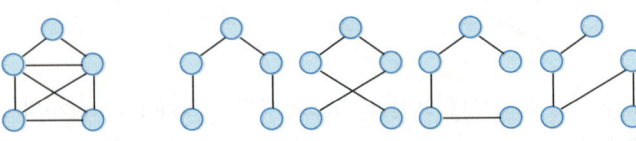

(a) 연결 그래프 G      (b) 신장 트리

② 최소 비용 신장트리

- 트리를 구성하는 간선들의 가중치를 합한 것이 최소가 되는 신장 트리
- 갈망 기법(greedy method) 사용 : 최적의 해를 단계별로 구함
- 신장 트리의 제한조건
  - ⓐ 전제 : 가중치가 부여된 무방향 그래프
  - ⓑ n − 1 (n= |V| )개의 간선만 사용
  - ⓒ 사이클을 생성하는 간선 사용 금지

㉠ Kruskal 알고리즘
- ⓐ 방법
  - ㉮ 한번에 하나의 간선을 선택하여, 최소 비용 신장 트리 T에 추가
  - ㉯ 비용이 가장 작은 간선을 선정하되, 이미 T에 포함된 간선들과 사이클을 형성하지 않는 간선만을 추가
  - ㉰ 비용이 같은 간선들은 임의의 순서로 하나씩 추가

ⓑ 알고리즘

> **알고리즘**
>
> Kruskal(G,n)
>   //G=(E,V)이고 n=|V|, |V|는 정점 수
>   T ← ∅ ;
>   edgelist ← E(G);
>   $S_0$ ←{0 }, $S_1$←{1 } , ... ,$S_{n-1}$←{n−1 };
>   while (|E(T)|<n−1 and |edgeList|>0) do  {
>       select least−cost (i, j) from edgeList
>       edgeList ← edgeList − {(i, j) };
>       if ( {i, j} ∉ $S_k$ for any k) then  {
>           T ← T ∪ {(i, j) };
>           $S_i$ ← $S_i$ ∪ $S_j$ ;
>       }
>   }
>   if (|E(T)|<n−1) then  {
>       print ('no spanning tree');
>   }
>   return T;
> end Kruskal( )

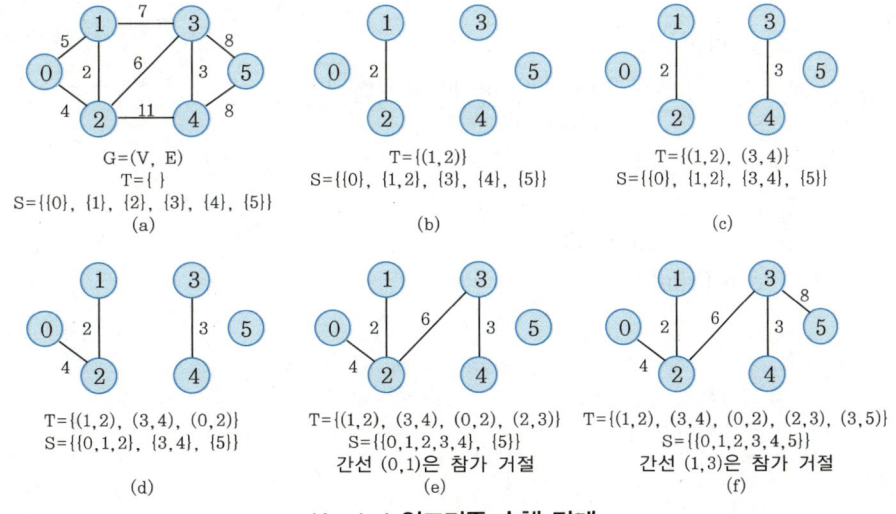

Kruskal 알고리즘 수행 단계

ⓒ Prim 알고리즘
　ⓐ 방법
　　㉮ 한번에 하나의 간선을 선택하여, 최소 비용 신장 트리 T에 추가
　　㉯ Kruskal 알고리즘과는 달리 구축 전 과정을 통해 하나의 트리만을 계속 확장
　ⓑ 구축 단계
　　㉮ 하나의 정점 u를 트리의 정점 집합 V(T)에 추가
　　㉯ V(T)의 정점들과 인접한 정점들 중 최소 비용 간선 (u, v)를 선택하여 T에 추가, 정점은 V(T)에 추가
　　㉰ T가 n-1개의 간선을 포함할 때까지, 즉 모든 정점이 V(T)에 포함될 때까지 반복
　　㉱ 사이클이 형성되지 않도록 간선 (u, v) 중에서 u 또는 v 하나만 T에 속하는 간선을 선택
　ⓒ 알고리즘

> **알고리즘**
> ```
> Prim(G, i)    // i는 시작 정점
>   T ← ∅ ;
>   V(T) = { i };
>   while (|T| < n-1) do {
>    if (select least-cost (u, v) such that u ∈ V(T) and v ∉ V(T) then
>        {   T ← T ∪ {(u, v) };
>               V(T) ← V(T) ∪ {v };
>          }
>     else {
>           print("no spanning tree");
>            return T;
>         }
>       }
>        return T;
> end Prim()
> ```

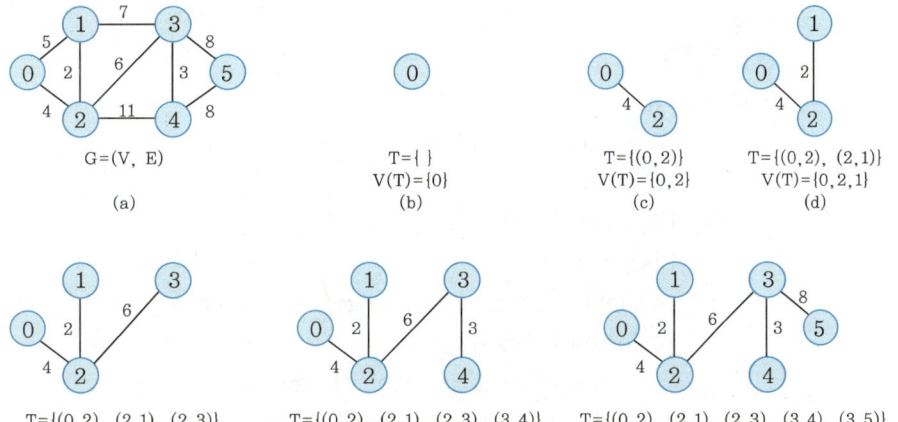

Prim 알고리즘 수행 단계

### 문제 16

다음 비용 그래프에서 최소 비용 신장 트리를 구하고자 한다. Prim 알고리즘을 이용하여 최소 비용 신장 트리를 구할 때, 5번째로 연결되는 간선(edge)을 쓰시오. (단, 시작 노드는 A이다.)

그래프

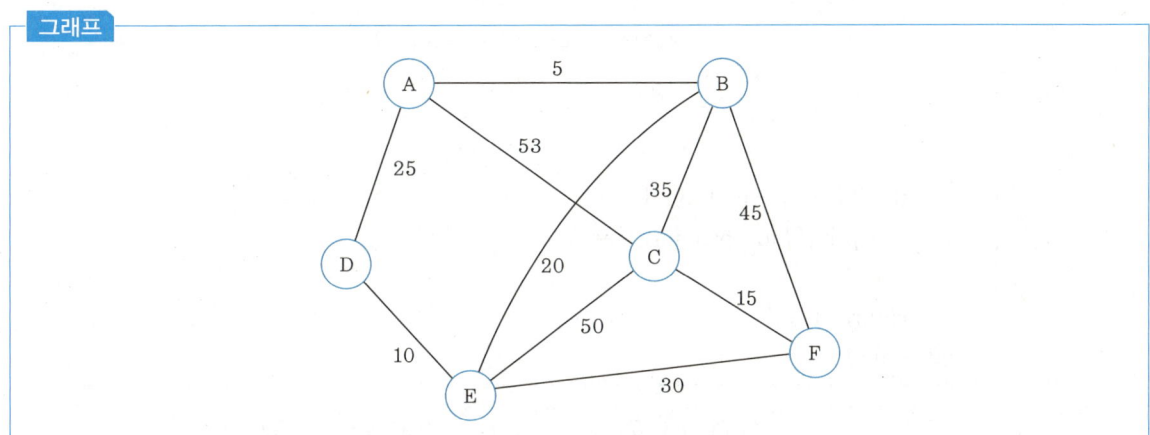

ⓒ Sollin 알고리즘
  ⓐ 방법
    ㉮ 각 단계에서 여러 개의 간선을 선택하여, 최소 비용 신장 트리를 구축
    ㉯ 구축 과정 중에 두 개의 트리가 하나의 동일한 간선을 중복으로 선정할 경우, 하나의 간선 만 사용
  ⓑ 구축 단계
    ㉮ 그래프의 각 정점 하나만을 포함하는 n개의 트리로 구성된 신장 포리스트에서 부터 시작
    ㉯ 매번 포리스트에 있는 각 트리마다 하나의 간선을 선택
    ㉰ 선정된 간선들은 각각 두 개의 트리를 하나로 결합시켜 신장 트리로 확장
    ㉱ n−1개의 간선으로 된 하나의 트리가 만들어지거나, 더 이상 선정할 간선이 없을 때 종료

ⓒ 알고리즘

**알고리즘**

```
Sollin(G, n)
    S0 ←{0}, S1 ←{1}, …, Sn-1 ←{n-1} ;
    T ← ∅ ;
    Edges ← E(G) ;
    List ← ∅ ;
    while(|T| < n-1 and Edges ≠ ∅) do {
      for(each Si) do {
        select least-cost(u, v) from Edges
          such that u∈Si and v∉Si ;
        if((u, v)∉List) then List ← List ∪ {(u, v)};
      }
    while(List ≠ ∅) do {
      remove(u, v) from List ;
      if(({u,v}⊈Su or {u, v}⊈Sv) then
           {
                T ← T∪{(u, v)} ;
                Su ← Su ∪ Sv ;
                Edges ← Edges - {(u, v)} ;
           }
         }
      }
    if(|T| < n-1) then {
       print("no spanning tree") ;
    }
    return T ;
end Sollin()
```

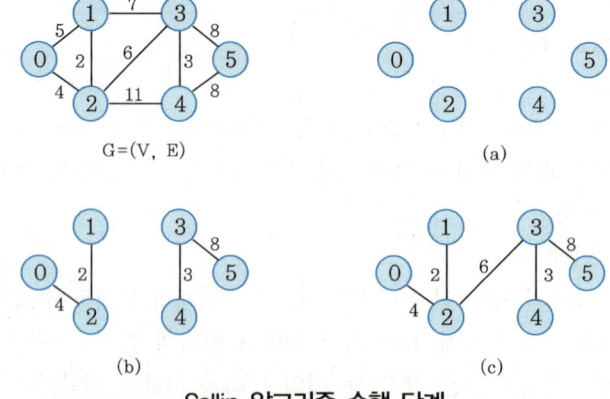

Sollin 알고리즘 수행 단계

**문제 17**

다음과 같은 그래프에서 Sollin 알고리즘을 사용하여 최소 비용 신장 트리(minimum cost spanning tree)를 구하려고 한다. Sollin 알고리즘의 시작 단계에서는 하나의 정점으로 이루어진 트리들로 구성된 포리스트(forest)에서 각 트리의 최소 비용 간선(edge)을 선택하게 된다. 하나의 정점으로 이루어진 트리에 대한 최소 비용 간선을 선택할 때, 선택되는 간선의 집합을 쓰시오.

**그래프**

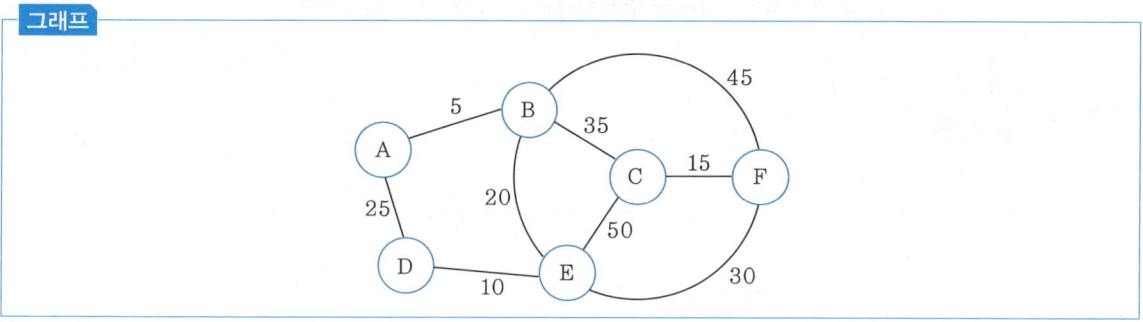

(4) 최단 경로

① 하나의 정점에서 다른 모든 정점까지의 최단 경로 (Dijkstra 알고리즘)
  • 시작점 v에서 목표점 t까지의 경로 중 최단 경로
  • 0 이상의 가중치, 방향 그래프
② 음의 가중치가 허용된 최단 경로 (Bellman-Ford 알고리즘)
  • 시작점 v에서 목표점 t까지의 경로 중 최단 경로
  • 음의 가중치 허용, 방향 그래프
③ 모든 정점 쌍의 최단 경로 (Floyd 알고리즘)
  • 모든 정점을 시작점으로 하는 최단 경로
  • 음의 가중치 허용, 방향 그래프

① 하나의 정점에서 다른 모든 정점까지의 최단경로
  ㉠ 개요
    ⓐ 시작점 v에서 G의 나머지 모든 정점까지의 최단 경로이다
    ⓑ 시작점 v와 목표점 t까지의 경로 중, 경로를 구성하는 간선들의 가중치 합이 최소가 되는 경로를 말한다
    ⓒ 방향 그래프 G=(V, E), weight[i, j] ≥ 0

ⓛ Dijkstra 최단 경로 알고리즘의 원리

> 1. 처음 S에는 시작점 v만 포함, Dist[v] = 0
> 2. 가장 최근에 S에 첨가한 정점을 u로 설정
> 3. u의 모든 인접 정점 중에서 S에 포함 되지 않은 w에 대해 Dist[w]를 다시 계산
>    - Dist[w]=min {Dist[w], Dist[u] + weight[u, w] }
> 4. S에 포함되지 않은 모든 정점 w중에서 dist[w]가 가장 작은 정점 w를 S에 첨가
> 5. 모든 정점에 대한 최단 경로가 결정될 때까지 단계 2~4를 반복

ⓒ Dijkstra 알고리즘

**알고리즘**

```
shortestPath(v, weight, n)
   //v는 시작점, wegiht는 가중치 인접 행렬, n은 정점수
   //create S[n], Dist[n]
  for (i←0;i < n;i←i+1)do{
       S[i]← false;              // S를 초기화
       Dist[i]←wegiht[v,i];      // Dist를 초기화
}
S[v]← true;
Dist[v]← 0
for (i←0;i <n-2; i←i+1)do {     //n-2번 반복
    select u such that                //새로운 최단 경로를 선정
       Dist[u]=min{Dist[j] | S[j] =  false and 0≤ j <n } ;
    S[u]← true;
    for (w←0; w <n; w←w+1) do {     //확장이 안된 경로들에 대해 다시 계산
       if(S[w]=false) then {
          if(Dist[w]> (Dist[u]+wegiht[u,w])
             then Dist[w]←Dist[u]+wegiht[u,w];
} } }
end shortestPath
```

〈최대 경로의 예제〉

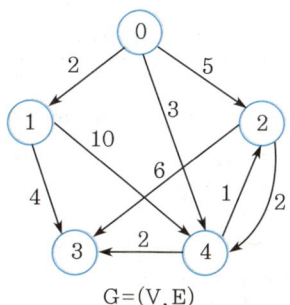

G=(V,E)

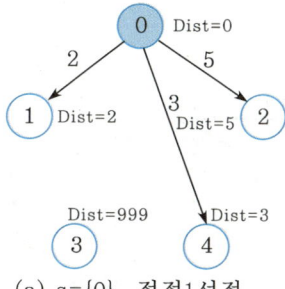

(a) s={0}, 정점1선정

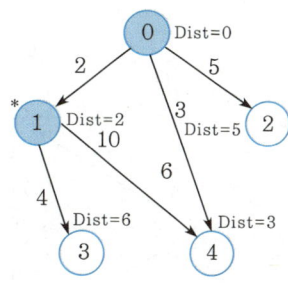

(b) s={0,1}, 정점4선정

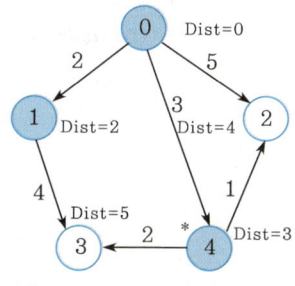

(c) s={0,1,4}, 정점2선정

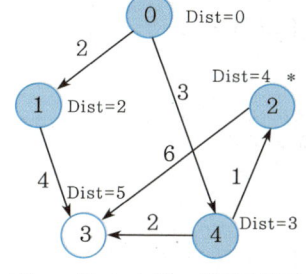

(d) s={0,1,4,2}, 정점3선정

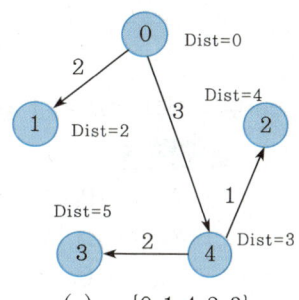

(e) s={0,1,4,2,3}

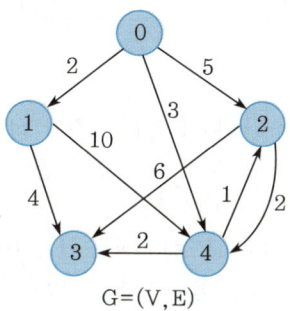

G=(V,E)

| for 루프 | 선택된 정점 | S=true인 정점 | Dist[i] | | | | |
|---|---|---|---|---|---|---|---|
| | | | [0] | [1] | [2] | [3] | [4] |
| 초기화 | | [0] | 0 | 2 | 5 | 999 | 3 |
| 1 | [1] | [0],[1] | 0 | 2 | 5 | 6 | 3 |
| 2 | [4] | [0],[1],[4] | 0 | 2 | 4 | 5 | 3 |
| 3 | [2] | [0],[1],[4],[2] | 0 | 2 | 4 | 5 | 3 |

② 음의 가중치가 허용된 최단 경로

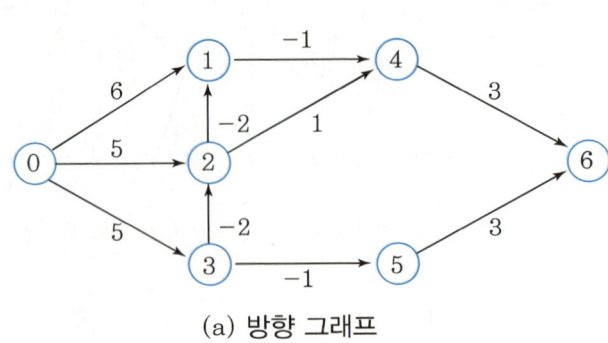

(a) 방향 그래프  (b) $dist^k$

③ 모든 정점 쌍의 최단 경로

```
알고리즘
allShortestPath(G, n)
 //G=(V,E),|V|=n
  for (i←0; i<n; i←i+1) do {
    for (j←0; j <n; j←j+1) do {
        D[i, j]←weight[i, j];      //가중치 인접 행렬을 복사
    }
  }
  for (k←0; k<n; k←k+1) do {      //중간 정점으로 0에서 k까지 사용하는 경로
    for (i←0; i<n; i←i+1) do {     // 모든 가능한 시작점
      for (j←0; j<n; j←j+1) do {    // 모든 가능한 종점
        if(D[i, j] >(D[i, k]+D[k, j])) then
            //보다 짧은 경로가 발경되었는지를 검사
            D[i, j]← D[i, k]+D[k, j];
      }
    }
  }
end allShortestPath()
```

⟨allShortestPath 알고리즘의 수행 예제⟩

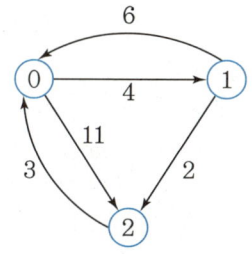

| $A^{-1}$ | 0 | 1 | 2 |
|---|---|---|---|
| 0 | 0 | 4 | 11 |
| 1 | 6 | 0 | 2 |
| 2 | 3 | ∞ | 0 |

| $A^{0}$ | 0 | 1 | 2 |
|---|---|---|---|
| 0 | 0 | 4 | 11 |
| 1 | 6 | 0 | 2 |
| 2 | 3 | 7 | 0 |

(a) Example digraph   (b) $A^{-1}$   (c) $A^{0}$

| $A^{1}$ | 0 | 1 | 2 |
|---|---|---|---|
| 0 | 0 | 4 | 6 |
| 1 | 6 | 0 | 2 |
| 2 | 3 | 7 | 0 |

| $A^{2}$ | 0 | 1 | 2 |
|---|---|---|---|
| 0 | 0 | 4 | 6 |
| 1 | 5 | 0 | 2 |
| 2 | 3 | 7 | 0 |

(d) $A^{1}$   (e) $A^{2}$

(5) 이행적 패쇄(transitive closure)

① 이행적 폐쇄 : 가중치가 없는 방향 그래프 G에서 임의의 두 정점 I에서 j까지의 경로가 존재하는지 표현한다.

② 이행적 폐쇄 행렬(D+)

D+[i, j] = 1 : 정점 i 에서 j 까지 길이가 0 보다 큰 경로 존재

③ 반사 이행적 폐쇄 행렬(D*)

D*[i, j] = 1 : 정점 i 에서 j 까지 길이가 0 이상인 경로 존재

## ④ 인접행렬의 이행적 폐쇄 행렬로 변환 알고리즘

**알고리즘**

```
void warshall( int a[][], int r[][] )
{    /*a[][]은 초기값은 어떤 그래프의 인접행렬이다*/
     int I, j, k, l;

     for( i=0; i<n; i++)
         for( j=0; j<n; j++)
             r[i][j] = a[i][j] ;
     for( k=0; k<n; k++)
         for( i=0; i<n; i++)
             for( j=0; j<n; j++)
                 if( r[i][k] == 1 && r[k][j] == 1)
                     r[i][j] = 1;
}
```

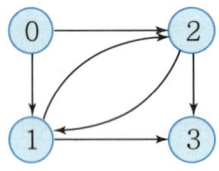

(a) 방향 그래프 G=(V, E)

| A   | [0] | [1] | [2] | [3] |
|-----|-----|-----|-----|-----|
| [0] | 0   | 1   | 1   | 0   |
| [1] | 0   | 0   | 1   | 1   |
| [2] | 0   | 1   | 0   | 1   |
| [3] | 0   | 0   | 0   | 0   |

(b) 인접 행렬 (A)

| $D^+$ | [0] | [1] | [2] | [3] |
|-------|-----|-----|-----|-----|
| [0]   | 0   | 1   | 1   | 1   |
| [1]   | 0   | 1   | 1   | 1   |
| [2]   | 0   | 1   | 1   | 1   |
| [3]   | 0   | 0   | 0   | 0   |

(c) 이행적 폐쇄 행렬($D^+$)

| $D^*$ | [0] | [1] | [2] | [3] |
|-------|-----|-----|-----|-----|
| [0]   | 1   | 1   | 1   | 1   |
| [1]   | 0   | 1   | 1   | 1   |
| [2]   | 0   | 1   | 1   | 1   |
| [3]   | 0   | 0   | 0   | 1   |

(d) 반사 이행적 폐쇄 행렬 ($D^{1*}$)

방향 그래프 G와 행렬 A, $D^+$, $D^*$

(6) 위상순서
① 위상 순서(topological order)
방향 그래프에서 두 정점 i와 j에 대해, i가 j의 선행자이면 반드시 i가 j보다 먼저 나오는 정점의 순차 리스트이다.

② 위상 정렬 알고리즘의 수행 과정

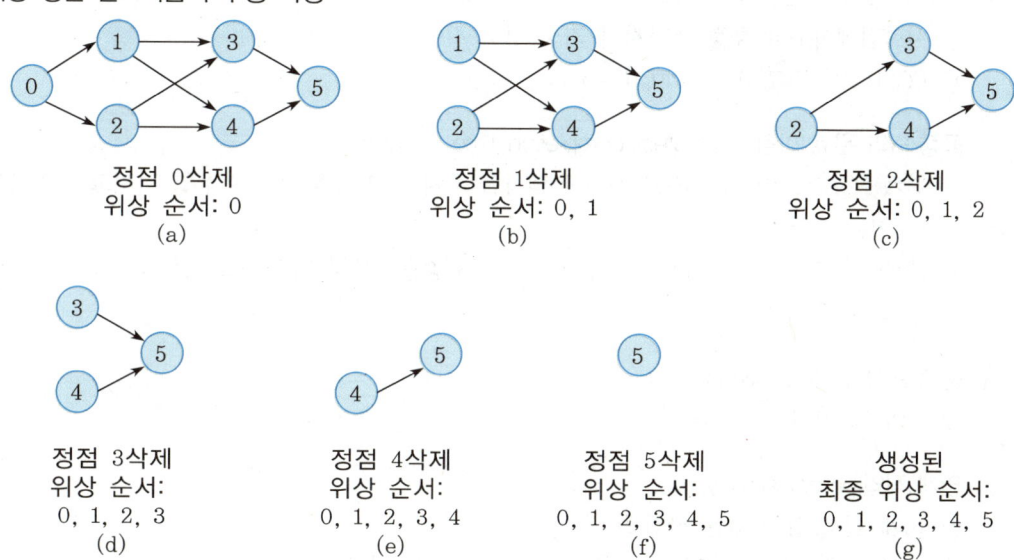

③ 위상 순서를 위한 인접 리스트 구조
㉠ 기존 인접 리스트에 indegree 필드 추가한다.
㉡ 정점의 진입 차수를 유지한다.
㉢ 필드의 값은 초기에 인접 리스트를 구축하면서 결정한다.
㉣ 필드값이 0인 정점들은 큐나 스택을 이용하여 관리한다.

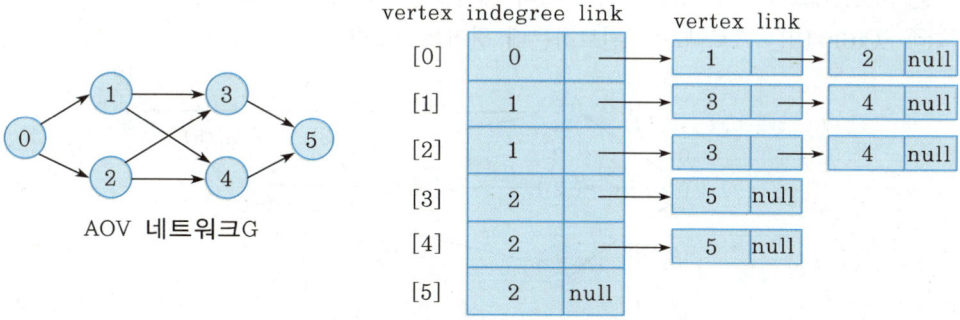

## (7) 임계 경로(critical path)

① 임계 경로(critical path)
  ㉠ 시작점에서 완료점까지 시간이 가장 많이 걸리는 경로
  ㉡ 하나 이상의 임계 경로가 존재

② 공정 Pi의 조기 완료 시간(earliest completion time ; EC(i))
  ㉠ 시작점에서부터 공정 Pi까지의 최장 경로 길이
  ㉡ EC(4)=3, EC(5)=7, EC(6)=12

③ 공정 Pi의 완료 마감 시간(latest completion time ; LC(i))
  ㉠ 전체 프로젝트의 최단 완료 시간에 영향을 주지 않고 공정 Pi가 여유를 가지고 지연하여 완료할 수 있는 시간
  ㉡ (전체 프로젝트 완료시간) − (공정Pi에서 최종공정까지 최장 경로 길이)
  ㉢ LC(4)=5, LC(5)=7

④ 공정 Pi의 임계도(criticality)
  EC(i)와 LC(i)의 시간 차이

⑤ 임계 작업(critical activity)
  ㉠ 임계 경로 상에 있는 작업들
  ㉡ 작업 a(⟨i, j⟩) : EC(i)=LC(i)이고, EC(j)=LC(j)인 작업

⑥ 공정 조기 완료 시간(EC(j)) 계산
  ㉠ weight(i, j) : 작업 ⟨i, j⟩에 소요되는 작업 시간
  ㉡ EC(0) ← 0
  ㉢ EC(j) ← max {EC(i) + weight(i, j), j로 진입하는 모든 i }
  ㉣ AOE 네트워크의 위상 순서에 따라 계산
  ㉤ EC(6)=12는 프로젝트를 완료하는데 걸리는 최소한의 소요시간

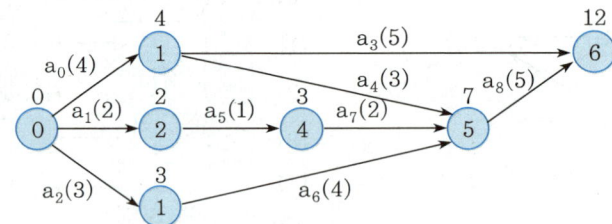

⑦ 공정 완료 마감 시간(LC(i)) 계산
  ㉠ LC(n−1) ← EC(n−1)
  ㉡ LC(i) ← min {LC(j) − weight(i, j), i에서 진출하는 모든 j }
  ㉢ AOE 네트워크 위상 순서의 역순으로 계산

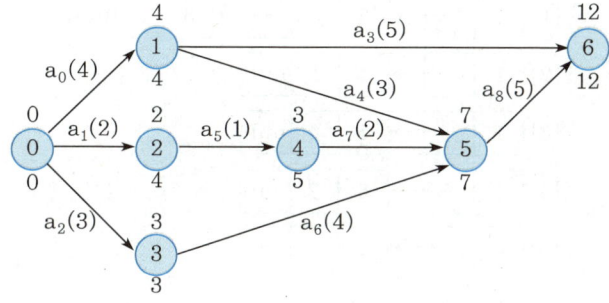

⑧ 작업 임계도(CR(i, j)) 계산 : CR(⟨i, j⟩) ← LC(j) − (EC(i) + weight(i, j))

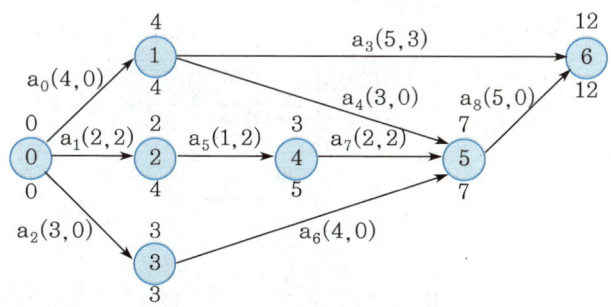

⟨작업의 임계도(괄호안의 두 번째 숫자)⟩

⑨ 임계 작업으로 구성된 임계 경로 − 네트워크에서 임계도가 0인 임계 작업만 남기고 제거

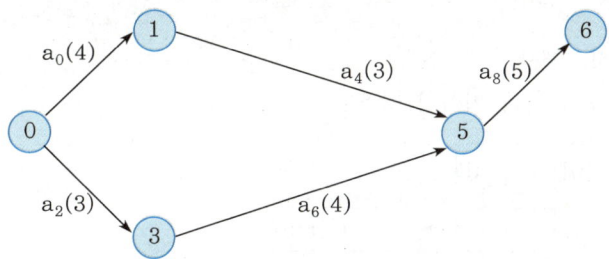

⑩ 조기 완료 시간(EC)의 계산
  ㉠ 진입 차수(indegree)와 인접 리스트

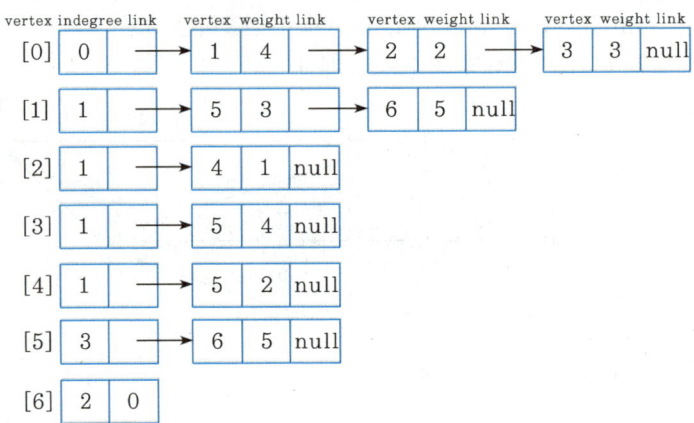

  ㉡ 위상 순서와 같은 순서로 EC(i) 계산

| 계산순서 | [0] | [1] | [2] | [3] | [4] | [5] | [6] | 큐 |
|---|---|---|---|---|---|---|---|---|
| 초기: | 0* | 0 | 0 | 0 | 0 | 0 | 0 | [0] |
| [0]: | 0 | 4* | 2* | 3* | 0 | 0 | 0 | [1,2,3] |
| [1]: | 0 | 4 | 2 | 3 | 0 | 7 | 9 | [2,3] |
| [2]: | 0 | 4 | 2 | 3 | 3* | 7 | 9 | [3,4] |
| [3]: | 0 | 4 | 2 | 3 | 3 | 7 | 9 | [4] |
| [4]: | 0 | 4 | 2 | 3 | 3 | 7* | 9 | [5] |
| [5]: | 0 | 4 | 2 | 3 | 3 | 7 | 12* | [6] |
| [6]: | | | | | | | | |

⑪ 완료 마감 시간(LC)의 계산
  ㉠ 진출 차수(outdegree)와 역인접 리스트

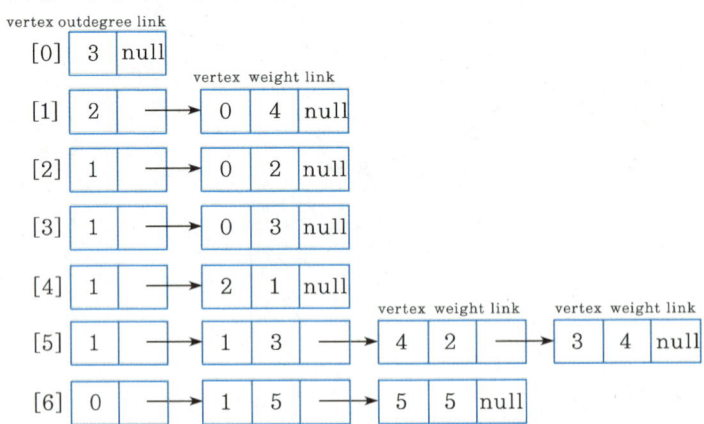

ⓛ 위상 순서의 역순으로 LC(i) 계산

| 계산순서 | [0] | [1] | [2] | [3] | [4] | [5] | [6] | 큐 |
|---|---|---|---|---|---|---|---|---|
| 초기: | 12 | 12 | 12 | 12 | 12 | 12 | 12* | [6] |
| [6]: | 12 | 7 | 12 | 12 | 12 | 7* | 12 | [5] |
| [5]: | 12 | 4* | 12 | 3* | 5* | 7 | 12 | [1,4,3] |
| [1]: | 0 | 4 | 12 | 3 | 5 | 7 | 12 | [4,3] |
| [4]: | 0 | 4 | 4* | 3 | 5 | 7 | 12 | [3,2] |
| [3]: | 0 | 4 | 4 | 3 | 5 | 7 | 12 | [2] |
| [2]: | 0* | 4 | 4 | 3 | 5 | 7 | 12 | [0] |
| [0]: | | | | | | | | |

ⓒ 위상 순서의 역순으로 공식에 의한 LC(i) 계산

LC[6] ← EC[6] = 12

LC[5] ← min { LC[6] − weight(5, 6) } = 7

LC[1] ← min { LC[6] − weight(1, 6), LC[5] − weight(1, 5) } = 4

LC[4] ← min { LC[5] − weight(4, 5) } = 5

LC[3] ← min { LC[5] − weight(3, 5) } = 3

LC[2] ← min { LC[4] − weight(2, 4) } = 4

LC[1] ← min { LC[1] − weight(0, 1), LC[2] − weight(0, 2), LC[3] − weight(0, 3) } = 0

**기출 2007-20** 다음에 주어진 가상 프로젝트의 작업 그래프에서 임계경로(critical path)에 존재하는 노드(vertex)를 순서대로 나열하시오. [3점]

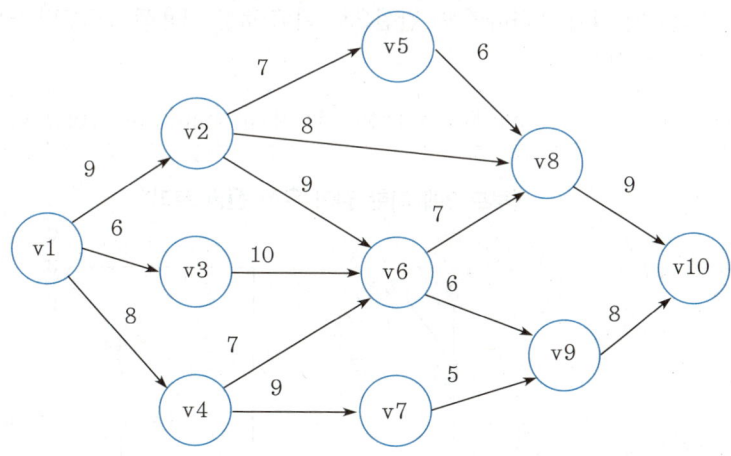

• 임계경로상의 노드 순서 : V1, V2, V6, V8, V10

(8) 이중 결합 요소
① 단절점 : 그래프 G의 정점들 중에서 이 정점과 이 정점에 부속한 모든 간선들을 삭제하면 최소한 두 개의 연결 요소를 갖는 그래프 G'가 되게 하는 정점 v를 말한다.
② 이중 결합 그래프 : 단절점이 없는 연결 그래프를 말한다.
③ 이중 결합 요소 : 연결 그래프 G에서 최대 이중 결합 부분 그래프 H를 말한다.

〈연결 그래프와 이중 결합 요소〉

〈연결 그래프〉

〈이중 연결 요소〉

④ 두 개의 정점 u, v에 대해 깊이 우선 신장 트리상에서 u가 v의 조상이면 dfn(u)〈dfn(v)이고, u가 v의 조상이거나 v가 u의 조상인 경우 비트리 간선(u, v)는 백 간선(back edge)이다.
⑤ low(w) : w의 후손들과 많아야 하나의 백 간선으로 된 경로를 이용해 w로부터 도달 할 수 있는 가장 적은 깊이 우선 번호이다.

low(w)=min{dfn(w), min{low(x)|x는 w의 자식}, min{dfn(x)|(w,x)는 백간선}}

〈루트 3에 대한 깊이 우선 신장 트리〉

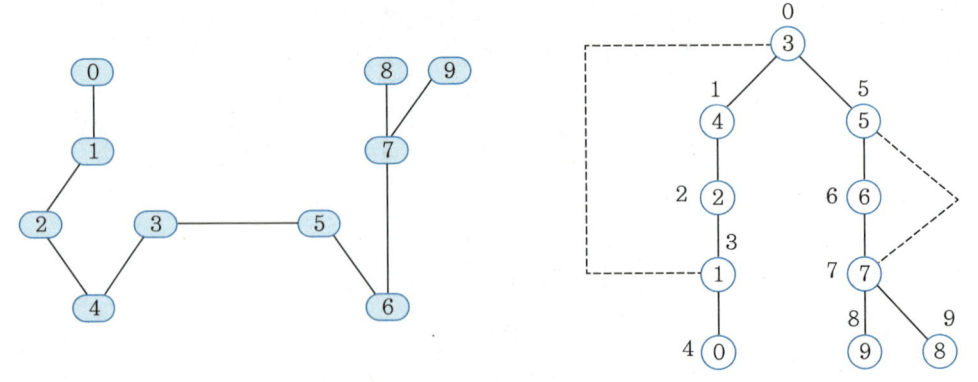

| 정점 | 0 | 1 | 2 | 3 | 4 | 5 | 6 | 7 | 8 | 9 |
|---|---|---|---|---|---|---|---|---|---|---|
| dfn |  |  |  |  |  |  |  |  |  |  |
| low |  |  |  |  |  |  |  |  |  |  |

**알고리즘**

```
void init() {
   int  i ;

   for(i=0 ; i<n ;i++)
      dfn[i]=low[i] = 0 ;
   num = 1 ;
}

void dfnlow(int u, int v)
 {
   node_point ptr ;
   int w ;

   dfn[u]=low[u]=num++ ;
   for(ptr=graph[u] ; ptr ; ptr=ptr->link)
    {
       w=ptr->vertex ;
      if(dfn[w]==0) {
         dfnlow(w, u) ;
         low[u] = min2(low[u], low[w]) ;
        }
      else if(w!=v)  low[u] = min2(low[u], dfn[w]) ;
 }
```

## (9) 관계와 집합

① 관계의 성질

　㉠ 반사관계 : 집합 A에 대한 관계 R이 있을 때, 모든 a∈에 대해 (a, a)∈R인 관계

**예제** 반사관계인 $R_1$={(1,1), (1, 2), (2, 1), (2, 2), (2, 3), (3, 2), (3, 3)}에 대한 관계행렬과 방향 그래프는 다음과 같다.

$$\begin{bmatrix} 1 & 1 & 0 \\ 1 & 1 & 1 \\ 0 & 1 & 1 \end{bmatrix}$$

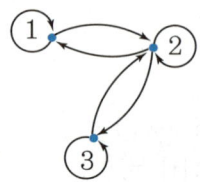

　㉡ 비반사관계 : 집합 A에 대한 관계 R이 있을 때, 모든 a∈에 대해 (a, a)∉R인 관계

**예제** 비대칭관계인 $R_1$={(1,2), (1, 3), (2, 1), (3, 2)}에 대한 관계행렬과 방향 그래프는 다음과 같다.

$$\begin{bmatrix} 0 & 1 & 1 \\ 1 & 0 & 0 \\ 0 & 1 & 0 \end{bmatrix}$$

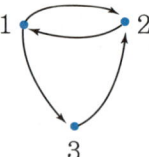

　㉢ 대칭관계 : 집합 A에 대한 관계 R이 있을 때, 어떤 a,b∈A에 대해 (a, b)∈R이면 (b, a)∈R인 관계

**예제** 대칭관계인 $R_1$={(1,1), (1, 2), (2, 1), (2, 3), (3, 2), (3, 3)}에 대한 관계행렬과 방향 그래프는 다음과 같다.

$$\begin{bmatrix} 1 & 1 & 0 \\ 1 & 0 & 1 \\ 0 & 1 & 1 \end{bmatrix}$$

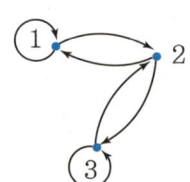

　㉣ 반대칭관계 : 집합 A에 대한 관계 R이 있을 때, 어떤 a,b∈A에 대해 (a, b)∈R이면 (b, a)∈R이면 a=b인 관계

**예제** 반대칭관계인 $R_1$={(a, a), (a, d), (b, c), (c, c), (c, a), (d, d), (d, b)}에 대한 관계행렬과 방향 그래프는 다음과 같다.

$$\begin{bmatrix} 1 & 0 & 0 & 1 \\ 0 & 0 & 1 & 0 \\ 1 & 0 & 1 & 0 \\ 0 & 1 & 0 & 1 \end{bmatrix}$$

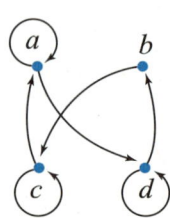

ⓓ 추이관계 : 집합 A에 대한 관계 R이 있을 때, 어떤 a,b,c∈A에 대해 (a, b)∈R이고 (b,c)∈R이면 (a,c)∈R인 관계

**예제** 집합 A = {a, b, c, d}에 대해 추이관계를 살펴보자.
(1) $R_1$ = {(a, a,), (b, b), (c, c), (d, b), (d, d)}
⇒ (d, b)∈$R_1$이고 (b, b)∈R1이므로 (d, b)∈$R_1$
(d, d)∈$R_1$이고 (d, b)∈R1이므로 (d, b)∈$R_1$   ∴추이관계이다.
(2) $R_2$ = {(a, d), (b, c), (d, a), (d, b)}
⇒ (a, d)∈$R_2$이고 (d, a)∈$R_2$이나 (a, a)∉$R_2$   ∴추이관계가 아니다.

② 관계의 폐포(Closure)

ⓐ 반사폐포(Reflexive Closure) : 집합 A에 대해 관계 R을 포함하면서 반사관계를 갖는 관계 S

S = R ∪ {(a, a) | a∈A}

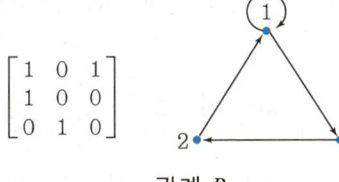 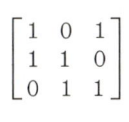 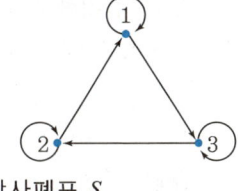

관계 R                    반사폐포 S

ⓑ 대칭폐포(Symmetric Closure) : 집합 A에 대해 관계 R을 포함하면서 대칭관계를 갖는 관계 S

S = R ∪ {(b, a)∈A ×A | (a, b)∈R} = R ∪ $R^{-1}$

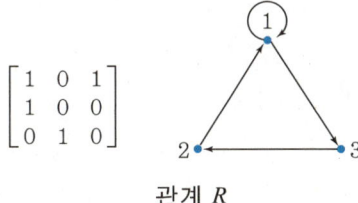 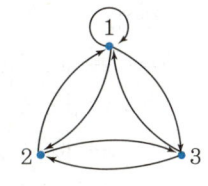

관계 R                    대칭폐포 S

ⓒ 추이폐포(Transitive Closure) : 집합 A에 대해 관계 R을 포함하면서 추이관계를 갖는 관계 S

S = R ∪ {(a, c)∈A ×A | (a, b)∈R ∧ (b, c)∈R}

③ 동치관계와 부분순서관계

ⓐ 동치관계 : 집합 A에 대한 관계 R이 반사관계, 대칭관계, 추이관계가 모두 성립하는 관계이다.

**예제** 집합 A={1, 2, 3, 4}에 대한 관계 R={(1, 1), (1, 2), (2, 1), (2, 2), (3, 3), (3, 4), (4, 3), (4, 4)}동치관계인지 판별하시오.

⟨풀이⟩

관계행렬로 표현하면, $M_R = \begin{bmatrix} 1 & 1 & 0 & 0 \\ 1 & 1 & 0 & 0 \\ 0 & 0 & 1 & 1 \\ 0 & 0 & 1 & 1 \end{bmatrix}$

○ 대각원소들이 모두 1이다.    ∴ 관계 $R$은 반사관계이다.
○ 대각원소들을 기준으로 마주보는 원고들이 같은 값을 가지고 있다.
   ∴ 관계 $R$은 대칭관계이다.
○ 추이관계인지를 판별하기 위해 $M_R$을 거듭제곱한다.

$$R^2 = M_{R^2} = M_R \odot M_R = \begin{bmatrix} 1 & 1 & 0 & 0 \\ 1 & 1 & 0 & 0 \\ 0 & 0 & 1 & 1 \\ 0 & 0 & 1 & 1 \end{bmatrix} \odot \begin{bmatrix} 1 & 1 & 0 & 0 \\ 1 & 1 & 0 & 0 \\ 0 & 0 & 1 & 1 \\ 0 & 0 & 1 & 1 \end{bmatrix} = \begin{bmatrix} 1 & 1 & 0 & 0 \\ 1 & 1 & 0 & 0 \\ 0 & 0 & 1 & 1 \\ 0 & 0 & 1 & 1 \end{bmatrix}$$

∴ $R^2 \subseteq R$

ⓛ 동치류 : 집합 A에 대한 관계 R이 동치관계일 때, 집합 A의 각 원소 a와 순서쌍을 이루는 원소들의 집합

$$[a] = \{ x \mid (a, x) \in R \}$$

**예제** 집합 S={0, 1, 2, 3, 4, 5, 6}에 대한 다음과 같은 동치관계가 주어졌을 때 동치류를 구하시오.

$$0 \equiv 1, \quad 4 \equiv 5, \quad 2 \equiv 3, \quad 0 \equiv 3$$

⟨풀이⟩
$0 \equiv 1 \Rightarrow$ {0, 1}, {2}, {3}, {4}, {5}, {6}
$4 \equiv 5 \Rightarrow$ {0, 1}, {2}, {3}, {4, 5}, {6}
$2 \equiv 3 \Rightarrow$ {0, 1}, {2, 3}, {4, 5}, {6}
$0 \equiv 3 \Rightarrow$ {0, 1, 2, 3}, {4, 5}, {6}

ⓒ 부분순서관계 : 집합 A에 대한 관계 R이 반사관계, 반대칭관계, 추이관계가 모두 성립하는 관계이다.

⑽ **집합 표현**
① Union연산 : 두 개의 서로 다른 집합을 하나의 집합으로 합하는 연산이다.
  ㉠ 트리의 크기를 이용한 Union알고리즘

  > **Union알고리즘**
  > ```
  > UnionBySize(int root1, int root2)
  > {
  >   int temp;
  >
  >   temp = parent[root1]+parent[root2];
  >   if(parent[root1] > parent[root2])
  >    {
  >      parent[root1]=root2;
  >      parent[root2]=temp;
  >    }
  >   else
  >    {
  >      parent[root2]=root1;
  >      parent[root1]=temp;
  >    }
  > }
  > ```

  ㉡ 트리의 높이를 이용한 Union알고리즘

  > **Union알고리즘**
  > ```
  > UnionByHeight(int root1, int root2)
  > {
  >   if(parent[root1] > parent[root2])
  >    {
  >      parent[root1]=root2;
  >    }
  >   else
  >    {
  >     if(parent[root1]==parent[root2])
  >            parent[root1]--;
  >     parent[root2]=root1;
  >    }
  > }
  > ```

② Find연산 : 붕괴 규칙을 사용하여 경로 압축을 실행하는 연산이다.
　㉠ 만일 j가 i에서 루트로 가는 경로 상에 있고 parent[j]≠root(i)이면 parent[j]를 root[i]로 지정한다.
　㉡ Find 알고리즘

> **Find 알고리즘**
> ```
> int Find(int  i)
>  {
>     if(parent[i] < 0)
>         return i ;
>     else
>         return parent[i]=Find(parent[i]) ;
>  }
> ```

(11) 색칠하기와 상태 공간 트리
① m-색칠하기
무방향 그래프에서 서로 인접한 종점들이 같은 색을 갖지 않도록 하면서 최대 m개의 다른 색으로 칠할 수 있는 방법을 찾는 것이다.

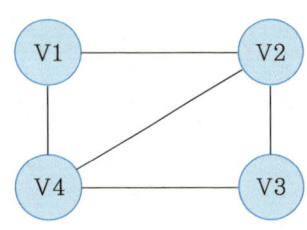

- 2-색칠하기 : V2를 첫 번째 색으로 칠한 후 V3과 V1은 두 번째 색을 칠할 수 있지만 V4는 V1, V2, V3과 인접하므로 다른 색을 칠할 수 없다
- 3-색칠하기(6가지)

| 정점 | V1 | V2 | V3 | V4 |
|---|---|---|---|---|
| 색 | 빨강 | 노랑 | 빨강 | 파랑 |

② 상태 공간 트리(state space tree)
　㉠ 상태 공간 트리의 개념
　　ⓐ 해를 찾기 위해 탐색할 필요가 있는 모든 후보들을 포함하는 트리이다.
　　ⓑ 트리의 모든 노드들을 방문하면 해를 찾을 수 있다.
　　ⓒ 루트에서 출발하여 체계적으로 모든 노드를 방문하는 절차를 기술한다.
　㉡ 상태 공간 탐색기법
　　ⓐ Backtracking
　　　㉮ 가능한 지점까지 탐색하다가 막히면 되돌아간다
　　　㉯ 어떤 노드의 유망성(promising)을 점검한 후에 유망하지 않다고 결정되면 그 노드의 부모로 되돌아가(backtracking) 다음 자식 노드로 간다.
　　　㉰ 어떤 노드를 방문하였을 때 그 노드를 포함한 경로가 해답이 될 수 없으면 그 노드는 유망하지 않다고 하며, 반대로 해답의 가능성이 있으면 유망하다고 한다.
　　　㉱ 가지치기(pruning): 유망하지 않는 노드가 포함되는 경로는 더 이상 고려하지 않는다.

ⓑ Branch-&-Bound
㉮ 최적해를 찾을 가능성이 없으면 분기는 하지 않는다.
㉯ 분기를 한정시켜 쓸데없는 시간 낭비를 줄이는 방법이다.
ⓒ A*algorithm : best-first search에 목적점에 이르는 잔여추정거리를 고려하는 알고리즘이다.

〈위의 3-색칠하기에 대한 상태 공간 트리〉

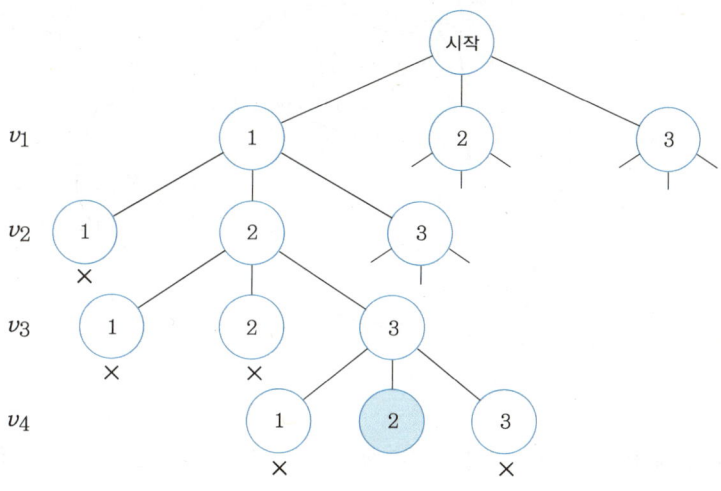

③ 지도와 평면 그래프
지도에서 각 지역을 그래프의 정점으로 두고 한 지역이 다른 지역과 인접해 있으면 그 지역들을 나타내는 정점들 사이에 간선을 연결하면 모든 지도는 그에 상응하는 평면 그래프가 된다.

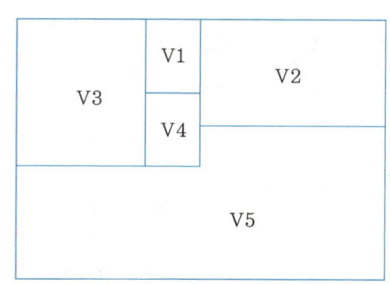 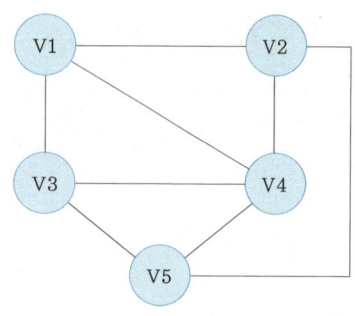

## 2 비선형 구조

**기출 2014** 다음 지도 색칠하기 문제를 해결하고자 한다. 〈작성 방법〉에 따라 각 단계별 풀이 결과를 서술하시오. [10점]

다음 지도를 빨강, 파랑, 노랑의 3가지 색상을 사용하여 모두 칠하시오. (단, 한 지역은 1가지 색으로 칠하되, 이웃하는 지역은 서로 다른 색으로 칠한다.)

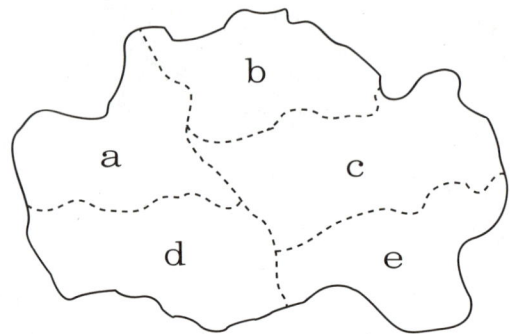

**작성 방법**

〈단계 1〉
지도를 그래프로 표현한다. 단, 각 노드명은 지도에 표기된 지역명(a, b, c, d, e)으로 표기한다.

〈단계 2〉
백트래킹(backtracking)알고리즘을 사용하여 해를 찾아가는 상태 공간 트리(state space tree)를 그린다. 단, 각 지역을 알파벳순(a→ b→ c→ d→ e)으로 방문하되, 최초의 해를 발견하면 멈춘다.(백트래킹은 '깊이 우선 탐색'방법으로 그래프 탐색을 진행하다가 더 이상 진행할 수 없을 때, 이전 상태로 되돌아가 다른 경로를 탐색하는 과정을 반복하는 알고리즘이다.)

**문제 18**

집합 {0, 1, 2, 3, 4, 5, 6, 7, 8, 9}에 대한 일련의 Union연산이 있다. 다음 물음에 답하시오.

> Union(0, 1), Union(2, 3), Union(4, 5), Union(4, 6), Union(7, 8),
> Union(7, 9), Union(0, 4), Union(2, 7), Union(2, 0)

18-1. 트리의 크기를 이용한 Union알고리즘(한 트리를 다른 트리의 부트리로 만들 때 노드 수가 작은 트리를 노드 수가 많은 트리의 부트리가 되도록 한다)을 사용하여 결과를 구하시오.

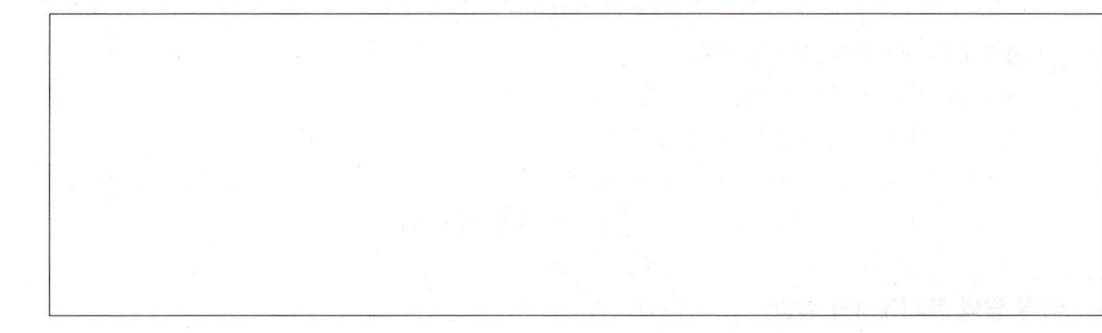

18-2. 트리의 높이를 이용한 Union알고리즘(높이가 낮은 트리가 높이가 높은 트리의 부트리가 되도록 한다)을 사용하여 결과를 구하시오.

18-3. 다음 일련의 Find연산을 붕괴 규칙을 사용하여 경로가 압축된 결과를 구하시오.

> Find(3), Find(6), Find(9)

# SECTION 3 탐색(Searching)

## 1 이원 탐색 트리

(1) 이원 탐색 트리(binary search tree : BST)의 정의
   ① 이진 트리
   ② 공백이 아니면 다음 성질을 만족
      ㉠ 모든 원소는 상이한 키를 갖는다.
      ㉡ 왼쪽 서브 트리 원소들의 키 < 루트의 키
      ㉢ 오른쪽 서브 트리 원소들의 키 > 루트의 키
      ㉣ 왼쪽 서브 트리와 오른쪽 서브 트리 : 이원 탐색 트리

(2) 이원 탐색 트리에서의 삽입
   ① 13과 50의 삽입 과정

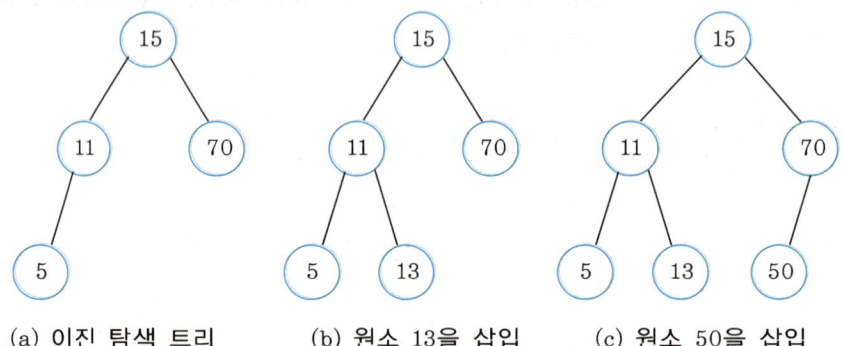

(a) 이진 탐색 트리　　(b) 원소 13을 삽입　　(c) 원소 50을 삽입

② 삽입 알고리즘

> **알고리즘**
>
> ```
> insertBST(B, x)
>     p ← B;
>     while (p≠null) do {
>         if(x = p.key) then return;
>         q ← p;
>         if(x < p.key) then p ← p.left;
>         else p ← p.right;
>     }
>     newNode ← getNode();
>     newNode.key ← x;
>     newNode.right ← null;
>     newNode.left ← null;
>     if(B=null)then B ← newNode;
>     else if (x<q.key)then
>         q.left ← newNode;
>     else
>         q.right ← newNode;
>     return
> end insertBST( )
> ```

## (3) 이원 탐색 트리에서의 원소 삭제
### ① 자식이 없는 리프 노드의 삭제

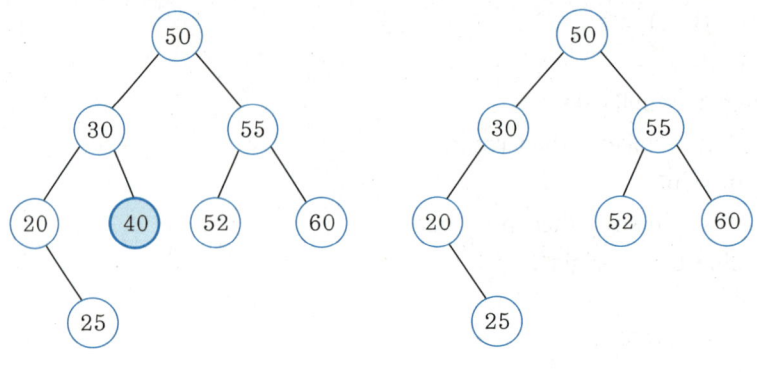

(a) 삭제전     (b) 삭제후

### ② 자식이 하나인 노드의 삭제

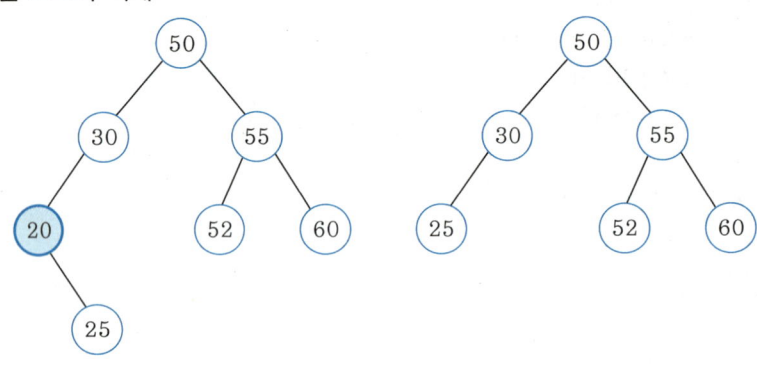

(a) 삭제전     (b) 삭제후

### ③ 자식이 둘인 노드의 삭제

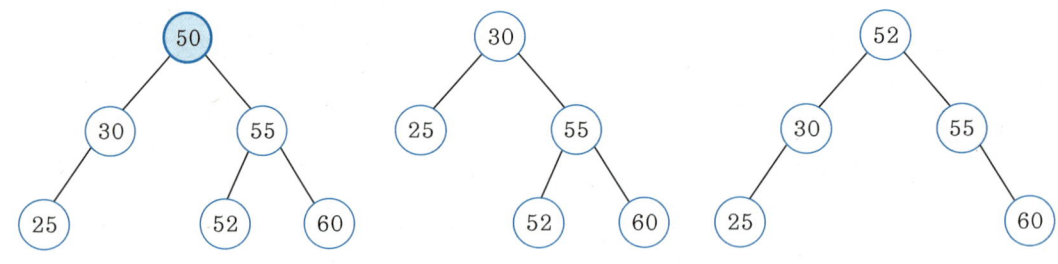

(a) 삭제전     (b) 왼쪽 서브트리의 최대 원소로 대체     (b) 오른쪽 서브트리의 최소 원소로 대체

④ 삭제 알고리즘

> 알고리즘
>
> deleteBST(p, x)
>   {
>   p ← the node to be deleted;      // 주어진 키값 x를 가진 노드
>   parent ← the parent node of p;   // 삭제할 노드의 부모 노드
>   if (p=null) then return;          // 삭제할 원소가 없음
>   case{
>      p.left= null and p.right = null : //삭제할 노드가 리프 노드인 경우
>          if(parent.left=p) then parent.left ← null;
>          else parent.right ← null;
>      p.left= null or p.right = null : //삭제할 노드의 차수가 1인 경우
>          if (p.left ≠ null) then{
>                  if(parent. left=p) then parent left ← p.left;
>                  else parent.right ←  p.left;
>          } else {
>                  if(parent.left=p) then parent.left  ← p.right;
>                  else parent.right ← p.right;
>          }
>      p.left ≠ null and p.right ≠ null : // 삭제할 노드의 차수가 2인 경우
>          q ← maxNode(p.left);   // 원쪽 서브트리에서 최대 키값을 가진 원소를 탐색
>          p.key ← q.key;
>          deleteBST(p.left, p.key);
>      }
>   }
> end deleteBST( )

(4) 이원 탐색 트리의 결합과 분할
  ① 이원 탐색 트리의 결합
    ㉠ 3원 결합 : threeJoin (aBST, x, bBST, cBST)
      ⓐ 이원 탐색 트리 aBST와 bBST에 있는 모든 원소들과 키값 x를 갖는 원소를 루트 노드로 하는 이원 탐색 트리 cBST를 생성한다.
      ⓑ 가정
        • aBST의 모든 원소 < x < bBST의 모든 원소
        • 결합이후에 aBST와 bBST는 사용하지 않음

ⓒ 3원 결합의 연산 실행
  ⓐ 새로운 트리 노드 cBST를 생성하여 key값으로 x를 지정한다.
  ⓑ left 링크 필드에는 aBST를 설정한다.
  ⓒ right 링크 필드에는 bBST를 설정한다.

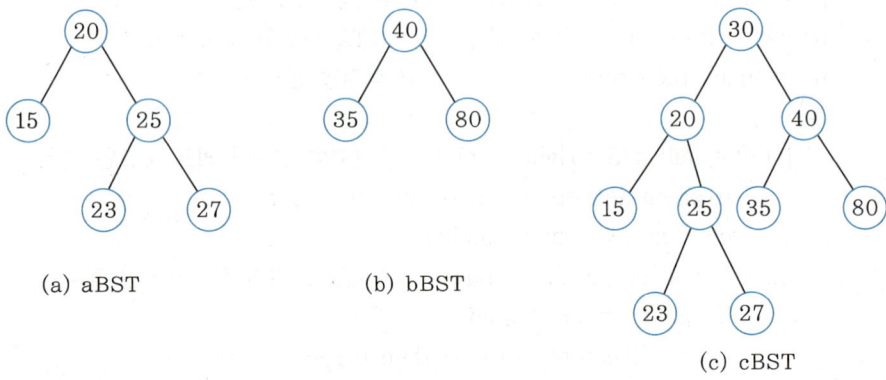

② 이원 탐색 트리의 분할
  ㉠ 분할 : split(aBST, x, bBST, cBST)
    ⓐ aBST를 주어진 키값 x를 기준으로 두 이원 탐색 트리 bBST와 cBST로 분할
    ⓑ bBST : x보다 작은 키값을 가진 aBST의 모든 원소 포함
    ⓒ cBST : x보다 큰 키값을 가진 aBST의 모든 원소 포함
  ㉡ Split( aBST , 25 , bBST , cBST )

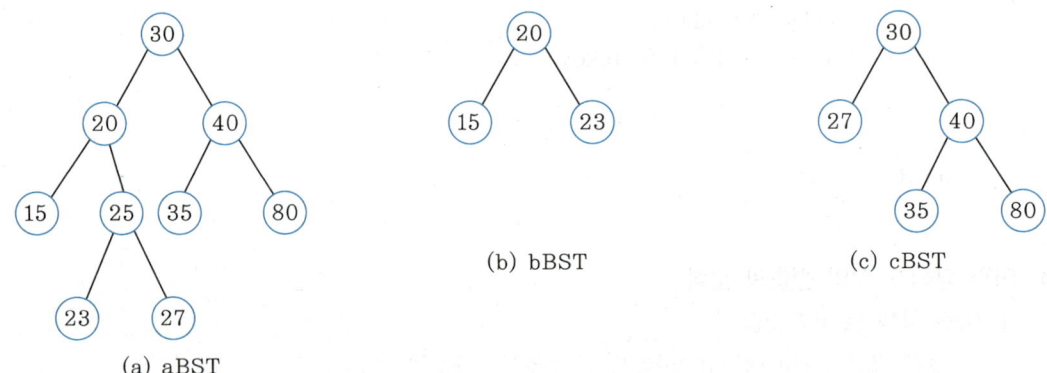

ⓒ 분할 알고리즘

> **알고리즘**
> 
> ```
> splitBST(aBST, X, bBST, cBST)
>  {
>    Small ← getTreeNode();
>    Large ← getTreeNode();
>    S ← Small
>    L ← Large
>    p ← aBST
>    while(p ≠ null) do {
>        if(x= p.key) then {
>            S.right ←p.left;
>            L.left←p.right;
>            bBST ←Small.right;
>            cBST ←Large.left;
>            return true;    // 키 값 x가 aBST에 있음)
>        }
>        else if(x < p.key) then {
>            L.left ← p;
>            L ←p;
>            p ← p.left;
>        }
>        else {
>            S.right ←p;
>            S ←p;
>            p ←p.right;
>        }
>    }
>    bBST ← Small.right;
>    cBST ← Large.left;
>    return false;              //키 값 x는 aBST에 없음
>  }
> end splitBST()
> ```

## 2 균형 탐색 트리

(1) AVL 트리

① 각 노드의 왼쪽 서브트리의 높이와 오른쪽 서브트리의 높이 차이가 1 이하인 이진 탐색 트리이다.

② 모든 노드들이 AVL 성질을 만족하는 이진 탐색 트리이다.

③ 균형인수(Balance Factor)

　㉠ 왼쪽 서브트리의 높이( H(Tl) ) - 오른쪽 서브트리의 높이( H(Tr) )

　㉡ 한 노드의 AVL 성질 만족 여부를 나타낸다.

　㉢ 노드의 균형 인수가 ±1 이하이면 AVL 성질을 만족한다.

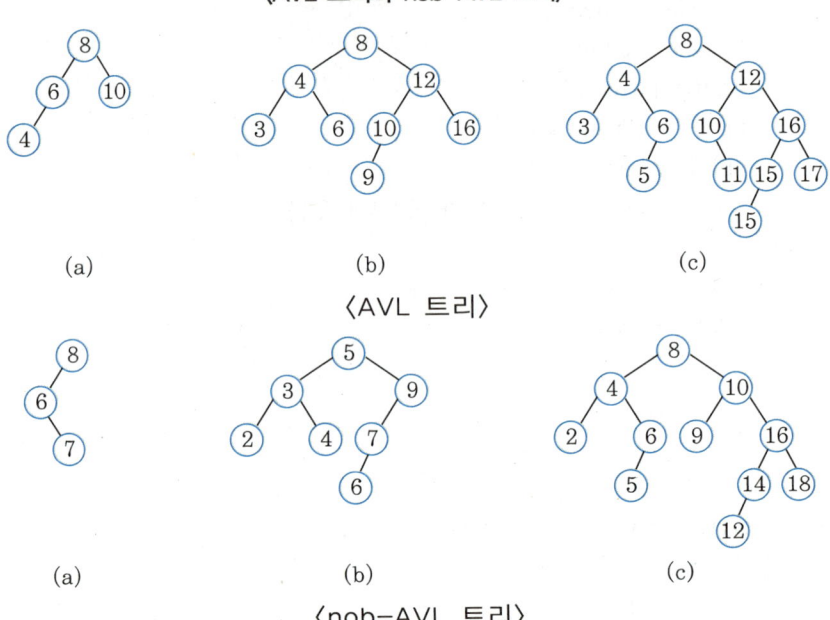

〈AVL 트리와 nob-AVL 트리〉

〈AVL 트리〉

〈nob-AVL 트리〉

④ 삽입

　㉠ 삽입되는 위치에서 루트로의 경로에 있는 조상 노드들의 균형인수에 영향을 줄 수 있다.

　㉡ 불균형이 탐지된 가장 가까운 조상노드의 균형인수를 ±1 이하로 재균형 시켜야 한다.

　㉢ 불균형은 다음 4가지 경우 중 하나로 인해 발생한다.

> - LL : x의 왼쪽 자식의 왼쪽 서브트리에 삽입
> - RR : x의 오른쪽 자식의 오른쪽 서브트리에 삽입
> - LR : x의 왼쪽 자식의 오른쪽 서브트리에 삽입
> - RL : x의 오른쪽 자식의 왼쪽 서브트리에 삽입

⑤ 회전(rotation)
　㉠ 단순 회전(single rotation) : 한 번의 회전만 필요함 → LL, RR
　　ⓐ LL 회전

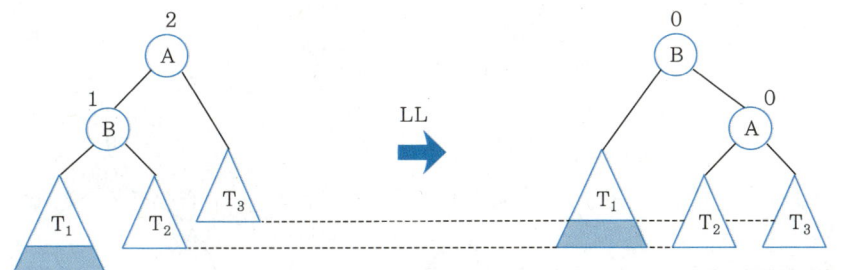

　　ⓑ RR 회전

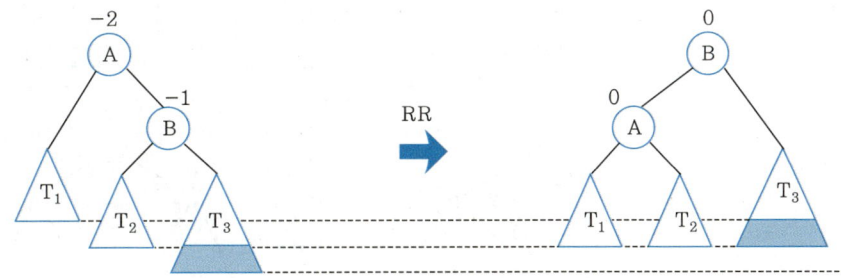

　㉡ 이중 회전(double rotation) : 두 번의 회전이 필요함 → LR, RL
　　ⓐ LR 회전

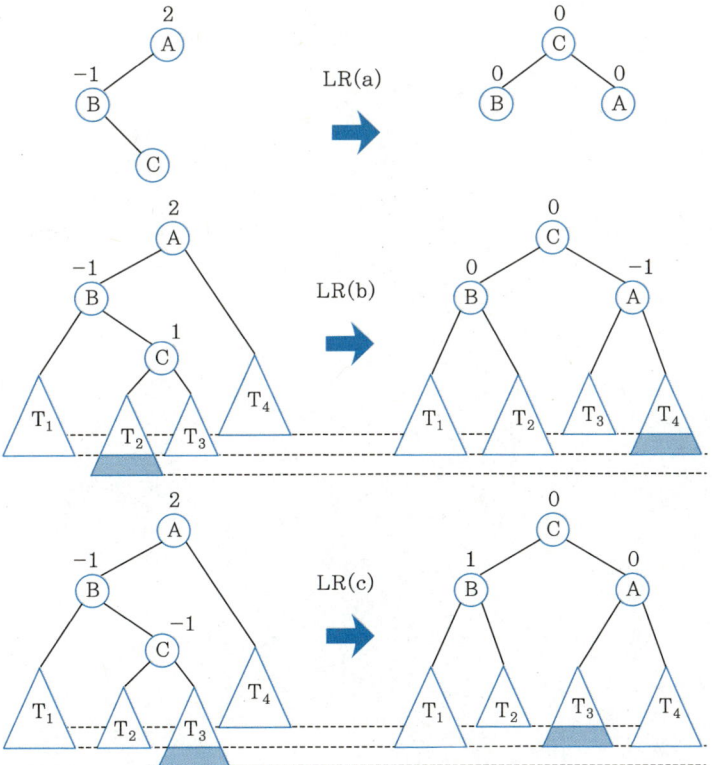

ⓑ RL 회전

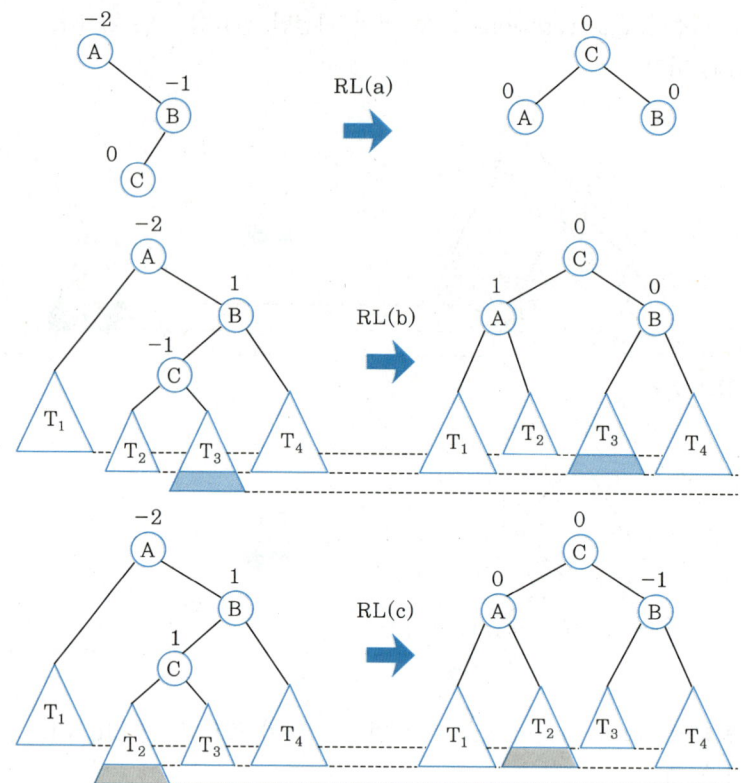

**예제** 원소 리스트(8,9,10,2,1,5,3,6,4,7,11,12)를 차례대로 삽입하면서 AVL 트리를 구축하는 경우

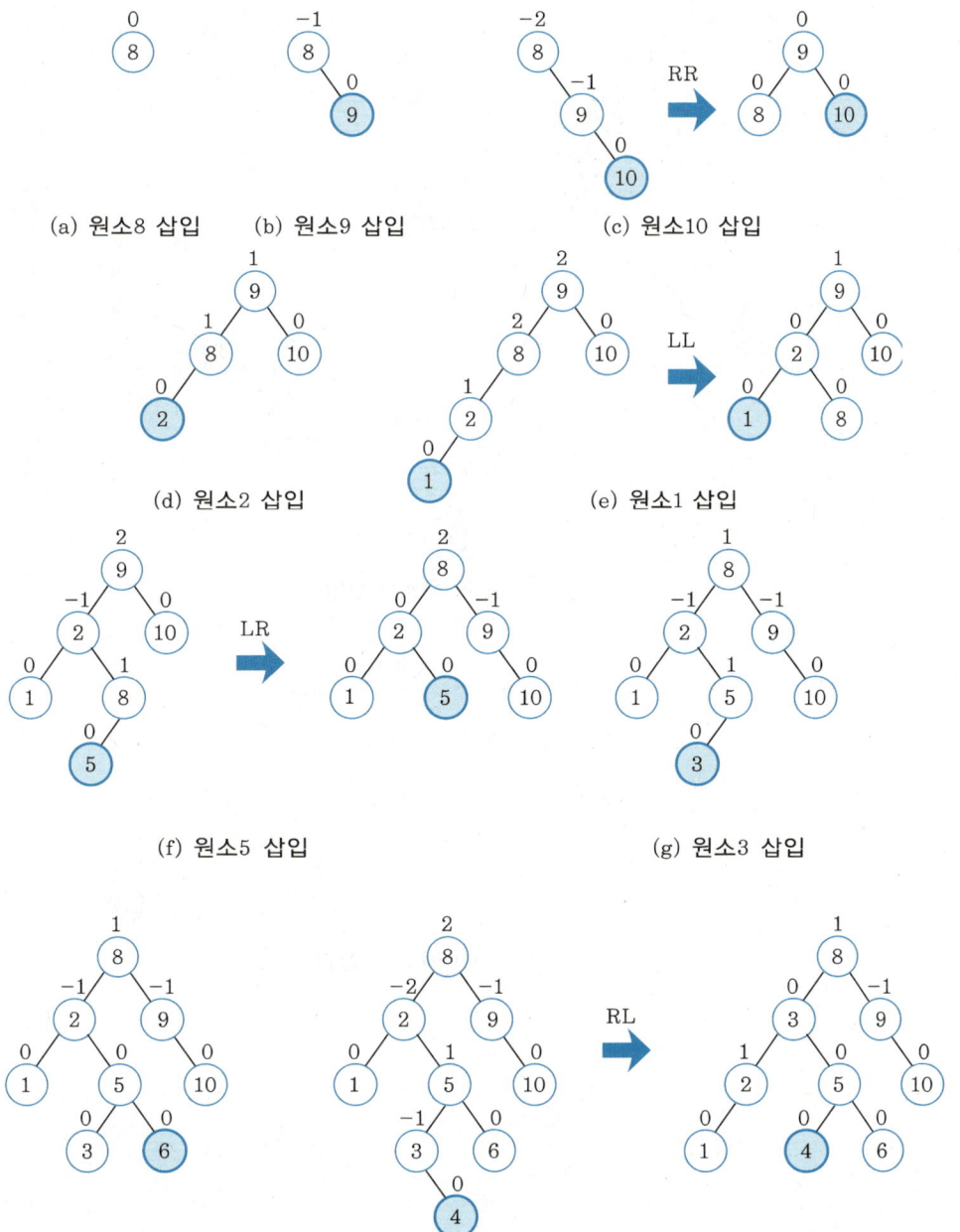

(a) 원소8 삽입   (b) 원소9 삽입   (c) 원소10 삽입

(d) 원소2 삽입   (e) 원소1 삽입

(f) 원소5 삽입   (g) 원소3 삽입

(h) 원소6 삽입   (i) 원소4 삽입

# 탐색(Searching)

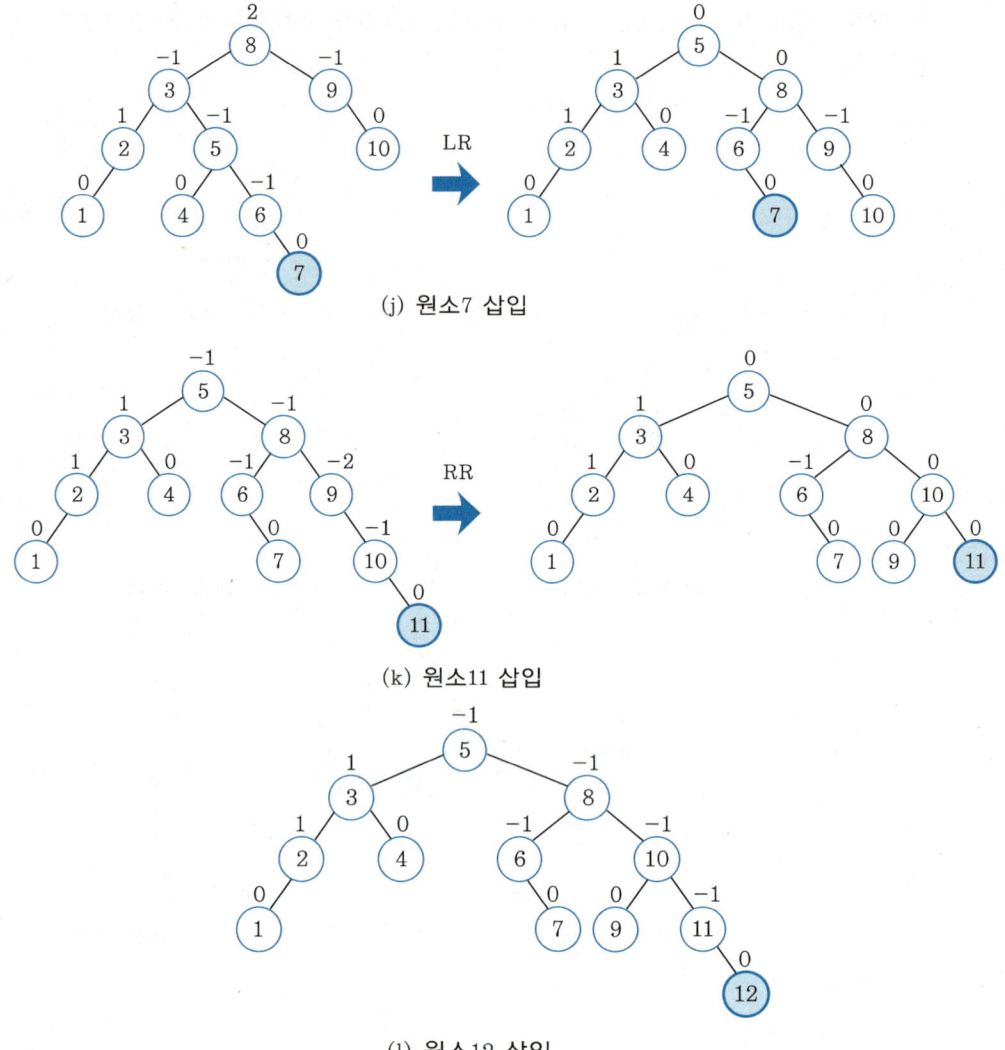

(j) 원소7 삽입

(k) 원소11 삽입

(l) 원소12 삽입

**기출 2015-19** [그림 1]은 5개의 자료를 갖는 균형이진(AVL) 트리이다. [그림 1]에 자료 'A'를 삽입 한 후의 트리를 [그림 2]에 나타내고, 균형 인수(balanced factor) 값을 쓰시오. 또한 [그림 2]의 트리를 균형이진 트리로 변경하여 [그림 3]에 나타내시오. [3점]

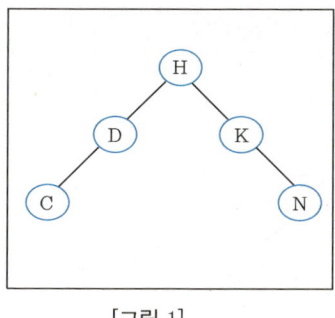
[그림 1]

[그림 2]

[그림 3]

### (2) 스플레이 트리(splay tree)

① 일련의 탐색, 삽입, 삭제 연산에 대한 종합적 시간이 효율적인 구조
② 스플레이(splay) : 어떤 노드가 루트가 될 때까지 트리를 재구성하기 위한 일련의 회전(rotation)이다.
③ 일반 이진 탐색 트리와 같이 탐색, 삽입, 삭제, 조인 수행한다.
④ 각 연산이 수행된 뒤에 추가로 스플레이가 수행된다.
⑤ 스플레이 노드(splay node)의 결정 : 스플레이를 수행하는 노드는 연산에 따라 결정

> ㉠ 탐색 : 찾고자 하는 키값을 가진 노드
> ㉡ 삽입 : 새로 삽입한 노드
> ㉢ 삭제 : 삭제된 노드의 부모 노드. 이 노드가 루트인 경우에는 스플레이는 실행되지 않음
> ㉣ 3원 결합 : 스플레이는 실행되지 않음
> ㉤ 분할 : 트리에 있는 키 i에 대해 분할 시, i가 포함된 노드에 먼저 스플레이 수행한 뒤에 트리를 분할

⑥ 스플레이 회전
  – 스플레이 노드(q)에서부터 루트까지의 경로를 따라가면서 수행한다.

> 1. q가 널이거나 루트이면 스플레이는 종료
> 2. q가 부모 노드 p를 가지고 있으나 조부모 노드가 없음
>    → 회전을 수행하고 스플레이를 종료
> 3. 만일 q가 부모 노드 p와 조부모 노드 g를 가지고 있음
>    → 회전은 LL, LR, RR, RL로 구분된다. 스플레이는 q의 새로운 위치에서 반복

## SECTION 3 탐색(Searching)

㉠ q가 오른쪽 자식이고 조부모가 없는 경우의 회전

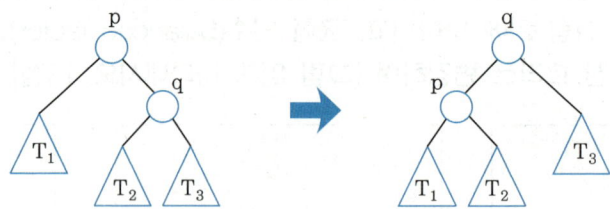

㉡ RR 회전

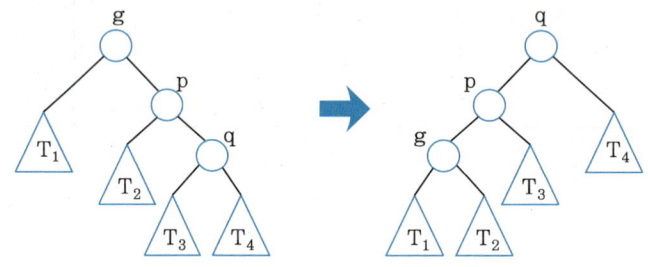

㉢ RL 회전

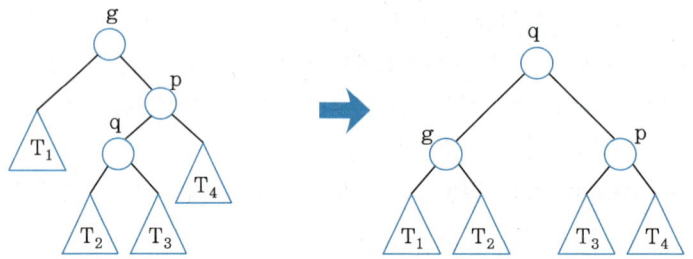

**예제 - 1** 스플레이 노드(5)에서 시작하는 일련의 스플레이 회전

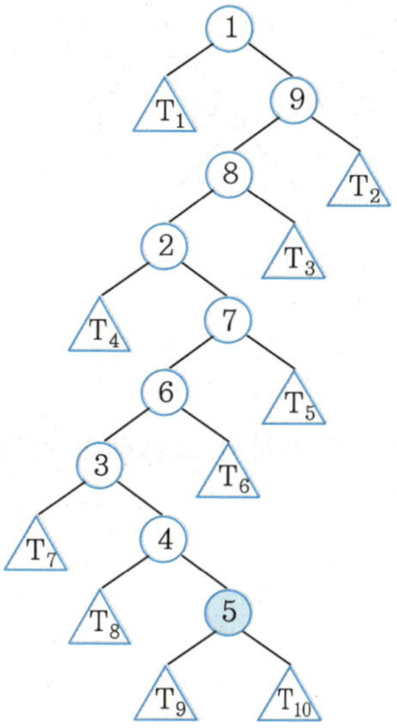

(a) 초기 탐색 트리

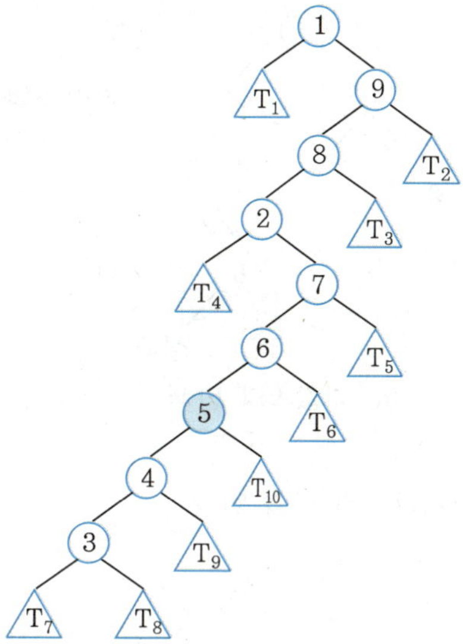

(b) RR 회전 이후

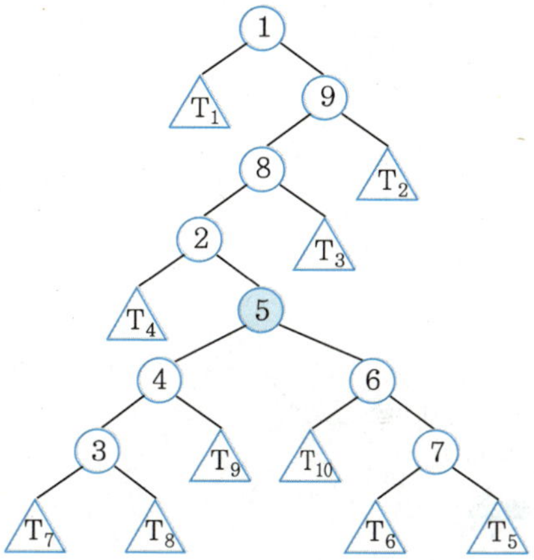

(c) LL 회전 이후

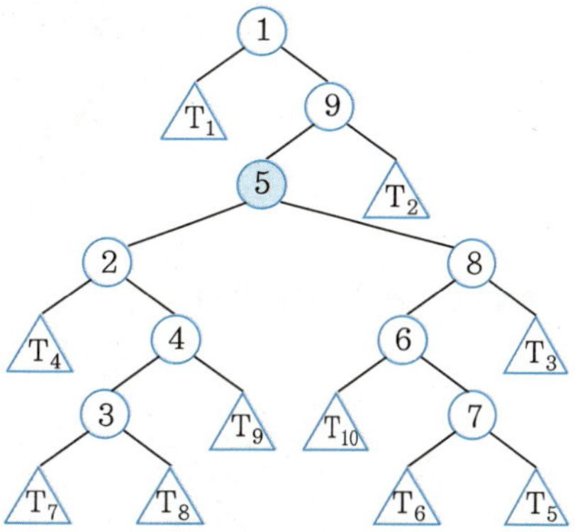

(d) LR 회전 이후

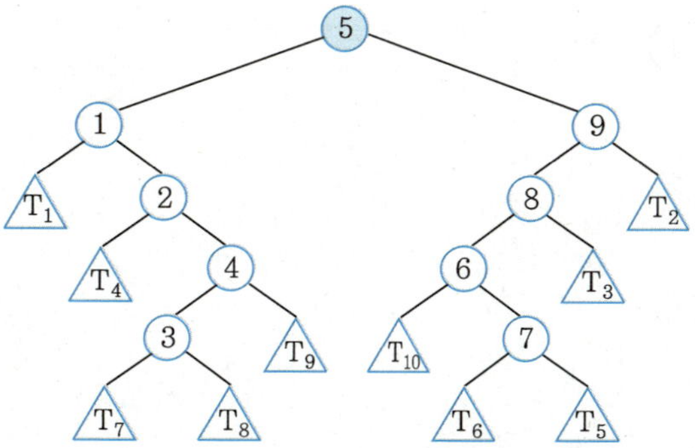

(e) RL 회전 이후

## 탐색(Searching)

**예제 - 2** 키값이 9인 원소를 탐색하는 연산

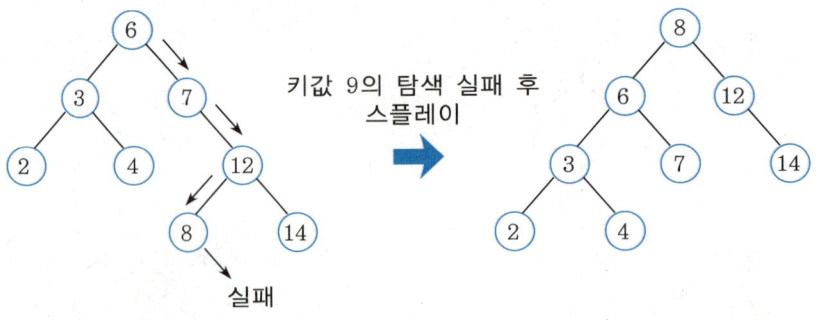

(a) 키값 9의 탐색    (b) 노드 8에서 스플레이 수행 결과

**예제 - 3** 키값 9의 삽입 연산

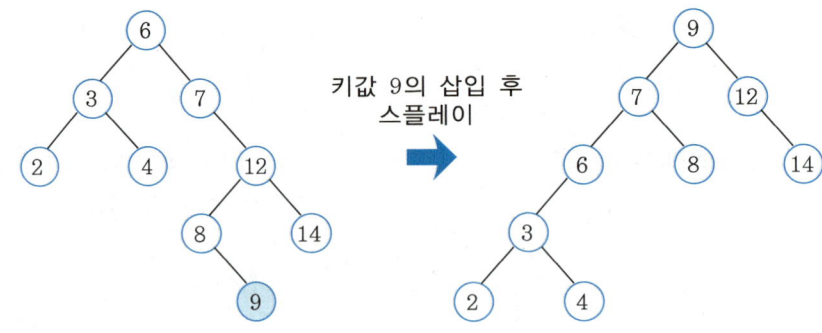

**예제 - 4** 키값 3의 삭제 연산

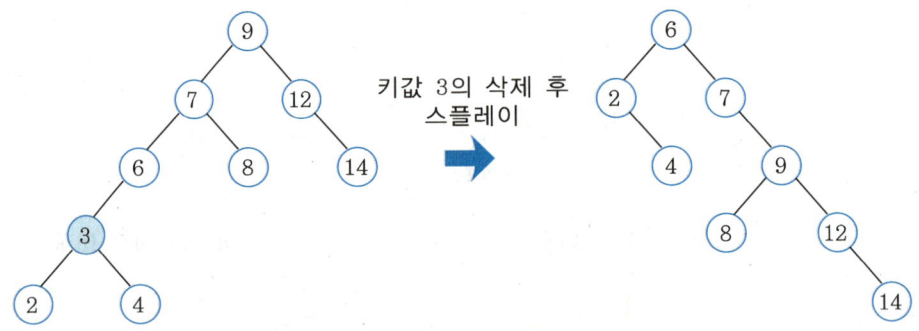

(3) 레드-블랙 트리(red-black tree)
① 레드-블랙 트리의 개요
   ㉠ 노드의 성질

   > N1. 루트나 외부 노드는 모두 블랙
   > N2. 루트에서 외부 노드까지 경로상에 2개 연속된 레드 노드 없음
   > N3. 루트에서 외부 노드까지 경로에 있는 블랙 노드 수 같음

   ㉡ 포인터의 성질

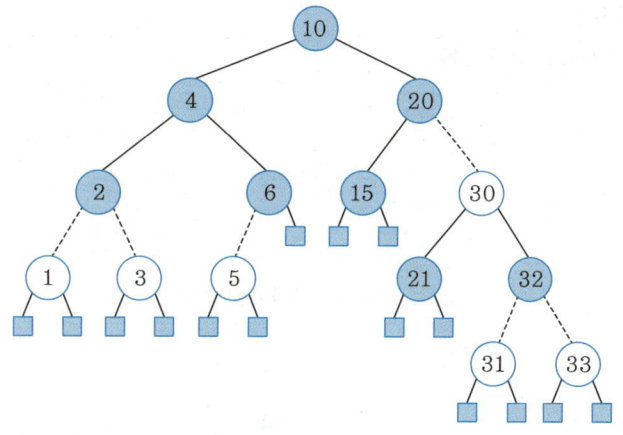

〈레드-블랙 트리 예〉

   ㉢ 레드-블랙트리 복잡도
      ⓐ 외부 노드를 제외한 높이 : h
      ⓑ 내부 노드의 수 : n
      ⓒ 루트의 서열 : r
      ⓓ 트리의 노드 수 : $n \geq 2^r - 1$
      ⓔ 트리의 높이 : $h \leq 2\log_2(n+1)$

② 레드-블랙 트리에서의 삽입
   ㉠ 일반 이진 트리에서 사용하는 연산과 비슷
   ㉡ 새로운 노드 삽입 시, 노드에 색깔을 지정하는 작업 추가
      ⓐ 트리가 공백 : 새로 삽입되는 노드는 루트가 되어 자연히 블랙
      ⓑ 트리가 공백이 아닌 경우, 블랙 노드가 추가되면 N3 위반
      ⓒ 트리가 공백이 아닌 경우, 레드 노드가 추가되면 N2 위반

ⓒ 불균형(imbalance)
  ⓐ 새로운 노드(u)가 레드이기 때문에 성질 P2를 위반한 경우
  ⓑ 노드 u, u의 부모 노드 p, u의 조부모 노드 g에 의한 유형

> • LLb : p는 g의 왼쪽 자식, u는 p의 왼쪽자식, g의 오른쪽 자식이 블랙인 경우
> • LLr : p는 g의 왼쪽 자식, u는 p의 왼쪽자식, g의 오른쪽 자식이 레드인 경우
> • LRb : p는 g의 왼쪽 자식, u는 p의 오른쪽자식, g의 오른쪽 자식이 블랙인 경우
> • LRr : p는 g의 왼쪽 자식, u는 p의 오른쪽자식, g의 오른쪽 자식이 레드인 경우

ⓔ 불균형의 처리
  ⓐ LLr과 LRr의 색깔 변환

(a) LLr 불균형 처리

(b) LRr 불균형 처리

  ⓑ LLb와 LRb의 회전

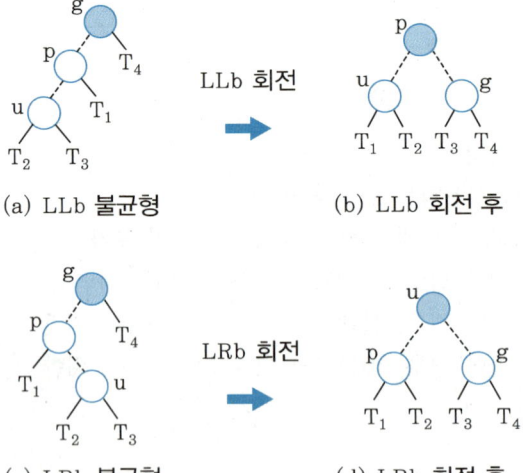

(a) LLb 불균형    (b) LLb 회전 후

(c) LRb 불균형    (d) LRb 회전 후

**예제** 레드-블랙 트리에 삽입( 6, 3, 5, 4 )

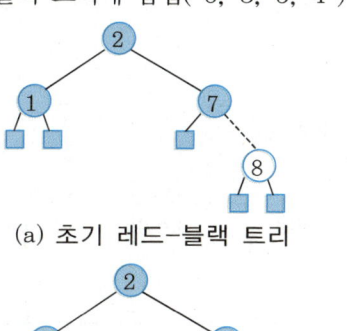
(a) 초기 레드-블랙 트리

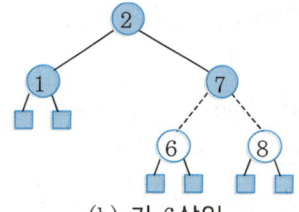
(b) 키 6삽입

(c) 키 3삽입     (d) LLr 색깔 변환

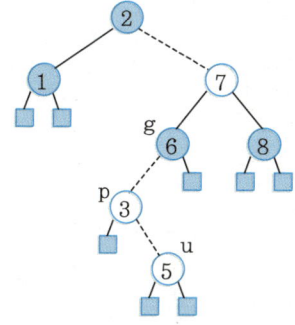
(e) 키 5삽입

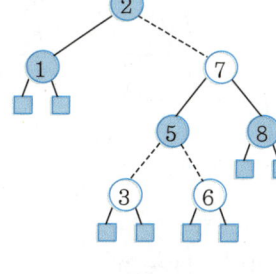
(f) LRb회전

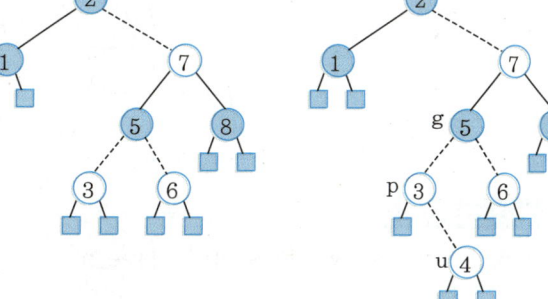
(g) 키 4삽입

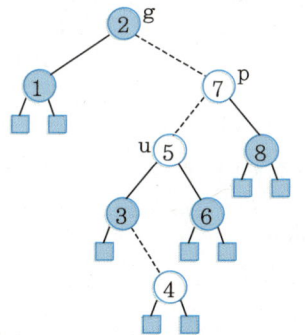
(h) LRr 색깔 변환

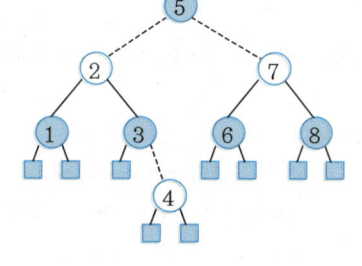
(i) RLb 회전

## (4) 2-3 트리

### ① 2-3 트리의 노드 구조

- 2-노드 구조 :

| left_child | key1 | middle_child | | |
|---|---|---|---|---|

- 3-노드 구조 :

| left_child | key1 | middle_child | key2 | right_child |
|---|---|---|---|---|

### ② 2-3 트리의 키 개수와 높이

- 키 개수(n) = $(2^{h+1}-1) \sim (3^{h+1}-1)$ (단, h는 높이)
- 높이(h) = $\lceil \log_3(n+1)-1 \rceil \sim \lceil \log_2(n+1)-1 \rceil$

### ③ 2-3 트리의 탐색

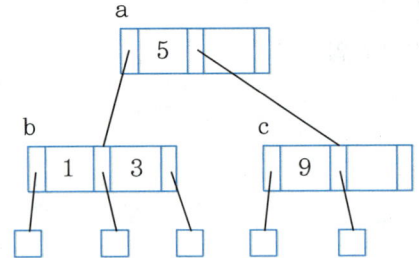

> **탐색 알고리즘**
>
> ```
> typedef struct two_three *two_three_ptr ;
>     struct two_tree {
>         element data_l, data_r ;
>         two_three_ptr left_child, middle_child, right_child; };
>
> search2-3(two_three_ptr t, element x)
>   {
>    while(t)
>       switch(compare(x, t)) {
>           case 1 : t=t->left_child ;  break ;
>           case 2 : t=t->middle_child ; break ;
>           case 3 : t=t->right_child ; break ;
>           case 4 : return t ;
>       }
>    return NULL;
>   }
> ```

③ 2-3 트리의 삽입
  ㉠ 2-노드에 삽입(키 8을 삽입)

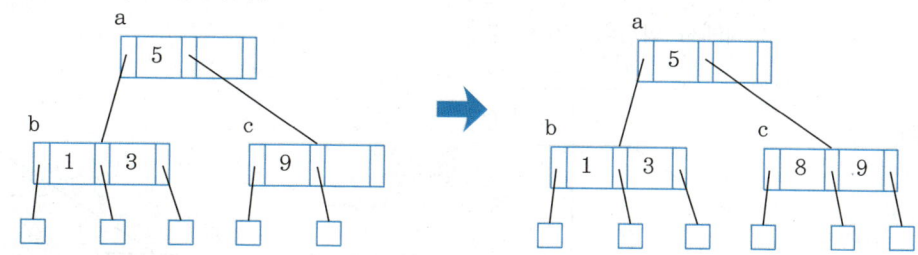

  ㉡ 3-노드에 삽입(키 4을 삽입)

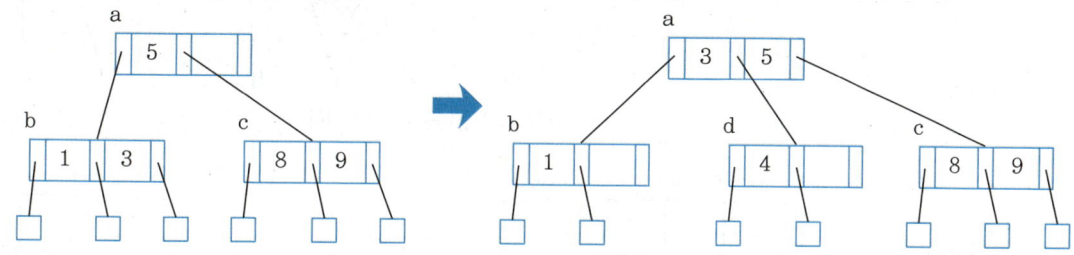

  ㉢ 3-노드에 삽입(키 7을 삽입)

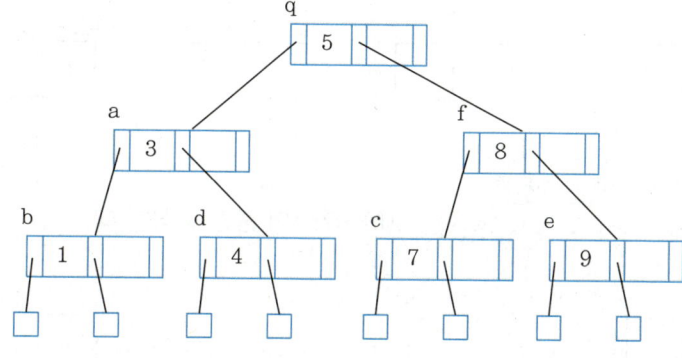

④ 2-3 트리의 삭제
  ㉠ 삭제의 규칙
    ⓐ 2-3 트리에서 회전의 3가지 경우

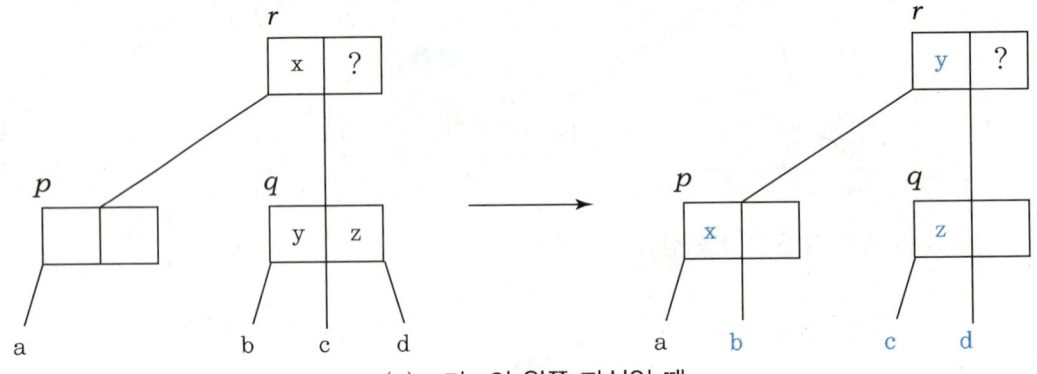
(a) $p$가 $r$의 왼쪽 자식일 때

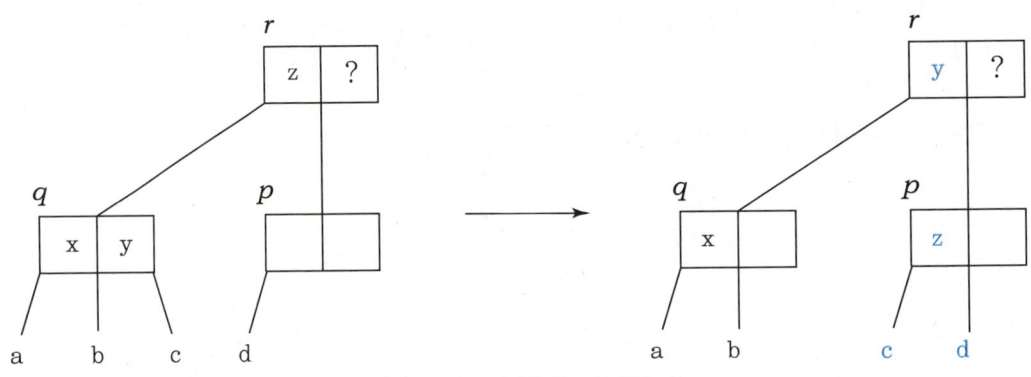
(b) $p$가 $r$의 중간 자식일 때

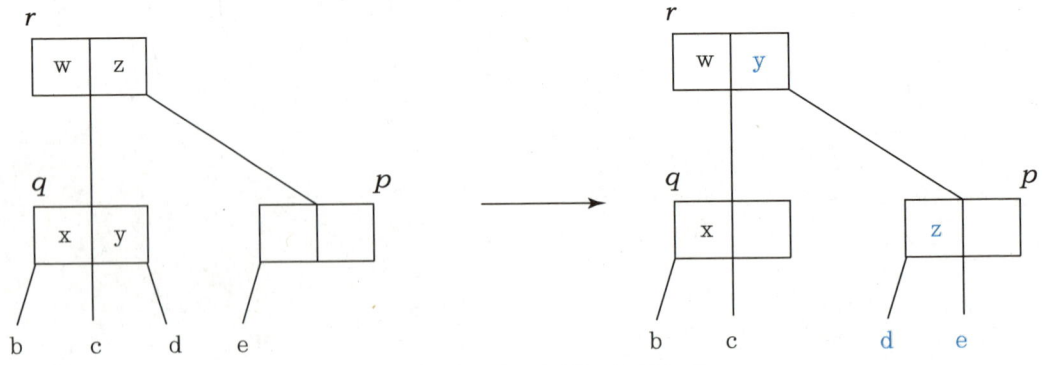
(c) $p$가 $r$의 오른쪽 자식일 때

ⓑ 2-3 트리에서 결합의 2가지 경우

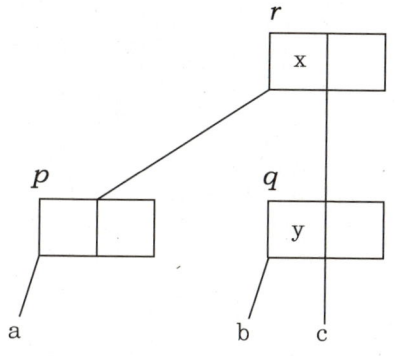 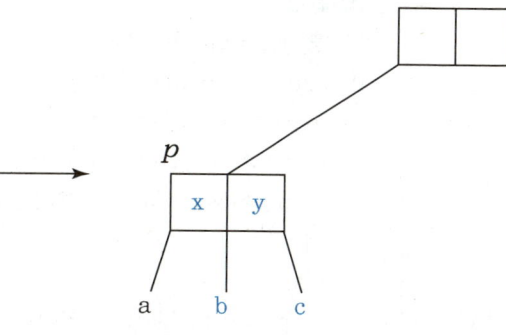

(a)

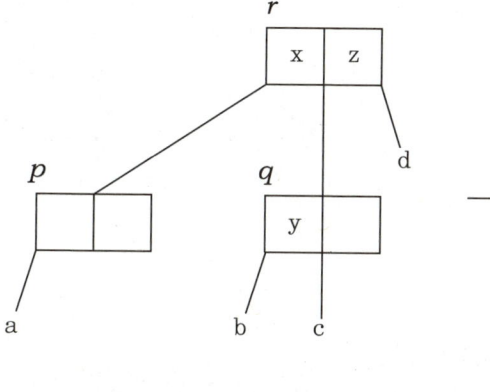 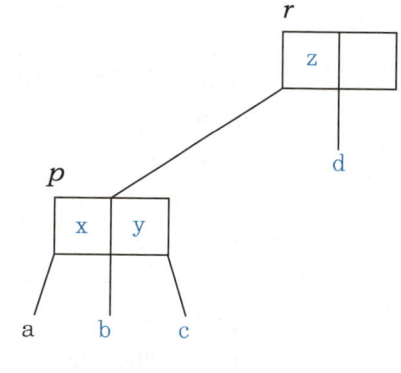

(b)

## 탐색(Searching)

ⓒ 삭제 알고리즘

**알고리즘**

```
< 단말 p로부터 x를 삭제 >
if(x.key==p->data_l.key)
    if(p->data_r,key != INT_MAX) {
        p->data_l = p->data_r ;
        p->data_r.key = INT_MAX ;
    }
    else
        p->data_l.key = INT_MAX ;
else
    p->data_r.key = INT_MAX ;


< p가 r의 왼쪽 자식일 때의 회전 >
p->data_l = r->data_l ;
r->data_l = q->data_l ;
q->data_l = q->data_r ;
q->data_r.key = INT_MAX ;
p->middle_child = q->left_child ;
q->left_child = q->middle_child ;
q->middle_child = q->right_child ;


< p가 r의 왼쪽 자식일 때의 결합 >
p->data_l = r->data_l ;
p->data_r = q->data_l ;
p->middle_child = q->left_child ;
p->right_child = q->middle_child ;
if(r->data_r.key == INT_MAX)
    r->data_l.key = INT_MAX ;
else {
    r->data_l = r->data_r ;
    r->data_r.key = INT_MAX ;
    r->middle_child = r->right_child ;
}
```

**예제** 2-3트리의 삭제과정

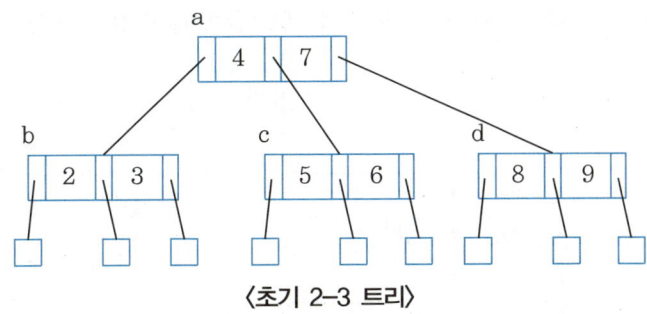

〈초기 2-3 트리〉

| 키 6 삭제 | 키 8 삭제 | 키 5 삭제 |
| 키 9 삭제 | 키 4 삭제 | 키 2 삭제 |

**기출 2007 - 21** 초기상태가 다음과 같으며 차수(degree)가 3인 B-트리에서 키(key) 값 45와 50이 순서대로 추가되고, 이어서 35가 삭제되었다. 45와 50이 추가된 후의 트리와 35가 삭제된 트리의 결과를 각각 그림으로 나타내시오. [4점]

초기상태

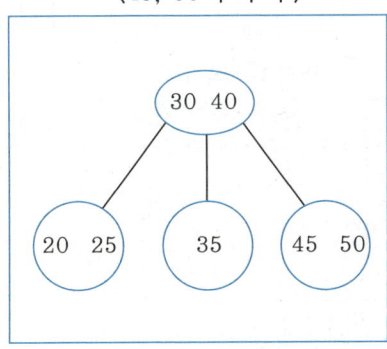

〈45, 50 추가 후〉

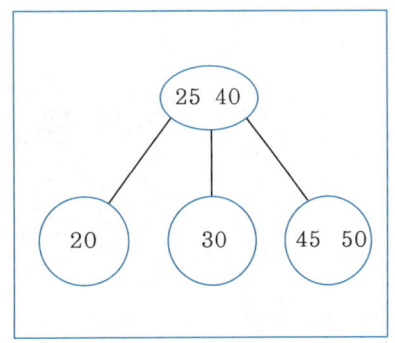

〈35 삭제 후〉

## (5) B⁺-트리

① B⁺-트리는 인덱스 세트(경로 역할)과 순차 세트(실제 데이터)로 구성된다.

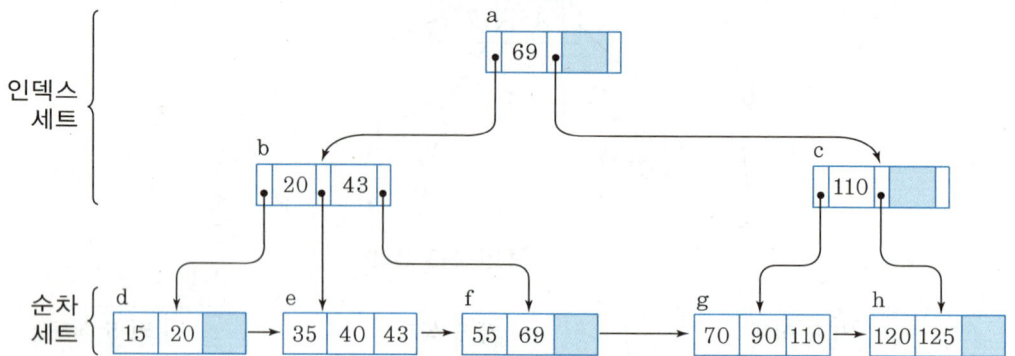

② B⁺-트리의 특성
  ㉠ 루트는 0이거나 2에서 m개 사이의 서브트리를 갖는다
  ㉡ 루트와 리프를 제외한 모든 내부 노드는 최소 ⌈m/2⌉개, 최대 m개의 서브트리를 갖는다.
  ㉢ 리프가 아닌 노드에 있는 키 값의 수는 그 노드의 서브트리 수보다 하나 적다.
  ㉣ 모든 리프 노드는 같은 레벨에 있다.
  ㉤ 한 노드 안에 있는 키 값들은 오름차순으로 저장된다.
  ㉥ 리프 노드는 파일 레코드들의 순차 세트를 나타내며, 모두 링크로 연결되어 있다.

③ B⁺-트리의 삽입

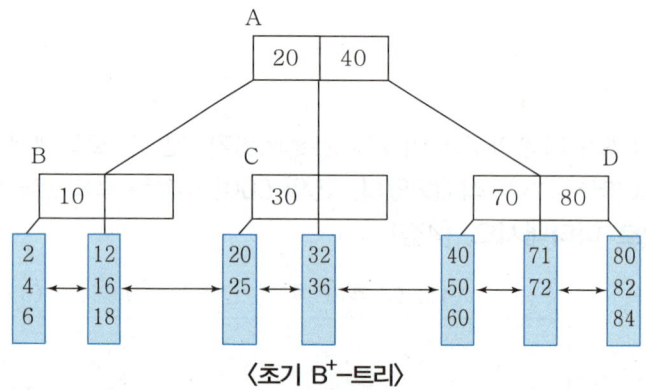

〈초기 B⁺-트리〉

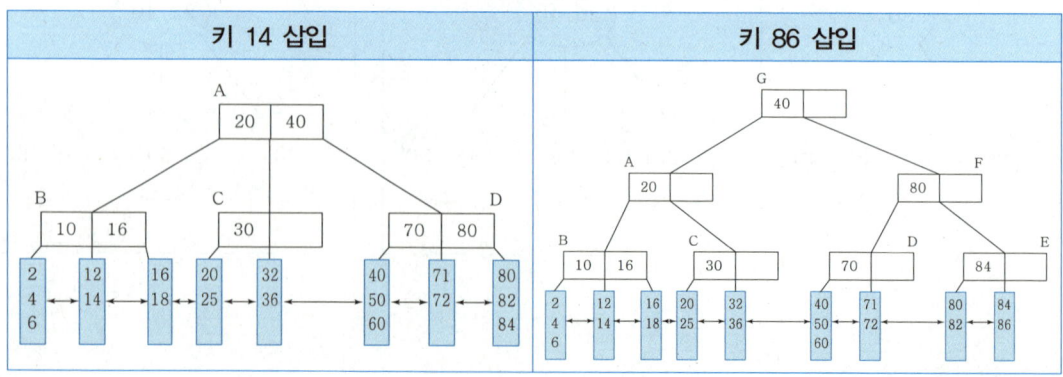

③ B⁺-트리의 삭제
  ㉠ 위의 초기 B⁺-트리에서 삭제

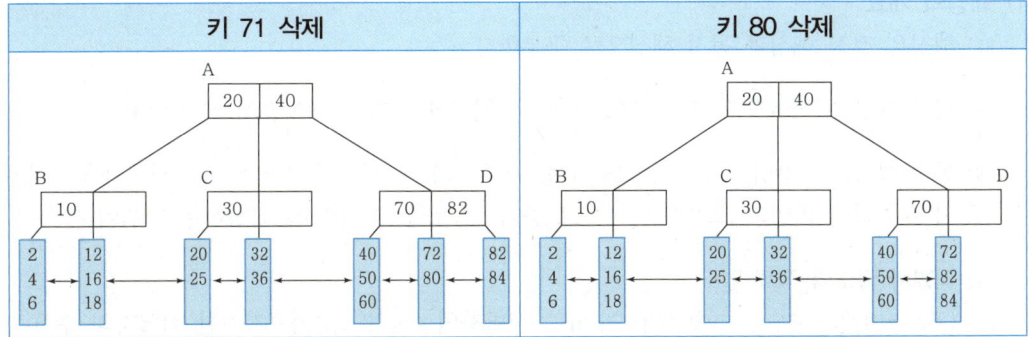

  ㉡ 위의 키 86 삽입 후의 B⁺-트리에서 32 삭제

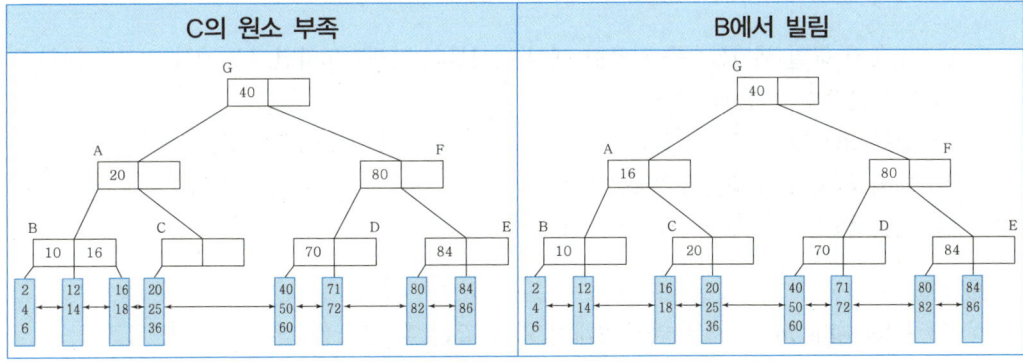

### 문제 19

차수가 3인 다음 B⁺-트리에 키 값 1, 18, 19를 순차적으로 삽입할 때, 최종적인 B+-트리의 인덱스 노드(비단말 노드)들의 모습을 그리시오. (단, 데이터 노드(단말 노드)는 최대 2개의 원소를 포함할 수 있으며, 데이터 노드의 분할 시 중간 위치의 값은 오른쪽 노드에 포함되도록 한다.)

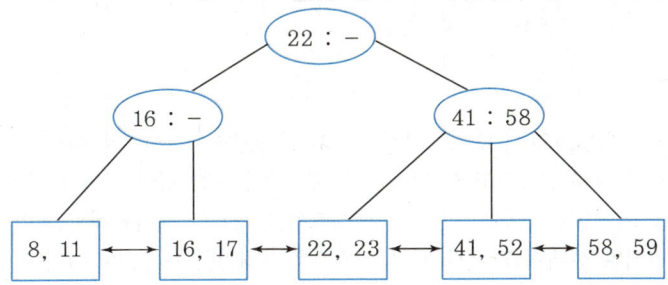

## 3  해싱(Hashing)

(1) 해싱의 개요

① 해싱은 정적 해싱과 동적 해싱으로 구분한다.

② 정적 해싱은 식별자를 행싱 테이블이라는 일정한 크기의 테이블에 저장한다.

③ 동적 해싱은 확장성 해싱이라고도 하며, 기존 해싱 기법의 특징인 빠른 검색시간을 그대로 유지하면서 무리없이 파일의 크기가 동적으로 증가, 감소할 수 있도록 확장하는 방법이다.

④ 식별자 밀도와 적재 밀도
  ( b : 버켓의 수, s : 슬롯의 수, n : 식별자의 수, T : 사용 가능한 식별자의 수 )
  ㉠ 식별자 밀도 = n / T
  ㉡ 적재 밀도   = n / s * b

⑤ a = n/b가 균일 해시함수를 사용한 해싱 테이블의 적재밀도라면, $U_n$(예상 비교횟수)와 $S_n$(예상 식별자 비교횟수)는 다음과 같다.
  ㉠ 선형 조사법 : $U_n \approx 1/2[1+1/(1-a)^2]$, $S_n \approx 1/2[1+1/(1-a)]$
  ㉡ 재해싱 및 2차 조사법 : $U_n \approx 1/(1-a)$,   $S_n \approx -[1/a]\log_e(1-a)$
  ㉢ 체이닝법 : $U_n \approx a$, $S_n \approx 1 + a/2$

⑥ 용어
  ㉠ 충돌(collison) : 서로 다른 2개의 키가 같은 홈 주소를 갖는 것이다.
  ㉡ 동의어(synonym) : 같은 홈 주소를 갖는 레코드의 집합을 말한다.
  ㉢ 오버플로우(overflow) : 버켓에 더 이상 레코드를 보관할 수 없는 상태를 말한다.

### 문제 20

다음의 〈설명〉는 해싱함수와 오버플로우에 대한 설명이다. 괄호의 ㉠, ㉡, ㉢에 들어갈 식을 순서대로 쓰시오.

> **설명**
> - 해싱함수의 적재밀도는 식별자의 수를 n, 버켓수를 b, 슬롯수를 s라고 할 때 ( ㉠ )이다.
> - Linear Method는 σ가 적재 밀도라고 할 때, 식별자를 찾기 위한 평균 식별자 비교 횟수는 ( ㉡ )이다.
> - r = n / b ( n은 레코드수, b는 블록수 )인 균일 해싱함수를 사용한 해시표에서 오버플로 처리시 Chaining Method인 경우에 임의의 선택키를 찾기 위한 식별자의 비교횟수는 ( ㉢ )이다.

(2) 해시함수(hash function)
① 중간 제곱법 : 식별자 x를 제곱한 결과에서 중간에 있는 적당한 비트들을 해시 주소로 사용하는 방법이다.

예제
㉠ 식별자 x의 이진 표기 = 00110101 10100111
㉡ x의 제곱 = 00001011 00111110 10010010 11110001
㉢ 중간 r-비트 추출 ( r=8 )
  00001011 0011 <u>1110 1001</u> 0010 11110001
            8비트 추출

② 숫자 분석법(digit analysis method) : 키를 구성하고 있는 각 자리별로 그 분포 상태를 분석하여 비교적 분포가 고른 자리수를 필요한 만큼 뽑아 홈 주소를 얻는다.

예제

| 키 값 | 홈주소 |
|---|---|
| 5 2 4 3 2 5 6 | 232 |
| 5 3 7 1 5 5 7 | 315 |
| 5 1 4 7 4 4 6 | 174 |

③ 제산(division)법

```
#define MAX_CHAR 10
#define TABLE_SIZE 13
typedef struct {
   char key[MAX_CHAR];  /* other filed */
} element;
element hash_table[TABLE_SIZE];

int transform(char *key) {
   int number = 0;
   while (*key)
      number += *key++;
   return number;
}

int hash(char *key) {  /* calculate hash address */
   return(transform(key) % TABLE_SIZE);
}
```

## 탐색(Searching)

**예제** 제산 해시 함수를 이용한 경우

| 식별자 | additive transformation | number | 홈주소 |
|---|---|---|---|
| for | 102 + 111 + 114 | 327 | 327 % 13 = 2 |
| do | 110 + 111 | 211 | 211 % 13 = 3 |
| while | 119 + 104 + 105 + 108 + 101 | 537 | 537 % 13 = 4 |
| if | 105 + 102 | 207 | 207 % 13 = 12 |
| else | 101 + 108 + 115 + 101 | 425 | 425 % 13 = 9 |

⟨Hash Table⟩

| 홈주소 | 0 | 1 | 2 | 3 | 4 | 5 | 6 | 7 | 8 | 9 | 10 | 11 | 12 |
|---|---|---|---|---|---|---|---|---|---|---|---|---|---|
| 버켓 | | | | | | | | | | | | | |

④ 폴딩법(folding) : 키를 균등한 크기의 부분으로 나누고 이들을 모두 더하거나 XOR을 취함으로써 해당 레코드의 주소를 얻는 방법이다.

| 단계 | 방법 |
|---|---|
| 1 단계 | 주어진 키 값을 2진수로 변환한다. |
| 2 단계 | 이들 2진수를 동일한 크기의 여러 부분으로 나눈다. |
| 3 단계 | 이러한 부분 2진수들 전부에 대해 ADD 또는 XOR연산을 수행한다. |
| 4 단계 | 계산된 2진수를 해당 레코드의 주소값으로 한다. |

**예제** key = $(7632)_{10}$ = $(0001110111010000)_2$  256개의 버킷의 크기로 되어 있다고 하자.

| 연산 | ADD | XOR |
|---|---|---|
| seg1 | 00011101 | 00011101 |
| seg2 | 11010000 | 11010000 |
| 주소 | 11101101 (237) | 11001101 (205) |

⑤ 기수 변환법 : 어떤 진법으로 표현된 키를 다른 진법으로 표현되었다고 간주하고 키를 변환하는 방법을 말한다.

**예제** 크기가 10000인 해시 테이블에서 키 값이 $(1721145)_8$인 레코드를 11진법으로 간주하는 경우

$$1\times11^5 + 7\times11^4 + 2\times11^3 + 1\times11^2 + 4\times11^1 + 5\times11^0 = 26\underline{6370}$$

홈주소

(3) 오버플로우 처리법
  ① 선형조사(linear probing)법
    ㉠ $h_1(key) = ( h_0(key) + i ) \% TABLE\_SIZE$
    ㉡ 1차 밀집(clustering)현상 발생

```
void linear_insert(element item, element ht[])
{
  int i, hash_value;
  hash_value = hash(item.key);
  i = hash_value;
  while (strlen(ht[i].key)) {
    if (!strcmp(ht[i].key, item.key)) {
      printf( "duplicate entry\n" );
      exit(1);
    }
    i = (i + 1) % TABLE_SIZE;
    if (i == hash_value) {
      printf( "the table is full\n" );
      exit(1);
    }
  }
  ht[i] = item;
}
```

**예제**  제산 해시 함수와 선형 조사법을 이용한 경우

| 식별자 | additive transformation | number | 홈주소 |
|---|---|---|---|
| for | 102 + 111 + 114 | 327 | 2 |
| do | 110 + 111 | 211 | 3 |
| while | 119 + 104 + 105 + 108 + 101 | 537 | 4 |
| if | 105 + 102 | 207 | 12 |
| else | 101 + 108 + 115 + 101 | 425 | 9 |
| function | 102+117+110+99+116+105+111+110 | 870 | 12 |

⟨Hash Table⟩

| 홈주소 | 0 | 1 | 2 | 3 | 4 | 5 | 6 | 7 | 8 | 9 | 10 | 11 | 12 |
|---|---|---|---|---|---|---|---|---|---|---|---|---|---|
| 버켓 | | | | | | | | | | | | | |

② 2차 조사(quadratic probing)법
  ㉠ $h_1(key) = ( h_0(key) + i^2 ) \% TABLE\_SIZE$
  ㉡ 2차 밀집(clustering)현상 발생

## 탐색(Searching)

### 문제 21

해싱의 오버플로우 처리로 2차 조사법을 사용할 때 다음과 같은 〈조건〉이 주어지면 각 레코드는 해시 테이블의 어떤 홈 주소에 들어가는지를 순서대로 쓰시오.

**조건**
- 해시 테이블의 크기는 n = 13이며, 버켓(Bucket)의 크기는 1이다.
- 레코드는 69, 78, 39, 98, 59, 30을 차례대로 저장한다.
- $h_0(key)$ = key % 13
- $h_1(Key)$ = $(h_0(key) + i^2)$ % 13

③ 체이닝(chaining)법
  ㉠ 독립 체이닝(separate chaining)법 : 오버플로우가 발생하면 레코드를 독립된 기억공간에 저장하고 연결리스트로 연결하며, direct chainig이라 한다.

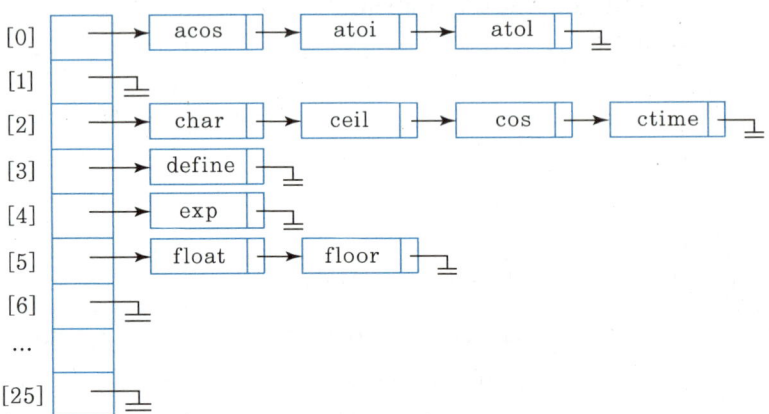

  ㉡ 통합 체이닝(coalesced chaining)법 : 오버플로우가 발생하면 레코드를 해시테이블 자체에 저장하고 연결리스트로 연결하며, indirect chainig이라 한다.

④ 재해싱(Rehashing)법 : 오버플로우가 발생하면 오버플로우가 발생하지 않을 때까지 계속해서 서로 다른 해싱 함수들을 적용해서 해시 주소를 계산해 내는 방법이다.

**기출 2008-20** 해시에서 충돌이 발생할 때 해시 테이블의 빈 버킷을 찾기 위한 함수로써, 아래의 linear_probing( ) 함수는 해시 주소를 1씩증가시키는 선형 조사법(linear probing)을 적용한 함수이며, double_hash( ) 함수는 해시 주소를 임의의 상수로 증가시키는 이중 해시법(double hash)을 적용한 함수이다. 아래의 입력 데이터에 대해 이 두 함수를 각각 실행한 후 만들어진 해시 테이블의 내용을 적으시오. 그리고 두 해시 테이블의 결과를 비교했을 때, 이중 해시법에서는 선형 조사법의 어떠한 문제가 해결되었는지 2줄 이내로 설명하시오. [3점]

| 가정 |
|---|
| ㉠ #define EMPTY −1 /* 해시 테이블 초기화 값 */<br>　#define DELETED −2 /* 삭제된 후의 버킷 값 */<br>　#define TABLE_SIZE 11 /* 해시 테이블 크기 */<br>㉡ 데이터는 EMPTY나 DELETED 값을 갖는 곳에서만 삽입할 수 있다.<br>㉢ 해시 테이블은 EMPTY로 초기화되어 있다.<br>㉣ 해시 테이블에 저장되는 key 값은 0 이상의 정수이다.<br>㉤ hash_func() 함수는 'key % TABLE_SIZE' 수식 값을 반환한다.<br>㉥ a[ ]는 해시 테이블, key는 저장할 입력 데이터이다. |

| 선형 조사법 적용 함수 | 이중 해시법 적용 함수 |
|---|---|
| ```int linear_probing(int key, int a[])<br>{<br>　int t_loc, t_loc1;<br><br>　t_loc1 = t_loc = hash_func(key);<br>　while (a[t_loc] != EMPTY && a[t_loc]<br>　　　!= DELETED) {<br>　　t_loc = (t_loc + 1) % TABLE_SIZE;<br>　　if (t_loc == t_loc1)<br>　　　return −1; /* 해시 테이블 full */<br>　}<br>　a[t_loc] = key; /* key 값을 해시<br>　　　테이블에 저장 */<br>　return t_loc;<br>}``` | ```int increment_val(int key){<br>　if (key < 20) return 2;<br>　else return 5;<br>}<br>int double_hash(int key, int a[])<br>{<br>　int t_loc, t_loc1;<br>　t_loc1 = t_loc = hash_func(key);<br>　while (a[t_loc] != EMPTY && a[t_loc]<br>　　　!= DELETED) {<br>　　t_loc = (t_loc + increment_val(key))<br>　　　　% TABLE_SIZE;<br>　　if (t_loc == t_loc1)<br>　　　return −1; /* 해시 테이블에 삽입할<br>　　　　수 없음 */<br>　}<br>　a[t_loc] = key; /* key 값을 해시<br>　　　테이블에 저장 */<br>　return t_loc;<br>}``` |

## 3 탐색(Searching)

| 입력 데이터 | 3, 5, 14, 25, 16 |
| --- | --- |
| linear_probing( ) 함수를 실행한 후의 해시 테이블 | a[0] a[1] a[2] a[3] a[4] a[5] a[6] a[7] a[8] a[9] a[10] |
| double_hash( ) 함수를 실행한 후의 해시 테이블 | a[0] a[1] a[2] a[3] a[4] a[5] a[6] a[7] a[8] a[9] a[10] |

• 해결된 문제 : _____

**기출 2018 - 03** 다음은 해싱을 처리하는 C 프로그램의 일부이다. 〈조건〉을 고려하여 〈작성 방법〉에 따라 서술하시오. [4점]

```
#define N 5
static int ht[N];

void construct_HT(int data) {
    int h;

    h = hash_function(data);
    while(ht[h] != 0)
        h = (h + 1) % N;
    ht[h] = data;
    ㉠ printf("%d\n", h);
}

void search_HT(int key) {
    int m1, m2, cnt = 1;

    m1 = hash_function(key);
    m2 = m1 - 1;
    while(ht[m1] != key && ht[m1] != 0) {
        m1 = (m1 + 1) % N;
        if(m1 == m2) break;
        cnt++;
    }
    if(ht[m1] == key)
        ㉡ printf("%d\n", cnt);
    else
        printf("없음\n");
}
```

조건

- N은 해시 테이블의 크기이다.
- ht[ ]는 해시 테이블이고, 초기 상태는 다음과 같다.

| ht[0] | ht[1] | ht[2] | ht[3] | ht[4] |
|---|---|---|---|---|
| 0 | 0 | 331 | 233 | 323 |

- 해시 테이블이 가득 찬(full) 상황은 고려하지 않는다.
- hash_function(a)는 매개변수 a의 각 자릿수의 합을 구한 후, 그 합을 N으로 나눈 나머지를 반환하는 함수이다.
  (예) a가 233이면 2+3+3을 계산하여 8을 구한 후, 5로 나눈 나머지 3을 반환한다.

작성 방법

(1) 〈조건〉의 초기 상태에서 construct_HT(313)을 호출하여 실행할 때 밑줄 친 ㉠의 출력 값을 쓰고, 이어서 search_HT(313)을 호출하여 실행할 때 밑줄 친 ㉡의 출력 값을 순서대로 쓸 것.
(2) (1)의 search_HT(313)을 호출하여 실행하였을 때 탐색 시간이 많이 걸리는 이유를 오버플로 처리 관점에서 쓸 것.

| 정답 | (1) ㉠ 0  ㉡ 4<br>(2) 선형조사법을 사용하기 때문에 군집현상(clustering)이 발생하여 탐색이 많이 걸린다. | 2점<br>2점 |
|---|---|---|

# SECTION 4 정렬(Sort)

## 1 선택 정렬(selection sort)

**알고리즘**

```c
void selectionSort(int a[], int size)
{
    int i, j ;
    int min, temp ;

    for(i=0; i<size-1 ; i++) {
        min = i;
        for(j=i+1; j<size; j++)
            if( a[j]<a[min] ) min = j;
        if( i!=min )
        {
            temp = a[i] ;
            a[i] = a[min] ;
            a[min] = temp ;
        }
    }
}

int main()
{
    int i ;
    int a[5] = {5, 2, 8, 3, 1} ;

    for(i=0 ; i<5 ; i++)
        printf("%5d", a[i]) ;
    selectionSort(a, 5) ;
    for(i=0 ; i<5 ; i++)
        printf("%5d", a[i]) ;
}
```

- 총 비교횟수　　: $\dfrac{n(n-1)}{2}$
- 평균 연산시간 : $O(n^2)$
- 사용 공간　　  : n

## 2  버블 정렬(bubble sort)

**알고리즘**

```
void bubble_sort(int key[], int n)
{
   enum tag {FALSE, TRUE} flag ;
   int j, final_position, limit, bubble_key ;

   limit = n ;
   flag = TRUE ;
   while(flag == TRUE) {
      flag = FALSE ;
      for(j=1 ; j<limit ; j++)
       if(key[j] > key[j+1])
         {
            bubble_key = key[j] ;
            key[j] = key[j+1] ;
            key[j+1] = bubble_key ;
            flag = TRUE ;
            final_position = j ;
         }
       limit = final_position ;
   }
}
```

〈bubble sort의 정렬과정〉

| 초기상태 | 42 | 63 | 19 | 25 | 07 | 36 | 49 |
|---|---|---|---|---|---|---|---|
| 1 단계 | | | | | | | |
| 2 단계 | | | | | | | |
| 3 단계 | | | | | | | |
| 정렬결과 | | | | | | | |

- 총 비교횟수(평균) : $\dfrac{n(n-1)}{4}$
- 총 비교횟수(최상) : $n-1$
- 총 비교횟수(최악) : $\dfrac{n(n-1)}{2}$
- 평균 연산시간 : $O(n^2)$
- 사용 공간 : $n$

## 정렬(Sort)

### 3 삽입 정렬(insertion sort)

**알고리즘**

```
void insertionsort(int *list, int n)
{
  int i, j, temp ;

  for(i=1 ; i<n ; i++)
   {
     temp = list[i] ;
     for(j=i ; j>0 ; j--)
      if(temp<list[j-1])
          list[j] = list[j-1] ;
      else
          break ;
     list[j] = temp ;
   }
}
```

〈insertion sort의 정렬과정〉

| 초기상태 | 42 | 63 | 19 | 25 | 07 | 36 | 49 |
|---|---|---|---|---|---|---|---|
| 1 단계 | | | | | | | |
| 2 단계 | | | | | | | |
| 3 단계 | | | | | | | |
| 4 단계 | | | | | | | |
| 5 단계 | | | | | | | |
| 6 단계 | | | | | | | |

- 총 비교횟수 : $\dfrac{n(n-1)}{2}$
- 평균 연산시간 : $O(n^2)$
- 사용 공간 : n

## 4  병합 정렬(merge sort)

**알고리즘**

```
void mergeSort(int a[], int temp[], int size) {
   internalMergeSort(a, temp, 0, size-1) ;
}

void internalMergeSort(int a[], int temp[], int left, int right)
{
  int middle ;
  if( right>left )
   {
      middle = (right+left) / 2;
      internalMergeSort(a, temp, left, middle) ;
      internalMergeSort(a, temp, middle+1, right) ;
      merge(a, temp, left, middle+1, right) ;
   }
}

void merge(int a[], int temp[], int left, int middle, int right)
{
  int i, left_end, numElements, temp_pos ;

  left_end = middle-1 ;
  temp_pos = left ;
  num_elements = right-left+1 ;
  while((left<=left_end) && (middle<=right) {
     if(a[left]<=a[middle])
        temp[temp_pos++] = a[left++] ;
     else
        temp[temp_pos++] = a[middle++] ;
  }
  while(left<=left_end)
     temp[temp_pos++] = a[left++] ;
  while(middle<=right)
     temp[temp_pos++] = a[middle++] ;
  for(i=0 ; i<=numElements; i++)  {
      a[right] = temp[right] ;
      right = right - 1;
  }
}
```

## 정렬(Sort)

### (1) 분할과 정복

분할정복법(divide and conquer)은 문제를 작은 2개의 문제로 분리하고 각각을 해결한 다음, 결과를 모아서 원래의 문제를 해결하는 전력이다.

분리된 문제가 아직도 해결하기 어렵다면, 즉 충분히 작지 않다면 분할정복방법을 다시 적용한다. 이는 재귀호출을 이용하여 구현된다.

1. 분할(Divide) : 배열을 같은 크기의 2개의 부분 배열로 분할한다.
2. 정복(Conquer) : 부분배열을 정렬한다. 부분배열의 크기가 충분히 작지 않으면 재귀호출을 이용하여 다시 분할정복기법을 적용한다.
3. 결합(Combine) : 정렬된 부분배열을 하나의 배열에 통합한다.

입력파일 : 27  10  12  20  25  13  15  22

1. 분할(Divide) : 배열을 27  10  12  20과 25  13  15  22의 2개의 부분배열로 분리
2. 정복(Conquer) : 부분배열을 정렬하여 10  12  20  27과 13  15  22  25를 얻는다.
3. 결합(Combine) : 부분배열을 통합하여 10  12  13  15  20  22  25  27을 얻는다.

### (2) mergeSort( )알고리즘의 분해 과정

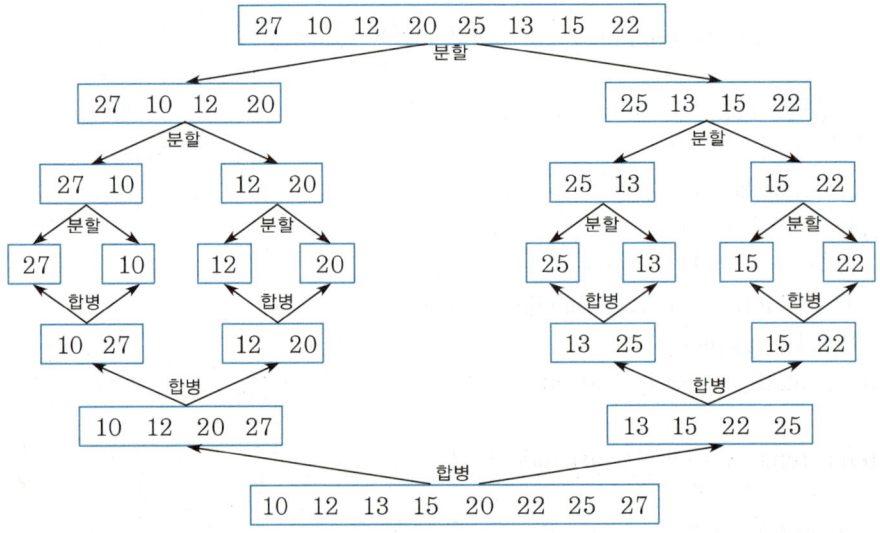

### (3) 정렬시간 T(n)

$T(n) = T(\lfloor n/2 \rfloor) + T(\lceil n/2 \rceil) + \lfloor n/2 \rfloor + \lceil n/2 \rceil - 1$
$\approx 2T(n/2) + n - 1$ (단, $T(1) = 0$)
$\approx n \log n - n$
$= O(n \log_2 n)$

## 5 히프 정렬(heap sort)

(1) heap 알고리즘

**알고리즘**

```
heapSort(a[], n)
 {
    for(i=n/2 ; i>=1 ; i--) do
        reheap(a, i, n) ;
    for(i=n-1 ; i>=1 ; i--) do {
      temp = a[1] ;
      a[1] = a[i+1] ;
      a[i+1] = temp ;
      reheap(a, 1, i) ;
   }
 }

reheap(a[], h, m)
 {
    root = a[h] ;
    for( j=2*h ; j<=m ; j=2*j ) do {
      if( j<m ) then
          if( a[j]<a[j+1] ) then j=j+1 ;
      if( root>=a[j] ) then break ;
      else a[j/2]=a[j] ;
   }
   a[j/2]=root ;
 }
```

# 정렬(Sort)

**〈heap sort의 정렬 과정〉**

• a = [ 20 40 50 70 30 100 80 10 90 60 ]

| [0] | [1] | [2] | [3] | [4] | [5] | [6] | [7] | [8] | [9] | [10] |
|---|---|---|---|---|---|---|---|---|---|---|
| − | 20 | 40 | 50 | 70 | 30 | 100 | 80 | 10 | 90 | 60 |

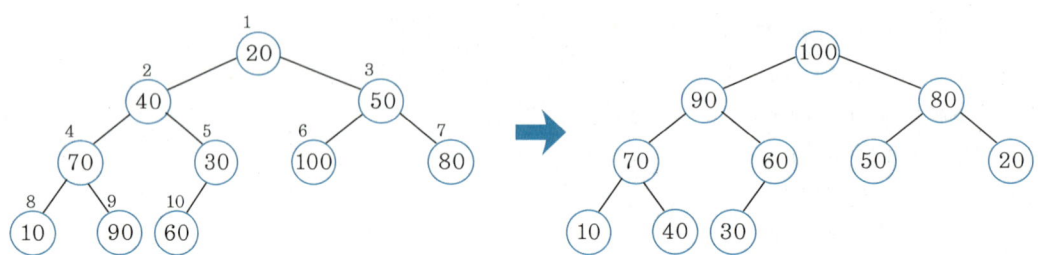

| a[ ] : | [1] | [2] | [3] | [4] | [5] | [6] | [7] | [8] | [9] | [10] |
|---|---|---|---|---|---|---|---|---|---|---|
| 초기 : | 20 | 40 | 50 | 70 | 30 | 100 | 80 | 10 | 90 | 60 |
| 히프(크기 10)로 변환 : | 100 | 90 | 80 | 70 | 60 | 50 | 20 | 10 | 40 | 30 |
| (두번째 for 루프) i=9 : | 90 | 70 | 80 | 40 | 60 | 50 | 20 | 10 | 30 | 100 |
| (i= 히프 크기) i=8 : | 80 | 70 | 50 | 40 | 60 | 30 | 20 | 10 | 90 | |
| i=7 : | 70 | 60 | 50 | 40 | 10 | 30 | 20 | 80 | | |
| i=6 : | 60 | 40 | 50 | 20 | 10 | 30 | 70 | | | |
| i=5 : | 50 | 40 | 30 | 20 | 10 | 60 | | | | |
| i=4 : | 40 | 20 | 30 | 10 | 50 | | | | | |
| i=3 : | 30 | 20 | 10 | 40 | | | | | | |
| i=2 : | 20 | 10 | 30 | | | | | | | |
| i=1 : | 10 | 20 | | | | | | | | |

(2) 최대 히프에서 삽입 알고리즘

> **알고리즘**
>
> insertHeap(heap, item)
> {
>    if( n==heapSize ) then heapFull ;
>    n = n+1 ;
>    for( i=n ; ; ) {
>      if( i==1 ) then break ;
>      if( item<=heap[i/2] ) then break ;
>      heap[i] = heap[i/2] ;
>      i = i/2 ;
>    }
>    heap[i] = item ;
> }

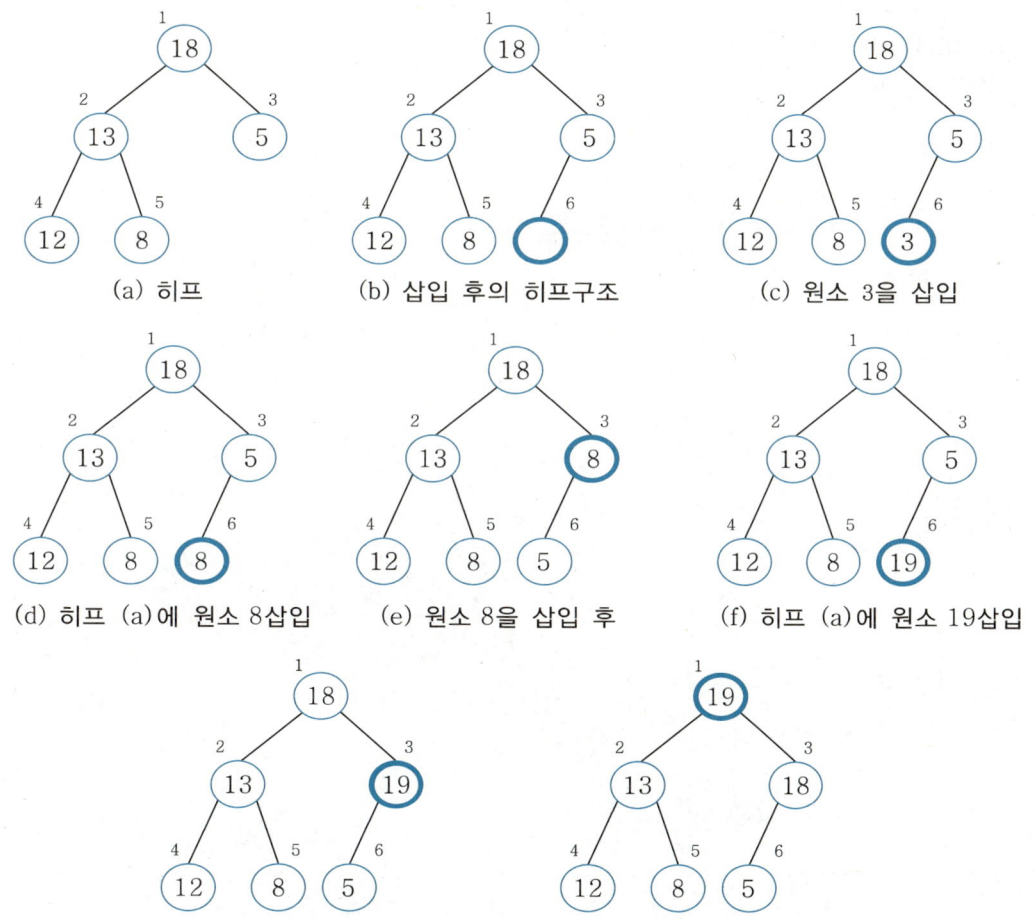

〈히프에서의 원소 삽입〉

(a) 히프　　(b) 삽입 후의 히프구조　　(c) 원소 3을 삽입

(d) 히프 (a)에 원소 8삽입　　(e) 원소 8을 삽입 후　　(f) 히프 (a)에 원소 19삽입

(g) 원소의 이동　　(h) 원소 19삽입 후

(3) 히프에서 삭제 알고리즘

```
deleteHeap(heap)
{
   if( n==0 ) then return 0 ;
   item = heap[1] ;
   temp = heap[n] ;
   n = n-1 ;
   i = 1 ;
   j = 2 ;
   while(j<=n) do {
     if( j<n && heap[j]<heap[j+1]) then
        j = j+1 ;
     if( temp>=heap[j] ) then break ;
     heap[i] = heap[j] ;
     i = j ;
     j = j*2 ;
   }
   heap[i] = temp ;
   return item ;
}
```

〈히프에서의 원소 삭제〉

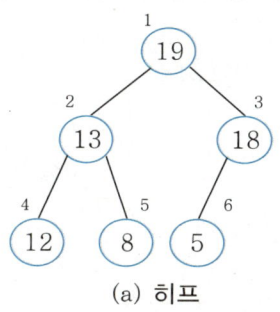
(a) 히프

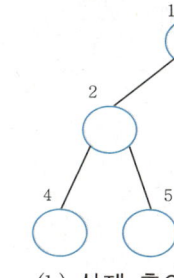
(b) 삭제 후의 히프 구조

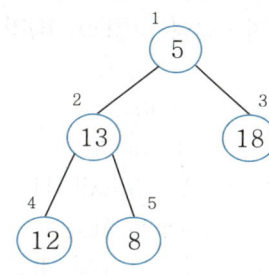
(c) 삭제 중간 단계

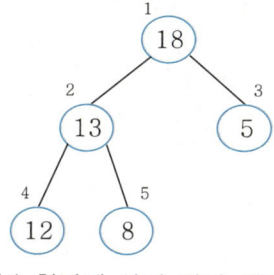
(d) 첫번째 삭제 뒤의 히프

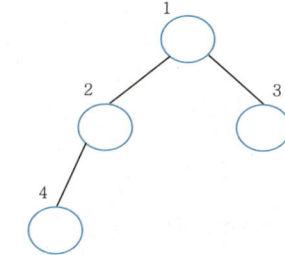
(e) 두번 째 삭제 뒤의 히프 구조

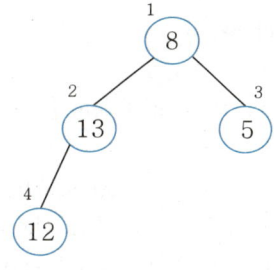
(f) 삭제 중간 단계

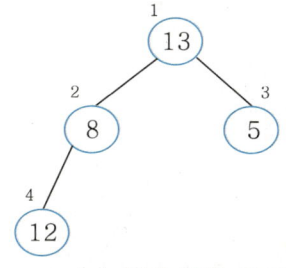
(g) 삭제 중간 단계

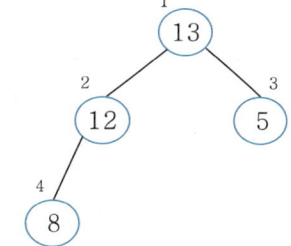
(h) 두번 째 삭제가 완료된 히프

- 평균 연산시간 : $O(n\log_2 n)$
- 사용 공간 : n + pointer

## 4 정렬(Sort)

**기출 2020 - 08** 다음은 삽입 연산을 통해 최대 힙(max heap)을 만드는 C 프로그램이다. 〈조건〉을 고려하여 〈작성 방법〉에 따라 서술하시오. [4점]

```c
#include <stdio.h>
#include <stdlib.h>
#define MAX_ELEMENT 10
typedef struct heap_type {
    int heap[MAX_ELEMENT];
    int heap_size;
} HeapType;

void insert_heap (HeapType *h, int key) {
    int k;
    k = ++(h->heap_size);
    while ((k != 1) && (key > h->heap[k / 2])) {
        h->heap[k] = h->heap[k / 2];
        k =        ㉠         ;
    }
    h->heap[k] = key;
}

int main () {
    int k;
    HeapType *hp;
    hp = (HeapType *) malloc (sizeof (HeapType));
    hp->heap_size = 0;
    insert_heap (hp, 3);
    insert_heap (hp, 7);
    insert_heap (hp, 6);
    insert_heap (hp, 2);
    insert_heap (hp, 8);
    for (k = 1; k <= hp->heap_size; k++)
        printf ("%d ", hp->heap[k]);
    return 0;
}
```

**조건**

- 트리를 구성하는 노드에 키 값을 저장한다.
- 최대 힙은 부모 노드의 키 값이 자식 노드의 키 값보다 항상 크거나 같은 완전이진트리(complete binary tree)이다.
- insert_heap 함수는 배열 heap[ ]이 최대 힙 성질을 갖도록 key 값을 heap[ ]에 저장한다. (단, 루트(root) 노드의 인덱스는 1이고, heap[0]은 사용하지 않는다.)
- heap_size는 현재 최대 힙에 저장되어 있는 키 값이 저장된 노드의 개수이다.

**작성 방법**

- ㉠에 해당하는 코드를 쓸 것.
- 프로그램의 실행 결과를 쓸 것.
- 다음은 프로그램 실행 후 heap[ ]에 저장된 키 값을 완전이진 트리로 그린 것이다. ㉡, ㉢의 키 값을 순서대로 쓸 것.

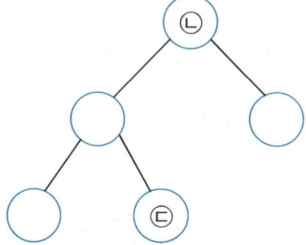

| 정답 | ㉠ k / 2 | 1점 |
| --- | --- | --- |
| | 8 7 6 2 3 | 1점 |
| | ㉡ 8, ㉢ 3 | 2점 |

## 6  쉘 정렬(shell sort)

**알고리즘**

```
// gap만큼 떨어진 요소들을 삽입 정렬
// 정렬의 범위는 first에서 last
inc_insertion_sort(int list[], int first, int last, int gap)
{
    int i, j, key;
    for(i=first+gap; i<=last; i=i+gap){
        key = list[i];
        for(j=i-gap; j >= first && key < list[j] ; j=j-gap)
            list[j+gap]=list[j];
        list[j+gap]=key;
    }
}
void shell_sort(int list[], int n)   // n= size
{
    int i, gap';
    for(gap=n/2; gap>0; gap=gap/2){
        if( (gap%2)= 0) gap++;
        for(i=0; i<gap ; i++)                  //부분 리스트의 개수는 gap
            inc_insertion_sort(list, i, n-1, gap);
    }
}
```

⟨shell sort의 정렬과정⟩

| | | | | | | | | | | |
|---|---|---|---|---|---|---|---|---|---|---|
| 입력 배열 | 10 | 8 | 6 | 20 | 4 | 3 | 22 | 1 | 0 | 15 | 16 |
| 간격 5일때의 부분 리스트 | 10 | | | | | 3 | | | | | 16 |
| | | 8 | | | | | 22 | | | | |
| | | | 6 | | | | | 1 | | | |
| | | | | 20 | | | | | 0 | | |
| | | | | | 4 | | | | | 15 | |
| 부분 리스트 정렬 후 | 3 | | | | | 10 | | | | | 16 |
| | | 8 | | | | | 22 | | | | |
| | | | 1 | | | | | 6 | | | |
| | | | | 0 | | | | | 20 | | |
| | | | | | 4 | | | | | 15 | |
| 간격 5정렬 후의 전체 배열 | 3 | 8 | 1 | 0 | 4 | 10 | 22 | 6 | 20 | 15 | 16 |
| 간격 3일때의 부분 리스트 | 3 | | | 0 | | | 22 | | | 15 | |
| | | 8 | | | 4 | | | 6 | | | 16 |
| | | | 1 | | | 10 | | | 20 | | |
| 부분 리스트 정렬 후 | 0 | | | 3 | | | 15 | | | 22 | |
| | | 4 | | | 6 | | | 8 | | | 16 |
| | | | 1 | | | 10 | | | 20 | | |
| 간격 3정렬 후의 전체 배열 | 0 | 4 | 1 | 3 | 6 | 10 | 15 | 8 | 20 | 22 | 16 |
| 간격 1정렬 후의 전체 배열 | 0 | 1 | 3 | 4 | 6 | 8 | 10 | 15 | 16 | 20 | 22 |

## 7 기수 정렬(radix sort)

**알고리즘**

```
Sort(a[], n)
{
   for (k ← 1; k ≤ m; k ← k+1) do {
      for (i ← 0; i < n; i ← i+1) do {
         kd ← kth-digit(a[i]);
         enqueue(Q[kd], a[i]); // Q[kd]에 a[i]를 삽입
      }
      p ← -1;
      for (i ← 0; i ≤ 9; i ← i+1) do {
         while (Q[i] ≠ ∅) do {
            p ← p+1;
            a[p] ← dequeue(Q[i]); // Q[i]의 모든 원소를 a[]로 이동
         }
      }
   }
}
end Sort()
```

⟨radix sort의 정렬 과정⟩

초기 리스트 : a = [35 81 12 67 93 46 23 26]

| | | | | | |
|---|---|---|---|---|---|
| Q[0] : | [    ] | | Q[0] : | [    ] |
| Q[1] : | [ 81 ] | | Q[1] : | [ 12 ] |
| Q[2] : | [ 12 ] | | Q[2] : | [ 23 26 ] |
| Q[3] : | [ 93 23 ] | ➡ | Q[3] : | [ 35 ] |
| Q[4] : | [    ] | | Q[4] : | [ 46 ] |
| Q[5] : | [ 35 ] | | Q[5] : | [    ] |
| Q[6] : | [ 46 26 ] | | Q[6] : | [ 67 ] |
| Q[7] : | [ 67 ] | | Q[7] : | [    ] |
| Q[8] : | [    ] | | Q[8] : | [ 81 ] |
| Q[9] : | [    ] | | Q[9] : | [ 93 ] |

(b) 첫 번째 자리수를 기초로 정렬
 • 결과 : [81 12 93 23 35 46 26 27]

(a) 첫 번째 자리수를 기초로 정렬
 • 결과 : [12 23 26 35 46 67 81 93]

**기출 2018 - 07** 다음은 10진수 세 자리 수에 대해 각 자릿수를 기준으로 정렬하는 C 유형의 알고리즘이다. 〈조건〉에 따라 radixsort(A, 8)을 수행 할 때 〈작성 방법〉에 따라 쓰시오. [5점]

```
radixsort(A, n) { /* 배열 A, 원소 개수 n */
    Queue Q[10]; /* 10진수에 따른 큐 10개 정의 */
                 /* Q[i]는 큐의 동작 형식(삽입은 rear에서, 삭제는
                    front에서 이루어짐)을 따른다(0≤i≤9). */
    for(d = 1; d <= 3; d++) { /* 각 자릿수별 반복 */
        init(Q);
        for(i = 0; i < n; i++) {
            b = digit(A[i], d); /* 수의 일, 십, 백 자릿수의 값 찾기 */
            add(Q[b], A[i]);
        }
        ㉠ Q[2]의 내용을 front부터 순서대로 출력;
        connect_copy(Q, A); /* 모든 큐를 연결하고 큐의 값들을 배열 A에
                               재배정 */
        ㉡ 배열 A의 내용을 순서대로 출력;
    }
}
```

**조건**

- init(Q) : 큐 10개를 원소가 없는 빈 큐로 만든다.
- add(Q[b], A[i]) : Q[b]에 A[i]를 추가한다.
- connect_copy(Q, A) : 큐들을 그림과 같이 연결한 후 Q[0]의 front부터 Q[9]의 rear까지의 값을 순서대로 배열 A에 재배정한다.

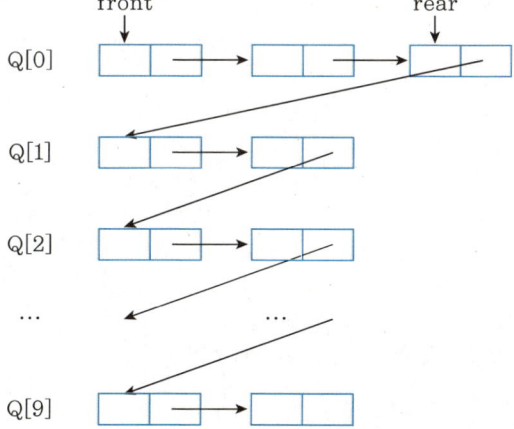

- digit(A[i], d) : A[i] 값에 대해 d가 1인 경우 일 자릿수를, d가 2인 경우 십 자릿수를, d가 3인 경우 백 자릿수를 반환한다.
  예를 들어, 456의 경우 d가 1이면 6, d가 2이면 5, d가 3이면 4를 반환한다.
- 배열 A의 초깃값은 127, 145, 870, 252, 325, 691, 471, 512이고 n은 8이다.

정렬(Sort)

**작성 방법**

(1) 밑줄 친 ㉠ 명령문이 첫 번째 수행될 때와 두 번째 수행될 때 출력되는 내용을 각각 쓸 것.
(2) 밑줄 친 ㉡ 명령문이 첫 번째 수행될 때와 두 번째 수행될 때 출력되는 내용을 각각 쓸 것.
(3) 위 알고리즘의 시간 복잡도를 빅-오(Big-oh) 표기법으로 쓸 것.

| 정답 | (1) 252, 512 / 325, 127<br>(2) 870, 691, 471, 252, 512, 145, 325, 127<br>    512, 325, 127, 145, 252, 870, 471, 691<br>(3) O(d(n+Q)) 또는 O(dn) | 2점<br>2점<br>1점 |
|---|---|---|

**해설**

기수 정렬

⟨1의 자리⟩

| digit | bucket | 결과 |
|---|---|---|
| 0 | 870 | |
| 1 | 691, 471 | 870 |
| 2 | 252, 512 | 691 |
| 3 | | 471 |
| 4 | | 252 |
| 5 | 145, 325 | 512 |
| 6 | | 145 |
| 7 | 127 | 325 |
| 8 | | 127 |
| 9 | | |

⟨10의 자리⟩

| digit | bucket | 결과 |
|---|---|---|
| 0 | | |
| 1 | 512 | 512 |
| 2 | 325, 127 | 325 |
| 3 | | 127 |
| 4 | 145 | 145 |
| 5 | 252 | 252 |
| 6 | | 870 |
| 7 | 870, 471 | 471 |
| 8 | | 691 |
| 9 | 691 | |

## 8  퀵 정렬(quick sort)

**알고리즘**

```
void quick(int *file, int left, int right)
{
    int down, up, pivot ;
    if( left<right )
     {
      down = left ;
      up = right + 1 ;
      pivot = file[left] ;
    do{
       down++ ;
       up-- ;
       while(file[down]<pivot)  down++ ;
       while(file[up]>pivot)    up-- ;
       if(down<up)
         swap(file[down], file[up]);
    } while(down<up) ;
       swap(file[left], file[up]);
       quick(file, left, up-1) ;
       quick(file, up+1, right) ;
    }
}
```

〈quick sort의 정렬과정〉

| 정렬과정 | | | | | | | | | down | up |
|---|---|---|---|---|---|---|---|---|---|---|
| [26 | 5 | 37 | 1 | 61 | 11 | 59 | 15 | 48 | 19] | 1 | 10 |
| [11 | 5 | 19 | 1 | 15] | 26 | [59 | 61 | 48 | 37] | 1 | 5 |
| [1 | 5] | 11 | [19 | 15] | 26 | [59 | 61 | 48 | 37] | 1 | 2 |
| 1 | 5 | 11 | [19 | 15] | 26 | [59 | 61 | 48 | 37] | 4 | 5 |
| 1 | 5 | 11 | 15 | 19 | 26 | [59 | 61 | 48 | 37] | 7 | 10 |
| 1 | 5 | 11 | 15 | 19 | 26 | [48 | 37] | 59 | [61] | 7 | 8 |
| 1 | 5 | 11 | 15 | 19 | 26 | 37 | 48 | 59 | [61] | 10 | 10 |
| 1 | 5 | 11 | 15 | 19 | 26 | 37 | 48 | 59 | 61 | 완 료 | |

■ 정렬시간 T(n)

$T(n) \leq cn + 2T(n/2)$
$\quad\;\; \leq cn + 2T(n/2 + 2T(n/4))$
$\quad\;\; \leq 2cn + 4T(n/4)$
$\quad\;\; \leq \cdots$
$\quad\;\; \leq cn \log_2 n + nT(1)$
$\quad\;\; = O(n\log_2 n)$

**기출 2007 - 14** 다음의 언어로 작성된 퀵 정렬 알고리즘에 대하여 답하시오. (단, swap(&x, &y)함수는 매개변수 x와 y값을 서로 바꾸어 주는 함수임.)

```
void Quick_Sort(int list[ ], int left, int right)
{
   int i, j, pivot;
   if (left < right) {
    i = left + 1;
    j = right;
    pivot = list[left];
    while (i <= j) {
        ㉮ while (list[i] <= pivot) i++;
        while (list[j] > pivot) j--;
        if (i < j) swap(&list[i], &list[j]);
    }
    ㉯ swap(&list[j], &list[left]);
    Quick_Sort(list, left, j-1);
    Quick_Sort(list, j+1, right);
   }
}
```

13. 위의 알고리즘은 list[left] ≤ list[right+1] 관계를 가정하기 위하여 입력 데이터의 끝에 ∞의 숫자를 추가한다. 만약 이러한 관계를 가정하지 않는다고 할 때 예제 데이터 [ 5, 1, 4, 2, 3 ]에 대해 알고리즘을 분석한 후, 문장 ㉮에서 발생할 수 있는 문제점을 2줄 이내로 기술하고 이러한 문제점을 해결할 수 있도록 문장 ㉮을 수정하시오.

  • 문제점 : 첨자범위 이탈로 list[right+1]값은 쓰레기 값이 되어
          list[left] > list[right+1]인 경우가 발생할 수 있다.
  • 문제점을 해결한 문장 : while (list[i] <= pivot  &&  i<= right) i++;

해설

|   | 0 | 1 | 2 | 3 | 4 | 5 |
|---|---|---|---|---|---|---|
| • | 5 | 1 | 4 | 2 | 3 | ∞ |

| • | 5 | 1 | 4 | 2 | 3 | 모르는 값 |

14. n개의 레코드를 가진 파일에서 퀵 정렬하는 데 걸리는 시간을 $T(n)$이라 할 때, 다음 수식은 퀵 정렬의 가장 좋은 경우 시간 복잡도와 평균 시간 복잡도가 $O(n\log_2 n)$임을 보여 준다. 빈칸 ①에 퀵 정렬의 첫 번째 단계를 나타내는 수식을 쓰시오. 첫 번째 단계는 위의 퀵 정렬 알고리즘에서 문장 ㉣를 첫 번째로 수행한 후의 상태를 의미한다. 주어진 데이터에 대해 첫 번째 단계를 수행한 후의 결과를 ②에 적으시오. [3점]

| $T(n) \leq$ ① $\underline{cn + 2T(n/2)}$<br>…<br>$\leq cn\log_2 n + nT(1) = O(n\log_2 n)$<br>(단, c는 임의의 상수) | 데이터: 42, 56, 23, 68, 19, 28, 95, 37, 75, 33<br><br>② <u>28, 33, 23, 37, 19, 42, 95, 68, 75, 56</u> |

해설

초기단계 : 42, 56, 23, 68, 19, 28, 95, 37, 75, 33
1단계 : (28, 33, 23, 37, 19) 42 (95, 68, 75, 56)

MEMO

MEMO

MEMO

MEMO

## 송광진 교수

現) 에코에티카 정보컴퓨터 동영상강의 전임교수
現) 윌비스 임용고시학원 정보컴퓨터 전임교수
前) 영동대학교 자바/안드로이드 과정 강의(2013년도 2학기)
前) 서울특별시 인재개발원에서 '정보체계론' 강의
前) 건양대학교 자바/JSP/Spring/안드로이드 과정 강의
前) 성결대학교 자바/JSP 과정 강의
前) 노량진 우리고시학원 정보/컴퓨터 강의
前) 노량진 서울고시학원 정보/컴퓨터 강의
前) 노량진 서울고시학원 전산직 강의
(주)서울미터산업연구소 타코미터(택시미터기) C 언어 개발프로젝트
서울시 전자계산소 연수원에서 전산직 공무원 대상으로 C++ 강의
방송대학 TV '전자계산기구조' 강의

---

**정보컴퓨터 심화과정 Ⅱ**    ISBN 979-11-90700-13-9

발행일 · 2017年 5月 4日 초 판 1쇄
　　　　 2020年 5月 15日 개정판 1쇄
저　자 · 송광진 | 발행인 · 이용중
발행처 · 도서출판 배움 | 주소 · 서울시 영등포구 영등포로 400 신성빌딩 2층 (신길동)
주문 및 배본처 | Tel · 02) 813-5334 | Fax · 02) 814-5334

본서의 無斷轉載·複製를 禁함. 본서의 무단 전재·복제행위는 저작권법 제136조에 의거 5년 이하의 징역 또는 5,000만 원 이하의 벌금에 처하거나 이를 병과할 수 있습니다. 파본은 구입처에서 교환하시기 바랍니다.

정가 16,000원